# CONECTA

**PROFIT**
editorial

**Profit Editorial**, sello editorial de referencia en libros de empresa y management. Con más de 400 títulos en catálogo, ofrece respuestas y soluciones en las temáticas:

- Management, liderazgo y emprendeduría.
- Contabilidad, control y finanzas.
- Bolsa y mercados.
- Recursos humanos, formación y coaching.
- Marketing y ventas.
- Comunicación, relaciones públicas y habilidades directivas.
- Producción y operaciones.

## E-books:
Todos los títulos disponibles en formato digital están en todas las plataformas del mundo de distribución de e-books.

## Manténgase informado:
Únase al grupo de personas interesadas en recibir, de forma totalmente gratuita, información periódica, newsletters de nuestras publicaciones y novedades a través del QR:

## Dónde seguirnos:
 | **@profiteditorial**

  | **Profit Editorial**

## Ejemplares de evaluación:
Nuestros títulos están disponibles para su evaluación por parte de docentes. Aceptamos solicitudes de evaluación de cualquier docente, siempre que esté registrado en nuestra base de datos como tal y con actividad docente regular. Usted puede registrarse como docente a través del QR:

## Nuestro servicio de atención al cliente:
Teléfono: **+34 934 109 793**

E-mail: **info@profiteditorial.com**

AMY GALLO

# CONECTA

## *(Getting Along)*

### CÓMO TRABAJAR
### (Y LLEVARSE BIEN...)
### CON CUALQUIER PERSONA

 **PROFIT**
editorial

Todas las publicaciones de Profit están disponibles para realizar ediciones persona-
lizadas por parte de empresas e instituciones en condiciones especiales.

Para más información, por favor, contactar con: info@profiteditorial.com

Título original: *Getting Along*
Original work copyright © TBC
Published by arrangement with Harvard Business Review Press
© Profit Editorial I., S. L., 2023
Travessera de Gràcia, 18-20; 6.º 2.ª; Barcelona-08021

Diseño de cubierta: XicArt
Maquetación: Montserrat Minguell

ISBN: 978-84-19212-41-2
Depósito legal: B 14-2023

Impresión: Gráficas Rey
Impreso en España – *Printed in Spain*

*Para D & H*

# ÍNDICE

## PARTE III
## PROTEGERSE A UNO MISMO

### APÉNDICE

### ¿Con quién estoy tratando?

# ¿No podemos llevarnos todos bien?

A l principio de mi carrera acepté un empleo en el que tenía que trabajar para alguien con fama de ser una persona difícil. La llamaré Elise. Mucha gente me advirtió de que sería complicado trabajar con ella, y yo no dejé de creerles. Simplemente pensé que podría apañármelas. Me sentía orgullosa de poder llevarme bien con cualquiera. No dejaba que la gente me sacara de mis casillas. Podía ver lo mejor de cada persona.

Antes de cumplir los dos meses en aquel trabajo ya estaba dispuesta a dejarlo.

Elise era peor incluso de lo que esperaba. Sus jornadas eran interminables y trabajaba también los fines de semana. Y aunque no pedía explícitamente a su equipo que hiciera lo mismo, a menudo hacía un seguimiento a las 8:30 de la mañana de una petición que había hecho a las 18:00 de la tarde anterior. Sus expectativas acerca de lo que yo podía hacer en un día eran totalmente irracionales. Cada vez que me pedía que me encargara de algo nuevo, yo le explicaba que hacerlo desplazaría otro proyecto de «prioridad alta» que ella misma había asignado y calificado de urgente la semana anterior. Entonces me decía: «¿Por qué estás todavía dedicándole tiempo a eso?».

La cuestión que más conflictos me planteaba era su tendencia a hablar mal de mis compañeros de equipo, cuestionando su ética de trabajo y su compromiso con la empresa. A menudo revisaba los calendarios de los compañeros y señalaba lo poco que habían hecho los días en que no tenían reuniones. Tuve que asumir que Elise también me criticaba a mis espaldas.

La gota que colmó el vaso llegó un domingo por la noche, tres meses después de empezar a trabajar para ella, cuando me lamenté de lo rápido que había pasado el fin de semana. Me había mantenido alejada del trabajo a propósito, sin haber siquiera echado un vistazo a mi correo electrónico, pero no tenía la sensación de haberme tomado un descanso. Por el contrario, había pasado una cantidad desmesurada de tiempo pensando en Elise: mientras paseaba a mi perro, durante una fiesta de cumpleaños a la que había llevado a mi hija y cada vez que me despertaba en mitad de la noche preocupada por lo que podría pasar el lunes.

La relación con mi jefa había invadido mi mente y, poco a poco, con el tiempo, se había convertido en algo más relevante —o, al menos, algo que consumía más tiempo— que mis relaciones con las personas que más me importaban.

Por supuesto, no es raro que pensemos en nuestro trabajo fuera de las horas laborales, sobre todo porque los límites entre nuestra vida doméstica y nuestra vida laboral siguen difuminándose. Nos preocupamos por las decisiones que hemos tomado (y por las que no), por una bandeja de entrada desbordada y por si nuestro trabajo tiene suficiente sentido. Pero, en mi caso, lo que más me atormenta es la interacción con mis colegas, especialmente con aquellos que me presionan.

Sé que no soy la única. Una abrumadora mayoría de personas afirman trabajar con alguien que les resulta difícil. El 94% de las personas participantes en un estudio declararon haber trabajado con una persona tóxica en los últimos cinco años, y según el 87% la cultura de equipo se había resentido como consecuencia de ello.[1] En una encuesta realizada a 2.000 trabajadores estadounidenses, otros investigadores descubrieron que uno de cada tres había abandonado un empleo «debido a un compañero de trabajo molesto o arrogante».[2] En ese mismo estudio, los encuestados reconocieron que su principal fuente de tensión en el trabajo eran las relaciones interpersonales.

1. Mitchell Kusy y Elizabeth Holloway, *Toxic Workplace! Managing Toxic Personalities and Their Systems of Power* (San Francisco: Jossey-Bass, 2009).
2. «The Truth About Annoying Coworkers», Olivet Nazarene University, consultado el 5 de diciembre de 2021, https://online.olivet.edu/news/truth-about-annoying-coworkers.

# SE TRATA DE NUESTRAS RELACIONES

Cuando se habla de lo que hace feliz a la gente en el trabajo, los expertos suelen hablar de un empleo valioso, de una sensación de logro, de saber que estamos consiguiendo un impacto en los demás. Pero, para mí, la felicidad en el trabajo siempre está relacionada con las personas: las conexiones que tengo con mis compañeros de trabajo, la consideración de los líderes para los que he trabajado, la relación con las personas que he dirigido y el respeto mutuo con mis clientes. El hecho de que tenga un buen día o un mal día suele depender de con qué persona he interactuado y de cómo ha ido.

Esther Perel, psicoterapeuta y experta en relaciones, afirma que hay dos pilares en nuestra vida: el amor y el trabajo.[3] En cada uno de ellos, buscamos pertenencia, significado y realización. Y nuestras relaciones en estos ámbitos son importantes. El trabajo es el lugar donde pasamos los días y, por lo tanto, también es el lugar donde tenemos algunas de nuestras relaciones más intensas y complicadas.

Por supuesto, sería estupendo que nos lleváramos bien con todos aquellos con los que trabajamos. Y he tenido algunas amistades increíbles con compañeros de trabajo. Por ejemplo, una antigua compañera de una empresa de consultoría se convirtió en una amiga para toda la vida después de que tuviéramos que compartir una habitación de hotel y nos quedáramos hablando hasta altas horas de la noche descubriendo sorprendentes conexiones entre nosotras antes de una reunión con un cliente. Fue una de las primeras personas que me visitaron tras el nacimiento de mi hija, y brindé por ella en su boda. O cuando tuve que trabajar para una amiga de la universidad en la *Harvard Business Review*, una situación que ambas abordamos con cierta inquietud. Establecimos unas reglas para asegurarnos de que el trabajo no afectara a nuestra amistad y que no pareciera que ella tenía favoritos. Algunas de estas reglas las seguimos con disciplina; otras, al echar la vista atrás, resultan ingenuas. Pero ese debate sobre los límites fue enormemente importante. Durante los siete años que trabajamos juntas, nos encontramos con algunos contratiempos, y los superamos. En general, fue una experiencia positiva. Nuestra relación es ahora más fuerte por todo el tiempo que hemos pasado juntas, algo infrecuente en la edad adulta. Y tenemos un nuevo pilar de interés compartido: nuestro trabajo.

---

3. Esther Perel, presentadora, «Prólogo», *How's Work?*, podcast, 3 de febrero de 2020, https://howswork.estherperel.com/episodes/prologue.

Estas relaciones hicieron que el trabajo fuera más interesante, atractivo y alegre. También creo que me hicieron mejorar en mis tareas. Un sinfín de investigaciones me respaldan. En su libro *The Business of Friendship*, Shasta Nelson refiere que «todos los estudios demuestran que el hecho de que nos guste la persona con la que trabajamos es uno de los factores más significativos para predecir nuestro compromiso, retención, seguridad y productividad. No hay ni un solo estudio que demuestre que rendimos más, o somos más felices, sin amigos en el trabajo».[4]

Ser amigos de nuestros compañeros de trabajo no siempre es posible, ni siquiera deseable. Cuando acepté el puesto de trabajo bajo las órdenes de Elise, quería trabajar con alguien a quien respetara y admirara, alguien que pudiera ser mi mentor. No esperaba que fuéramos amigas, pero tampoco quería sentir un escalofrío cada vez que viera aparecer su nombre en mi teléfono.

Desgraciadamente, eso es lo que tuve. A medida que pasaban los meses, cada semana parecía repetirse la misma historia, una y otra vez. Me prometía a mí misma que me preocuparía menos por cómo me trataba, o que la colmaría de amabilidad en un esfuerzo por suavizar sus bordes afilados. En una buena semana, podía mantener ese propósito. Pero en el momento en que ella insinuaba que no me estaba esforzando lo suficiente, todas esas buenas intenciones saltaban por la ventana. Me comportaba de forma pasivo-agresiva, aceptando hacer las cosas pero sin hacerlas a tiempo, o me quejaba de ella ante mis compañeros de equipo.

Con demasiada frecuencia soportamos a personas difíciles como Elise. Y esto es cierto tanto si estamos en nuestro primer trabajo como en el décimo. Pensamos que, como no podemos elegir a nuestros compañeros de trabajo, no tenemos más remedio que soportar relaciones poco ideales o incluso tóxicas. Pero sentirnos atrapados en una dinámica negativa hace que sea difícil ofrecer nuestra mejor versión. Ponemos los ojos en blanco. Hacemos un comentario mordaz del que luego ya no podemos retractarnos. Reaccionamos de una manera desafortunada que viola nuestros valores, degrada la calidad de nuestro trabajo y empeora la situación. El estrés resultante puede ser difícil de superar.

---

4. Shasta Nelson, *The Business of Friendship: Making the Most of Our Relationships Where We Spend Most of Our Time* (Nashville: HarperCollins Leadership, 2020).

El trabajo a distancia —que cada vez hacemos más— puede agravar las interacciones difíciles. Nos sentimos desconectados de nuestros colegas, ya que solo los vemos en pequeños recuadros en las pantallas. Las comunicaciones basadas en textos generan malentendidos. Incluso los simples desacuerdos cobran dimensiones desproporcionadas. Es demasiado fácil, en el calor del momento, escribir una réplica que no dirías si estuvieras mirando a esa persona a los ojos. Y también es más difícil reparar una situación desafortunada. No podemos contar con una conversación fortuita en el pasillo o con unas risas junto a la máquina de café para suavizar las cosas. En cambio, en las reuniones virtuales, la mayoría de la gente permanece en silencio o incluso apaga la cámara, lo que hace que nuestras interacciones parezcan transaccionales y menos humanas.

## ¿PODEMOS CONFIAR EN NUESTROS INSTINTOS?

Cuando empezamos un nuevo trabajo o asumimos un papel más desafiante, nos damos el tiempo necesario para adaptarnos. No esperamos saberlo todo nada más empezar, sobre todo si el nuevo trabajo requiere habilidades que aún no tenemos.

Sin embargo, por alguna razón, no aplicamos la misma paciencia cuando se trata de llevarnos bien con personas difíciles. Creemos que deberíamos saber cómo hacerlo, de forma instintiva. Al fin y al cabo, llevamos toda la vida relacionándonos con personas, muchas de las cuales nos han puesto a prueba (piensa en ese familiar que te pone de los nervios o en tu enemiga del instituto). No sé vosotros, pero a mí nunca me sentaron y me dijeron: «Así es como se rechaza a un sabelotodo agresivo», o «Prueba este enfoque para tratar con un criticón incansable». Nunca recibí una clase sobre cómo manejar al estratega político en mi oficina, y ningún mentor me dio consejos sobre qué hacer si me encontraba trabajando para un jefe incompetente.

Como demuestra mi historia sobre Elise, nuestros instintos naturales no siempre nos ayudan a afrontar estos desafiantes encuentros de forma constructiva. En retrospectiva, puedo ver cómo mi mente se interponía en mi camino. Mi identidad como persona competente y querida se veía amenazada y, en respuesta, mi cerebro fabricó toda una historia: que yo era una víctima inocente y Elise era completamente irracional. Y, así, yo veía cada interacción como una prueba de que esa historia era cierta.

Las investigaciones demuestran que mi reacción no fue ni inusual ni totalmente voluntaria. Los conflictos tienen una serie de efectos fisiológicos y emocionales bien documentados que hacen difícil mantener la calma y la lucidez en el momento. Ese jefe odioso puede recordarnos a un jefe anterior que nos hizo la vida imposible, o a un padre hipercrítico, o a cómo teníamos que luchar por la atención cuando éramos niños. Entonces nos sentimos amenazados. Las investigaciones también demuestran que incluso los casos leves de estrés pueden provocar una rápida y drástica pérdida de las capacidades cognitivas prefrontales. Tenemos menos acceso a la inteligencia superior, que gobierna nuestros pensamientos, nuestra atención, nuestro comportamiento, nuestras emociones y nuestra toma de decisiones. En pocas palabras, no pensamos con claridad y perdemos la capacidad de hacer juicios sólidos, lo que no nos da una buena receta para una acción productiva.

En lugar de tomar medidas constructivas, nos quedamos atrapados en nuestra cabeza. Pasamos tiempo preocupándonos, tratando de evitar al instigador e incluso abandonamos el trabajo. Somos menos creativos y tomamos decisiones más lentas y pobres.[5] Y somos más propensos a cometer errores, incluso letales. Una encuesta realizada a 4.500 médicos, enfermeras y demás personal hospitalario reveló que el 71% de los encuestados relacionaba el comportamiento negativo, como la conducta abusiva, condescendiente o insultante, con los errores médicos, y el 27% relacionaba ese comportamiento con la muerte de los pacientes.[6]

Y no somos los únicos que sufrimos cuando no tenemos relaciones positivas con los compañeros de trabajo. Nuestras organizaciones también lo hacen. Resulta abrumador pensar en la cantidad de tiempo, dinero y recursos que gastan en lidiar con los conflictos interpersonales en el trabajo, la energía desperdiciada y el impacto en el rendimiento. Un estudio llevado a cabo con miles de equipos de diferentes industrias, sectores y zonas geográficas descubrió que el 70% de la diferencia entre los equipos de menor y los de mayor rendimiento está relacionada con la

5. Christine Porath y Christine Pearson, «The Price of Incivility», *Harvard Business Review*, enero-febrero de 2013, https://hbr.org/2013/01/the-price-of-incivility.
6. Christine Porath, «No Time to Be Nice at Work», *New York Times*, 19 de junio de 2015, https://www.nytimes.com/2015/06/21/opinion/sunday/is-your -boss-mean.html.

calidad de las relaciones del equipo.[7] En la vida real he visto casos que ejemplifican las conclusiones de esta investigación, y probablemente tú también.

## «NO VAS A CREER LO DE MI COMPAÑERA DE TRABAJO»

Hace algunos años escribí un libro sobre los conflictos en el trabajo. Desde entonces, he tenido la suerte de hablar con miles de personas —en entornos virtuales, salas de conferencias y talleres presenciales— sobre estrategias destinadas a gestionar la tensión y las conversaciones difíciles en el trabajo. Me he dado cuenta de que después de cada evento suele ocurrir lo mismo. En la sesión pública de preguntas y respuestas —o, más a menudo, junto al ascensor o en el chat privado que hay en el lateral de la pantalla— alguien pedirá ayuda, a menudo tímidamente. Dirá...

«Tengo un compañero de trabajo...»
«Tengo una lucha con mi director...»
«No vas a creer lo que me hizo un subordinado...»

He oído historias increíbles: el fundador que gritaba cada vez que alguien utilizaba una frase que odiaba; el hombre que se apropió de la mesa de su compañero durante las vacaciones de este; la trabajadora que dejó de hablar con su compañera de oficina durante tres meses porque no la había invitado a una reunión por accidente; la directora que envió a una de sus subordinadas cincuenta correos electrónicos (con el acuse de recibo activado) antes de las 9:00 de la mañana y la llamó a las 9:15 para saber por qué no había respondido a ninguno de ellos; la directora general que esperaba que uno de sus subordinados trabajara durante su luna de miel y le pidió a otro que cambiara la fecha de su boda para que no coincidiera con una importante feria comercial.

Puede que algunos de estos ejemplos te resulten familiares. La triste realidad es que hay personas en todos los entornos de trabajo —muchas

7. Abby Curnow-Chavez, «4 Ways to Deal with a Toxic Coworker», *Harvard Business Review*, 10 de abril de 2018, https://hbr.org/2018/04/4-ways-to-deal -with-a-toxic-coworker.

de las cuales se han granjeado respeto y puestos de poder— que se comportan de forma irreflexiva, ambigua, irracional e incluso, a veces, directamente maliciosa. Y, sin embargo, los bienintencionados esfuerzos de muchos de esos asistentes a los eventos por cambiar sus relaciones disfuncionales han fracasado repetidamente: sus intentos de ser amables se encontraron con la burla, sus esfuerzos por involucrar a sus superiores fracasaron, o los límites que se habían establecido claramente se violaron de todos modos. ¿Por qué?

Gracias a mi propia experiencia con compañeros de trabajo difíciles, y a la extensa investigación que he realizado sobre el tema de los conflictos, he llegado a creer que gran parte de los consejos sobre cómo sortear las fricciones —incluidos algunos de los principios que expuse en mi anterior libro— se basan en varias suposiciones erróneas: que un conjunto de tácticas funcionará independientemente del tipo de comportamiento difícil con el que te enfrentes; que todo el mundo experimenta y percibe las dinámicas interpersonales desafiantes de la misma manera, con independencia de su etnia, género u otras facetas identitarias, y que los lectores serán capaces de tomar la teoría general sobre el conflicto y aplicarla con éxito a sus propias y singulares situaciones. Las soluciones que se proponen son a menudo ordenadas, unidimensionales y excesivamente simplificadas, mientras que la vida real es desordenada y complicada.

Por eso he querido escribir este libro: para ofrecer un enfoque más matizado, práctico y basado en la evidencia, que reconozca la complejidad de las relaciones dañinas en el trabajo y el inmenso malestar que pueden crear. Quiero ayudar a aquellas personas que se sienten atrapadas, que no tienen claro qué hacer y que tal vez hayan probado algunos de los consejos habituales sin que les hayan funcionado.

## UN NUEVO ENFOQUE DE LAS RELACIONES DESAFIANTES

Uno de los errores fundamentales con los que me he encontrado en mi experiencia personal y profesional (por no hablar de gran parte de la literatura sobre resolución de conflictos) es la suposición de que todas las personas difíciles pueden agruparse en una amplia categoría de «imbéciles» y tratarse de forma monolítica. Seamos sinceros: hay muchísimas formas de mal comportamiento, y las estrategias que necesites para colaborar eficazmente con los compañeros de trabajo desafiantes dependerán de los comportamientos específicos a los que te enfrentes. De ahí que este libro identifique ocho arquetipos comunes de compañeros de trabajo difíciles (más adelante se habla de ello) y ofrezca consejos adaptados para tratar con cada uno de ellos. Al mismo tiempo, es importante reconocer que algunas personas desafían cualquier categorización, por lo que también ofrezco principios que funcionarán con independencia del tipo de mal comportamiento con el que te estés enfrentando.

A lo largo del libro he tratado de tomar en consideración factores de etnia, género y otras categorías identitarias. Muchos libros ignoran cómo los prejuicios entran en juego y complican la dinámica entre compañeros. Este libro no rehúye tales cuestiones. No todo el mundo experimenta el lugar de trabajo de la misma manera, y determinados grupos suelen ser objeto de incivilidad en un grado desproporcionado. Intento señalar aquellos lugares en los que la investigación muestra desigualdades en la forma en que las personas son tratadas y variabilidad en la eficacia del despliegue de ciertas tácticas entre los diferentes grupos. Por ejemplo, llamarle la atención a un compañero pasivo-agresivo puede ser un enfoque que funcione mejor para un hombre blanco que para una mujer latina, debido a la estrecha gama de comportamientos que se consideran «apropiados» para las mujeres de color en el lugar de trabajo.

Soy una mujer blanca con muchos privilegios, y veo las complejidades de la discriminación desde mi propia perspectiva sesgada. Inevitablemente, me equivocaré en algunas cosas. Pero, si queremos progresar, creo que tenemos que hacer que la identidad forme parte de la conversación sobre las relaciones en el trabajo, aun a riesgo de hacer un trabajo imperfecto.

Otra de las deficiencias de muchos de los consejos que circulan es que no son lo suficientemente prácticos: son demasiado elevados, demasiado abstractos, demasiado generales. Mi objetivo en relación con este libro es que puedas actuar *ahora*. No deberías tener que hacer el trabajo de intentar averiguar cómo poner en práctica los conceptos teóricos. Yo lo he hecho por ti, basándome tanto en lo que he visto que funciona a tenor de mi experiencia como en la investigación académica. He integrado hallazgos y consejos de diversos campos —neurociencia, inteligencia emocional, negociación, ciencia de la gestión— para ayudarte a navegar por estas relaciones problemáticas de forma productiva y matizada.

Mi deseo último y global es que este libro te ayude a desarrollar la resiliencia interpersonal, la capacidad de recuperarte más rápidamente de las interacciones negativas y de sentir menos estrés cuando estás inmerso en ellas. Los conflictos en el trabajo son inevitables, forman parte del ser humano, pero creo que podemos hacer algo mejor que simplemente soportarlos o sobrevivir. Las estrategias presentadas en los ocho capítulos sobre los arquetipos, junto con los nueve principios esbozados en el capítulo 11, están diseñadas para ayudarte a trabajar con casi cualquier persona. Y en el proceso de aprender a transformar tus relaciones más difíciles desarrollarás las habilidades y la confianza que necesitas para mejorar la calidad de *todas* tus relaciones. Además, el incremento en los niveles de autoconciencia y de inteligencia emocional que obtendrás también te convertirá en un mejor líder. Se trata de habilidades necesarias para tener éxito en cualquier nivel y en cualquier sector, por lo que ser capaz de resolver conflictos y llevarte bien con cualquiera impulsará también tus perspectivas profesionales.

No se puede negar que el estrés causado por las interacciones negativas con los compañeros de trabajo puede afectar a nuestra productividad, hacer del trabajo algo deprimente e incluso repercutir en otros aspectos de nuestra vida. Pero no tenemos que tirar la toalla ni esperar que un superior tome nota e intervenga. Podemos aprender por qué los compañeros problemáticos se comportan como lo hacen, dominar las tácticas para lidiar con sus rasgos más difíciles y, en última instancia, decidir cuándo persistir en nuestros esfuerzos o cuándo alejarnos. Con los consejos de este libro, podrás situar el conflicto laboral en el lugar que le corresponde, liberando tiempo y capacidad mental valiosos para las cosas que realmente te importan.

Las ideas, herramientas y técnicas que ofrezco se basan en entrevistas que he realizado a académicos, psicólogos sociales, expertos en gestión y neurocientíficos durante los últimos catorce años. También he hablado con personas que se encontraban en tu lugar, enfrentándose a relaciones laborales difíciles. Estas personas compartieron conmigo sus experiencias, a veces dolorosas, a través del correo electrónico o de encuestas. Estas historias aparecen a lo largo del libro, con nombres y detalles alterados por razones de privacidad. A través de estas historias personales, conocerás a muchos individuos que fueron capaces de transformar sus relaciones, convirtiendo a los enemigos en aliados. Otros desarrollaron mecanismos de afrontamiento para hacer más tolerable la situación, mientras que otros más tomaron la difícil decisión de dejar su trabajo para preservar su salud mental.

## LOS ARQUETIPOS

Este libro está estructurado en torno a ocho arquetipos, cada uno de los cuales representa un tipo común de persona difícil:

* El jefe inseguro
* El pesimista
* La víctima
* El pasivo-agresivo
* El sabelotodo
* El atormentador (*que esperabas que fuera un mentor*)
* El tendencioso
* El estratega político

Aunque es probable que estos arquetipos te resulten familiares, y estoy segura de que te vienen a la cabeza compañeros de trabajo que se ajustan a ellos, también quiero destacar que estas etiquetas tienen límites. Puede ser útil identificar el tipo de comportamiento con el que te enfrentas —pasivo-agresivo, por ejemplo—, pero rara vez es útil encasillar a un colega como, por ejemplo, un «imbécil pasivo-agresivo». Ese tipo de actitud no hará más que consolidar la dinámica negativa entre vosotros, en lugar de ofrecer la oportunidad de mejorar. Los arquetipos pueden ayudarte a evaluar la situación, pero el verdadero trabajo viene cuando te mueves más allá de ellos hacia un estado mental productivo, dando cabida a la posibilidad de que esa persona pueda cambiar su forma de actuar y, tal vez, de que tú hayas malinterpretado su comportamiento o hayas asignado un significado erróneo a sus acciones.

También es importante que no diagnostiquemos con trastornos psicológicos a las personas que caen en determinados arquetipos. He oído a gente lanzar expresiones tales como «trastorno narcisista de la personalidad» o incluso «psicópata» al hablar de sus compañeros de trabajo difíciles. Pero tenemos que resistir la tentación de jugar a ser psicólogos.

Como me dijo Kelly Greenwood, fundadora y directora general de Mind Share Partners, una organización sin ánimo de lucro dedicada a cambiar la cultura del entorno de trabajo, «nunca se sabe lo que le pasa a la gente o lo que provoca su comportamiento. A veces definimos a las personas con problemas de salud mental como "difíciles", pero eso solo fomenta el estigma contra ellas y a menudo no se corresponde con la realidad».[8]

Lo que me lleva al último punto, en muchos sentidos el más importante: voy a desafiarte, a lo largo de este libro, a que veas tus propias acciones y comportamientos también a través de la lente de estos arquetipos. ¿Quién no ha actuado como un sabelotodo en alguna ocasión? ¿O ha caído a veces en el papel de víctima? Admitir que nuestros compañeros de trabajo tienen defectos, pero que probablemente no son malos, y que nosotros mismos no somos infalibles es esencial para llevarnos bien. Los consejos que fomentan el autoconocimiento y la inclinación hacia la empatía y la comprensión aparecerán una y otra vez en las próximas páginas. De hecho, ¡voy a compartir historias en las que me he dado cuenta de que *yo* era la imbécil!

## UNA HOJA DE RUTA PARA MEJORAR LAS RELACIONES EN EL TRABAJO

A lo largo de este libro te guiaré para que encuentres tus propias maneras de llevarte bien, tanto si estás empezando tu carrera como si ya te has encontrado con tu cuota de compañeros de trabajo difíciles. Es tentador pensar que puedes ignorar a tu colega difícil o no dejar que su comportamiento te moleste, pero eso rara vez funciona. En el capítulo 1 hablaré de las investigaciones sobre la importancia de las relaciones en el trabajo y de por qué merece la pena dedicar tiempo y esfuerzo a intentar mejorarlas, incluso cuando parecen irreversibles.

El siguiente paso es volverte hacia tu interior y comprender mejor tus propias reacciones ante tu compañero de trabajo problemático. ¿Por qué esta relación te ocupa tantos pensamientos? ¿Por qué no puedes dejarla pasar? En el capítulo 2 hablaré de lo que ocurre en tu cerebro cuando estás envuelto en un conflicto. Al comprender los procesos químicos que actúan, puedes aprender a reconocer y superar el instinto de lucha o

---

8. Entrevista de la autora con Kelly Greenwood, 2 de marzo de 2021.

huida de tu cerebro y encontrar una forma productiva de avanzar con la cabeza más despejada. Este proceso incluye la adopción de la mentalidad correcta, el aumento de tu autoconciencia y la gestión de tus reacciones para no agravar la situación en lugar de calmarla.

A continuación, en los capítulos 3 al 10, presento los ocho arquetipos. Profundizo en la investigación, incluyendo los fundamentos psicológicos de cada tipo de mal comportamiento y la motivación que subyace. ¿Por qué tu compañero de trabajo difícil se comporta como lo hace? ¿Qué ganan actuando así? Comprender las causas fundamentales de su comportamiento te facilitará la elaboración de un plan de acción. Aquí comparto tácticas que han demostrado su eficacia en estudios, experimentos y en la práctica. Y como a menudo es difícil saber qué decir cuando las tensiones son elevadas, he incluido ejemplos lingüísticos que te ayudarán a encontrar las palabras adecuadas para decantar la situación a tu favor.

Los ocho arquetipos no pretenden ser una lista exhaustiva de los tipos de personas con las que puedes tener problemas en tu lugar de trabajo. Es posible que tengas un compañero de trabajo que no encaje en ninguna de estas categorías o que abarque varias de ellas. Elige el arquetipo que más se ajuste a tu colega o bien lee varios capítulos y selecciona un puñado de tácticas con las que quieras experimentar. Y, si no estás seguro de con cuál de los arquetipos te enfrentas, puedes utilizar la tabla del apéndice para identificar sus comportamientos y ver en qué categoría podrían encuadrarse.

Dado que algunos colegas desafían la categorización, en el capítulo 11 compartiré nueve principios que te ayudarán a sortear los conflictos con cualquier compañero de trabajo, independientemente de que encaje o no en uno de los ocho arquetipos. De hecho, tales principios constituyen la base para responder de forma productiva a los compañeros difíciles, para establecer límites adecuados y para construir relaciones más fuertes y satisfactorias en el trabajo. Estos son los conceptos a los que vuelvo una y otra vez, con independencia del problema interpersonal al que me enfrente.

No pretendo que estas estrategias funcionen el 100% de las veces. Cuando tus esfuerzos de autoexamen reflexivo y resolución de conflictos fracasan, es el momento de cerrar las escotillas y centrarte en protegerte. En el capítulo 12 hablaré de cómo salvaguardar tu carrera, tu reputación y tu capacidad para hacer tu trabajo sin volverte loco. El capítulo 13 se centra en evitar ciertas tácticas tentadoras pero que rara vez funcionan. Y, dado que tratar con un colega que te resulta difícil puede ser agotador, desmoralizante y estresante —y tomar el camino más fácil es aún más extenuante—, el último capítulo está dedicado a las estrategias que dan prioridad a tu bienestar.

## ¿CAMBIARÁ TU COLEGA?

Muchos de los consejos que doy a lo largo del libro requieren que seas «el adulto en la habitación». Si buscas ganar una batalla de años o meses con tu colega, este no es el libro para ti. Las sugerencias que aquí se presentan tienen como objetivo abordar las relaciones problemáticas de una manera matizada y basada en la empatía. No se trata de ganarle en su propio terreno ni de superarle en estrategia, sino de experimentar con diferentes tácticas para encontrar soluciones para tu situación particular *y* que te parezcan adecuadas. A veces, probar algo nuevo, incluso algo pequeño, puede cambiar la dinámica entre tú y un compañero de trabajo que te saca de tus casillas. La clave es reconocer que es poco probable que tu compañero se transforme en una persona diferente. En última instancia, tienes poco que decir sobre la posibilidad de que otra persona esté dispuesta a cambiar y en qué medida.

Por supuesto, habrá ocasiones en las que tus esfuerzos no se verán recompensados. En esos casos, no tienes por qué ser pasivo y aceptar el maltrato. Adopta un enfoque proactivo para protegerte utilizando algunas de las tácticas que expongo en los capítulos 12 y 14.

Mi relación con Elise, hace tantos años, nunca fue tan gratificante como yo esperaba. Pero no me marché, o no inmediatamente. Permanecí en el trabajo durante varios años. Me esforcé por encontrar compasión hacia ella e incluso reconocí aspectos de ella en mí. Una vez que establecí límites sobre cuándo y cómo interactuar con ella, que dejé de pensar en ella como en el enemigo y, en cambio, la vi como un ser humano imperfecto, mi trabajo dejó de ser un suplicio diario. Comencé a pasar menos tiempo pensando en ella. Elise no se convirtió en la jefa que yo quería, pero encontré la manera de llevarme bien con ella hasta que estuve preparada para aprovechar la siguiente oportunidad. Y gracias a esa experiencia aprendí qué era lo que podía controlar: mi propia actitud, mis reacciones y mi enfoque.

Vivimos tiempos polémicos. Sin duda a nivel social, pero también dentro de los lugares de trabajo. La gente adopta posturas apasionadas sobre cuestiones que tienen que ver con el trabajo y sobre otras que no. Empleados de diferentes generaciones trabajan juntos y hacen numerosas suposiciones desagradables sobre los demás. Hay más iniciativas que nunca destinadas a equiparar con las del resto las condiciones laborales de las mujeres, las personas de color y otros grupos subestimados, y algunas personas se sienten alienadas o abandonadas por estos esfuerzos.

Al mismo tiempo, me anima que hablemos más abiertamente de las relaciones y las emociones en el trabajo. Tenemos «cónyuges laborales» y «mejores amigas de la oficina». Reconocemos que tenemos relaciones profundas y significativas con nuestros colegas, y que no dejamos atrás nuestro yo emocional cuando entramos en una oficina o nos conectamos a nuestro portátil. El trabajo ya no se limita a ser el lugar en el que fichamos, sino el lugar donde encontramos y forjamos conexiones.

Ahora es el momento perfecto para centrarnos en las habilidades que necesitamos para navegar por el a menudo difícil terreno de llevarse bien con los demás. Si estás leyendo estas páginas, has dado un primer paso importante: estás dispuesto a dar una oportunidad a la comprensión y la reconciliación. No puedo prometerte que siempre conseguirás lo que quieres. Puede que tengas que encontrar formas de coexistencia o que debas esperar hasta que puedas cambiar de equipo, departamento o incluso de trabajo. Sin embargo, espero que los consejos de este libro te ayuden a actuar con autenticidad, alineado con tus valores para mejorar tu vida laboral. Creo que con compromiso, autoconciencia y empatía puedes aprender a llevarte bien con cualquiera, incluso con las personas que te irritan y provocan.

Todos podemos tener relaciones más fuertes y saludables en el trabajo. Comencemos.

# PARTE I

# SENTAR LAS BASES
# PARA LLEVARSE BIEN

# 1
# Por qué las relaciones laborales merecen la pena
## Buenas o malas, son importantes

《《 Es solo trabajo».
Me avergüenzo al recordar cuántas veces les dije eso a mis amigos —o a mí misma— durante mi primera década en el mundo laboral. Siempre era un consejo bienintencionado, destinado a conseguir que la otra persona (o yo) se preocupara menos, se distanciara un poco de lo que le molestaba o se alejara de un conflicto antes de que las cosas se pusieran realmente mal.

Pero lo que finalmente aprendí es que el trabajo rara vez es «solo trabajo». Para bien o para mal, es el lugar donde formamos nuestras identidades, alimentamos nuestros egos (o los golpeamos), obtenemos autoestima, buscamos la comunidad con los demás e, idealmente, encontramos el significado y la realización. Y todo ello lo hacemos junto a nuestros compañeros de trabajo.

Cuando nuestras relaciones con ellos son fuertes, son una fuente de energía, apoyo, alegría y crecimiento. Pero cuando se rompen, nos causan angustia, frustración e incluso dolor. Las dinámicas poco saludables con los compañeros socavan nuestra sensación de confianza y seguridad y nuestra capacidad para llevar a cabo nuestro trabajo. Incluso pueden hacer que nos cuestionemos nuestro talento, nuestra competencia y nuestra cordura.

Valga como ejemplo la siguiente historia, compartida por una amiga sobre su padre, ya fallecido. Se trataba de un científico que amaba su trabajo en un laboratorio farmacéutico. Tenía devoción por su familia y, como persona introvertida, valoraba también su tiempo a solas. Después del trabajo y durante los fines de semana, pasaba horas trasteando, sobre todo con relojes antiguos, en el taller de su garaje. Les decía a sus hijos que le importaba mucho su trabajo, pero que no iba allí para hacer amigos. «Mantén la cabeza baja y céntrate en lo que debes hacer», era su consejo.

Sin embargo, doce años antes de jubilarse, le tocó una nueva jefa que era increíblemente pasivo-agresiva y le ponía de los nervios. Dicha relación se tornó en una enorme fuente de estrés para él. Por la noche, llegaba a casa frustrado por sus interacciones con esta jefa, consumido por las cosas que ella decía y hacía y preocupado por si él había reaccionado adecuadamente. Mi amiga decía que la preocupación de su padre a causa de su jefa había marcado la última década de su carrera, y que el estrés resultante probablemente le quitó años de vida.

¿Podría este hombre haber sido amigo de su jefa en lugar de estar constantemente en desacuerdo? Lo dudo. Recordemos que era una persona introvertida y poco interesada en hacer amigos. No obstante, su experiencia es un buen recordatorio de que no hay elección: tenemos relaciones en el trabajo, y estas influyen en nuestra felicidad y nuestro rendimiento. Por ello, es importante que nos ocupemos no solo de las relaciones que nos dan energía y hacen que sea divertido ir al trabajo, sino de las que nos sacan de quicio... o algo peor.

## LAS RELACIONES LABORALES OCUPAN UN LUGAR IMPORTANTE EN NUESTRAS VIDAS

Lo irónico es que al principio de mi carrera, mientras me esforzaba por decirme a mí misma que mis relaciones con los compañeros de trabajo no eran tan importantes, también quedaba con colegas fuera del trabajo, iba a sus casas a cenar y construía lo que se iba a convertir en amistades de décadas.

Al igual que el padre de mi amiga, el científico, no pude evitar involucrarme con mis compañeros de trabajo, y tú tampoco puedes hacerlo. ¿Por qué esto es así? Para empezar, porque trabajamos *mucho*. La mayoría de los adultos con empleo pasan más horas, ya sea de forma virtual o presencial, con sus compañeros de trabajo que con su familia o sus amigos ajenos al trabajo.

En Estados Unidos, la semana laboral media se ha alargado en las últimas décadas y trabajamos más semanas al año (una media de 46,8 semanas en 2015, frente a las 43 de 1980). Este aumento supone un mes más de trabajo al año.[9] Incluso trabajamos cuando se supone que no deberíamos hacerlo. Los datos de la encuesta sobre el uso del tiempo en Estados Unidos de 2018 muestran que el 30% de los empleados a tiempo completo declaran trabajar los fines de semana y los días festivos.[10] Las empresas que estudian el flujo de correo electrónico confirman que, aunque las personas envían menos correos en días festivos que en laborables, siguen enviando muchos.[11]

La tecnología ha agravado el problema, haciendo que sea no solo posible, sino a menudo la norma, trabajar en cualquier momento del día, estemos donde estemos. Poco después de tener mi primer *smartphone*, enviaba correos electrónicos a mi jefe mientras paseaba a mi perro, y estaba convencida de que había alcanzado el nirvana de la multitarea. Daba igual que estuviera en mi despacho de casa, en el parque para perros o en una cafetería al final de la calle. Podía trabajar desde cualquier lugar. Por supuesto, a estas alturas (y gracias a una pandemia mundial), todos conocemos los inconvenientes de este fenómeno: principalmente, que siempre estamos «conectados».

Esta disponibilidad permanente significa que estamos pensando en nuestro trabajo y en las personas asociadas a él, incluidos los compañeros, los subordinados, los clientes, los jefes y los altos cargos, la mayor parte del tiempo. Podemos estar preocupados por nuestros amigos y colegas ante el riesgo de que pierdan sus puestos de trabajo debido a una reorganización, por ejemplo, o por el hecho de que un compañero de trabajo pesimista esté intentando torpedear nuestra nueva iniciativa, o ante la posibilidad de que un cliente vaya a cumplir un contrato. Se trata de grandes preocupaciones que nos consumen, y cuando apagamos nuestros ordenadores a las 17:00 (o a las 18:00 o a las 19:00 o más tarde), no solemos dejarlas de lado.

9. «The State of American Jobs», Pew Research Center, 6 de octubre de 2016, https://www.pewresearch.org/social-trends/2016/10/06/the-state-of-american-jobs/#fn-22004-8.

10. Laura M. Giurge y Kaitlin Woolley, «Don't Work on Vacation. Seriously», Harvard *Business Review*, 20 de julio de 2020, https://hbr.org/2020/07/dont-work-on-vacation-seriously.

11. Martha C. White, «Think You Have Off Monday? No, You Don't», *Time*, 13 de febrero de 2015, https://time.com/3708273/presidents-day-work/.

En las últimas décadas, el estrés relacionado con el trabajo ha aumentado drásticamente. Emily Heaphy, profesora de la Universidad de Massachusetts (Amherst) que estudia las relaciones laborales, me dijo: «Ha habido un aumento de la inseguridad económica que hace que la gente esté nerviosa y ansiosa a causa de su trabajo, por lo que está más pendiente de él que en el pasado».[12]

Cuando tienes problemas con un compañero de trabajo difícil, es tentador descartar la importancia de las relaciones en el trabajo, pensando, o incluso esperando, poder evitarlas. Pero no se puede. Las conexiones profesionales consolidan o echan a perder tu experiencia en el trabajo. Y el éxito en casi todos los puestos depende de llevarse bien con los demás. Las investigaciones al respecto son claras: si quieres prosperar en el trabajo —dar lo mejor de ti, estar comprometido, ser productivo y pensar de forma creativa y expansiva—, presta atención a tus relaciones.

## TENER AMIGOS EN EL TRABAJO

¿Estoy abogando por hacer amigos en el trabajo? ¿En un libro sobre cómo tratar con compañeros difíciles? Entiéndeme. No es porque crea que tu jefe inseguro o tu compañero pasivo-agresivo vayan a convertirse en tus mejores amigos. Pero si tú, como yo al principio, no crees que el trabajo sea un lugar apropiado para hacer amigos, espero que esta investigación te convenza de lo contrario.

Como dice Vivek Murthy, director general de Salud Pública de EE.UU., en su libro *Together*, las amistades están fundamentalmente conectadas con el éxito profesional y «es en nuestras relaciones donde encontramos el sustento emocional y el poder que necesitamos para prosperar».[13]

Las conexiones sociales son un factor de predicción del funcionamiento cognitivo, la resiliencia y el compromiso. Sabemos que los equipos de amigos rinden más; que las personas que cuentan con compañeros de trabajo que las apoyan manifiestan menos estrés; que mantener una cercanía con estos aumenta el intercambio de información e ideas, la

---

12. Entrevista de la autora con Emily Heaphy, 20 de octubre de 2020.
13. Vivek H. Murthy, *Together: The Healing Power of Human Connection in a Sometimes Lonely World* (Nueva York: Harper Wave, 2020).

confianza en nosotros mismos y el aprendizaje, y que los trabajadores con empleos rutinarios tienen las mismas probabilidades de sentirse satisfechos y realizados que aquellos que tienen trabajos inspiradores si invierten en conexiones sociales.[14]

Cuando se trabaja virtualmente, las relaciones pueden parecer más prescindibles. Si estoy sentada con mi portátil en la mesa de la cocina, ¿importa que me sienta conectada con mis colegas? Pero los estudios demuestran que las conexiones con los compañeros son igual de importantes en los entornos de trabajo a distancia. Una encuesta realizada a más de 12.000 personas en Estados Unidos, Alemania e India durante los confinamientos por el coronavirus, descubrió que los encuestados que trabajaban en casa durante la pandemia informaron de que eran menos productivos en cosas como el trabajo en equipo y la interacción con los clientes, tareas que requerían la colaboración con los demás. Y había una relación entre esa pérdida de productividad y las relaciones laborales. De entre quienes afirmaron sentirse menos conectados con sus colegas mientras trabajaban a distancia, el 80% reconoció que también eran menos productivos.[15]

He aquí algunos de mis hallazgos favoritos sobre los beneficios de la amistad en el trabajo:

- Gallup, uno de los principales investigadores de la cultura en el entorno de trabajo, lleva décadas preguntando sobre la amistad en sus estudios y casi el mismo tiempo informando de la estrecha relación entre tener un «mejor amigo en el trabajo» y el compromiso de los empleados. Sus datos recientes muestran que solo el 30% de los empleados declaran tener un «mejor amigo» en el trabajo. Pero aquellos que lo hacen tienen siete veces más probabilidades de «estar comprometidos con su trabajo, ser mejores en la relación con los clientes, realizar un trabajo de mayor calidad y disfrutar de un mayor bienestar». Además, «tienen menos probabilidades de

14. Marissa King, *Social Chemistry: Decoding the Patterns of Human Connection* (Nueva York: Dutton, 2020); Rob Cross, «To Be Happier at Work, Invest More in Your Relationships», *Harvard Business Review*, 30 de julio de 2019, https://hbr.org /2019/07/to-be-happier-at-work-invest-more-in-your-relationships.
15. Adriana Dahik *et al.*, «What 12,000 Employees Have to Say About the Future of Remote Work», Boston Consulting Group, 11 de agosto de 2020, https://www.bcg.com/publications/2020/valuable-productivity-gains-covid-19.

lesionarse en el trabajo». Por el contrario, quienes declararon no tener un mejor amigo en el lugar de trabajo solo tenían una posibilidad entre doce de estar comprometidos con este.[16]

- Las amistades también suelen ser buenas para la carrera profesional. Un equipo de investigación de la Universidad Rutgers descubrió que los grupos de compañeros que se consideraban amigos obtenían mejores puntuaciones en sus evaluaciones de rendimiento.[17]
- Tener amigos en el trabajo también puede protegerte del agotamiento y hacerte más resistente. En la base de una colina, un grupo de investigadores pidió a varios estudiantes que llevaban pesadas mochilas que adivinaran lo empinada que era. Aquellos participantes que estaban con un amigo hicieron estimaciones más bajas que quienes estaban solos.[18] Uno de los investigadores explicaba en la *Virginia Magazine*: «Lo que estamos descubriendo es que cosas que siempre hemos considerado de valor metafórico, como la amistad, afectan realmente a nuestra fisiología. El apoyo social cambia la forma en que percibimos el mundo y cómo funciona nuestro cuerpo».[19] En otras palabras, somos más capaces de afrontar el estrés y los contratiempos cuando tenemos relaciones positivas en el trabajo.

Este último hallazgo halla en mí un profundo eco. Al principio de la pandemia de la COVID-19, mi compañera Gretchen me envió una vela. Admito que nunca he entendido por qué la gente se molesta en usar velas perfumadas: ¿realmente quiero que mi casa huela a pino? Pero Gretchen era una fanática de las velas, y yo me emocioné. Y empecé a encenderla

16. Tom Rath y Jim Harter, «Your Friends and Your Social Well-Being», *Gallup Business Journal*, 19 de agosto de 2010, https://news.gallup.com/business journal/127043/friends-social-wellbeing.aspx.

17. Jessica R. Methot *et al.*, «Are Workplace Friendships a Mixed Blessing? Exploring Tradeoffs of Multiplex Relationships and Their Associations with Job Performance», *Personnel Psychology*, 69 (2) (verano de 2016), pp. 311-55, https://onlinelibrary.wiley.com/doi/full/10.1111/peps.12109.

18. Simone Schnall *et al.*, «Social Support and the Perception of Geographical Slant», *Journal of Experimental Social Psychology*, 44 (5) (septiembre de 2008), pp. 1246-55, https://doi.org/10.1016/j.jesp.2008.04.011.

19. «Jack Needs Jill to Get Up the Hill», *Virginia Magazine*, otoño de 2009, https://uvamagazine.org/articles/jack_needs_jill_to_get_up_the_hill.

todos los días antes de sentarme a trabajar. Rápidamente me convencí. No se trataba tanto de la vela en sí como del ritual de encenderla y recordar que Gretchen me cubría las espaldas. A lo largo de los últimos años, siempre que he luchado por mantenerme centrada, productiva y optimista, mis amigos y mi familia han sido, por supuesto, una fuente de consuelo. Sin embargo, a menudo han sido mis amigos del trabajo los que me han ayudado a superar un día difícil porque compartimos la comprensión de los retos a los que nos enfrentamos.

Por supuesto, todos los beneficios que he descrito —aumento de la productividad y la creatividad, mayor resiliencia, menos estrés, mejores evaluaciones de rendimiento— solo se consiguen si las relaciones con los compañeros de trabajo son positivas y no corrosivas. Las relaciones laborales problemáticas pueden tener graves consecuencias para tu rendimiento y tu bienestar.

# LAS CONSECUENCIAS DE LAS RELACIONES INSANAS

Las investigaciones respaldan lo que sabemos de primera mano: que las relaciones insanas causan daños, a veces más de los que creemos.

## Las relaciones negativas dificultan el rendimiento y perjudican la creatividad

Christine Porath, autora de *Mastering Civility: A Manifesto for the Workplace*, lleva décadas estudiando el fenómeno de la incivilidad en el trabajo. En los últimos veinte años, el 98% de las personas a las que ha encuestado han experimentado un comportamiento irrespetuoso en el trabajo y el 99% lo han presenciado.[20]

Su investigación muestra que el impacto de este comportamiento incívico es intenso y de gran alcance, especialmente en nuestro rendimiento. De entre quienes recibieron malos tratos (en diecisiete sectores), Porath descubrió que:

---

20. Christine Porath y Christine Pearson, «The Price of Incivility», *Harvard Business Review*, enero-febrero de 2013, https://hbr.org/2013/01/the-price-of-incivility.

- El 48% disminuyó intencionadamente su esfuerzo de trabajo.
- El 47% disminuyó intencionadamente el tiempo de trabajo.
- El 38% disminuyó intencionadamente la calidad de su trabajo.
- El 66% dijo que su rendimiento se había visto reducido.
- El 78% dijo que su compromiso con la organización se había visto reducido.
- El 25% admitió haber descargado su frustración con los clientes.
- El 12% dijo que había abandonado su trabajo por el trato incívico.[21]

Completar las tareas, mantener la concentración y realizar un trabajo de calidad es mucho más difícil cuando nos enfrentamos a un colega grosero o negativo. Un experimento realizado con equipos de médicos y enfermeras en unidades de cuidados intensivos neonatales en Israel demostró lo costoso que puede resultar ser ofendido. En el estudio, un invitado experto transmitió a algunos equipos que no respetaba la calidad del trabajo que hacían. A raíz de estas críticas, los equipos que fueron reprendidos realizaron diagnósticos un 20% menos precisos y los procedimientos que llevaron a cabo fueron un 15% menos eficaces.[22]

Ser tratado de forma grosera también frena el pensamiento creativo, ya que provoca una «perturbación cognitiva».[23] En otras palabras, trabajar con un colega que es mezquino contigo —ya sea por comportarse de manera pasivo-agresiva, por atribuirse el mérito de tu trabajo o por hacer comentarios poco amables— inhibe tu capacidad de pensar con claridad.

## Nuestra salud también se resiente

Puede que no sea especialmente sorprendente que las relaciones negativas causen estrés, pero el estrés suele tener graves consecuencias para nuestra salud. (Por desgracia, ser conscientes de ello no ha impulsado a muchos de nosotros, incluida yo misma, a controlarlo). Por ejemplo,

---

21. Porath y Pearson, «The Price of Incivility».
22. Arieh Riskin et al., «The Impact of Rudeness on Medical Team Performance: A Randomized Trial», Pediatrics, 136 (3) (septiembre de 2015), pp. 487-95, https://pubmed.ncbi.nlm.nih.gov/26260718/.
23. Christine L. Porath, Trevor Foulk y Amir Erez, «How Incivility Hijacks Performance: It Robs Cognitive Resources, Increases Dysfunctional Behavior, and Infects Team Dynamics and Functioning», Organizational Dynamics, 44 (4) (octubre-diciembre de 2015), pp. 258-65, https://doi.org/10.1016/j.orgdyn.2015.09.002.

los científicos han establecido una conexión directa entre trabajar con alguien difícil y las enfermedades cardiacas. Un grupo de científicos suecos siguió a 3.000 trabajadores durante tres años haciéndoles preguntas sobre la competencia de sus jefes. Cuanto menos competentes percibían a sus jefes, mayor era el riesgo de sufrir problemas cardiacos. Y el riesgo de sufrir problemas cardiacos graves era proporcional al tiempo que llevaban trabajando en la empresa.[24]

En otro estudio, los investigadores analizaron el impacto de nuestras relaciones en el tiempo de recuperación de una herida. Trabajando con cuarenta y dos parejas casadas, hicieron pequeñas incisiones en los brazos de los participantes y luego midieron el ritmo de curación de dichas incisiones. Las heridas infligidas a las parejas que declararon tener hostilidad en sus relaciones tardaron el doble en curarse, lo que demuestra que el estrés causado por las interacciones negativas dificulta la capacidad del cuerpo para restablecerse.[25] Trabajar con un colega difícil puede enfermarte y dificultarte la recuperación de una enfermedad o lesión.

## Las relaciones negativas son malas para nuestros colegas y nuestras organizaciones

Cuando un colega y tú no os lleváis bien, se produce una reacción en cadena. Las personas de tu órbita están sujetas a lo que yo llamo la «metralla emocional» de tu dinámica. Esto incluye a los compañeros de trabajo que son testigos directos de la hostilidad, por supuesto, pero también a tus amigos y familiares, que pueden ofrecer un oído comprensivo y absorber tu estrés. Cuando mi marido trabajaba para una jefa inmadura y «microgestionadora» (es decir, excesivamente controladora), mi estado de ánimo y mi productividad se resintieron, aunque nunca la conociera en persona.

La profesora de la Universidad de Michigan Jane Dutton habla de este fenómeno en su libro *Energize Your Workplace*. Escribe: «La inci-

24. Bill Hendrick, «Having a Bad Boss Is Bad for the Heart», WebMD, 24 de noviembre de 2008, https://www.webmd.com/heart-disease/news/20081124/having-a-bad-boss-is-bad-for-the-heart#1.
25. Gaia Vince, «Arguments Dramatically Slow Wound Healing», *New Scientist*, 5 de diciembre de 2005, https://www.newscientist.com/article/dn8418-arguments-dramatically-slow-wound-healing/.

vilidad rara vez se contiene. Se extiende en espiral dentro de los límites del entorno laboral al tiempo que se extiende en espiral en la vida de las personas fuera del trabajo. En un estudio sobre las experiencias de más de 12.000 personas que se enfrentaron a la incivilidad en el entorno de trabajo, prácticamente todas las víctimas de la incivilidad reconocieron haber contado la experiencia a otra persona. Cuando las noticias de incivilidad se difunden, aumentan las opciones de que la gente perciba estos comportamientos como normales, lo que incrementa aún más su aparición».[26]

Lo que está en juego para las organizaciones es claramente serio. Una persona irrespetuosa, o una dinámica marcada por la incivilidad, puede perjudicar a todo el equipo, e incluso a los que tan solo ven o escuchan las interacciones hostiles. Y si los empleados están distraídos, estresados, tienen dificultades para concentrarse, cometen errores y carecen de salud mental y física, los resultados del trabajo se resienten. Y esto es cierto para las organizaciones de cualquier tamaño. El profesor de la Harvard Business School Noam Wasserman estudió a 10.000 fundadores de empresas para su libro *The Founder's Dilemmas* y observó que el 65% de las *startups* fracasan como resultado de conflictos entre los fundadores.[27] La investigación de Porath en una empresa de ingeniería descubrió que quienes percibían a sus compañeros de trabajo como difíciles tenían el doble de probabilidades de abandonar el empleo. Y el riesgo de fuga era mayor entre los mejores talentos.[28]

## Las relaciones negativas tienen efectos más fuertes que las positivas

Una de las razones por las que es tan importante hacer un esfuerzo por mejorar nuestras relaciones negativas es que tienen un impacto desproporcionado en nuestra experiencia en el trabajo, debido a

26. Jane E. Dutton, *Energize Your Workplace: How to Create and Sustain High-Quality Connections at Work* (San Francisco: Jossey-Bass, 2003).
27. Noam Wasserman, *The Founder's Dilemmas: Anticipating and Avoiding the Pitfalls That Can Sink a Startup* (Princeton, NJ: Princeton University Press, 2013).
28. Christine Porath, «Isolate Toxic Employees to Reduce Their Negative Effects», *Harvard Business Review*, 14 de noviembre de 2016, https://hbr.org /2016/11/isolate-toxic-employees-to-reduce-their-negative-effects.

todos los factores que acabo de señalar. Porath descubrió que las relaciones desenergizantes tienen un impacto entre cuatro y siete veces mayor en nuestro bienestar que las relaciones energizantes y positivas.[29]

Sin embargo, una relación no tiene por qué ser tóxica, ni siquiera totalmente negativa, para tener efectos nocivos. Cuando pienso en las personas difíciles con las que he trabajado, muchas de las que me vienen a la mente son las que no eran difíciles *todo el tiempo*. Por ejemplo, tuve una colega a la que llamaré Tara. Nunca fuimos exactamente amigas, pero nos gustaba charlar al principio de las reuniones, y en los eventos sociales a menudo intercambiábamos historias sobre nuestros hijos, que tenían la misma edad. Me parecía divertida, simpática y buena en su trabajo, la mayor parte del tiempo. Cuando me atreví a preguntarle a otro compañero de trabajo si también le resultaba a veces difícil de interpretar, expresó perfectamente lo que yo estaba experimentando: «Nunca sabes qué Tara te va a tocar. La "Tara buena" es muy agradable y parece que te cubre las espaldas. Pero la "Tara mala" es gruñona, está completamente centrada en su carrera y no tiene reparos en dejarte en la estacada».

La mayoría de nuestras relaciones laborales no se dividen en categorías claras de «buena» o «mala», aunque así sea como nuestro cerebro busque clasificarlas. Estas relaciones ambivalentes —las que se perciben como ocasionalmente positivas o mayoritariamente neutras, pero que a veces se desvían hacia un territorio alarmante— suelen ser tan problemáticas como las inequívocamente negativas. Algunas investigaciones han demostrado que tales relaciones son, de hecho, más perjudiciales desde el punto de vista fisiológico.[30]

Por supuesto, tener un «amienemigo» es mejor que tener un enemigo, y estas relaciones ambivalentes también pueden tener aspectos positivos: a veces nos motivan a trabajar más en la relación (mientras que una relación puramente positiva a menudo la damos por sentada), y es más pro-

---

29. Andrew Parker, Alexandra Gerbasi y Christine L. Porath, «The Effects of De-energizing Ties in Organizations and How to Manage Them», *Organizational Dynamics*, 42 (2) (abril-junio de 2013), pp. 110-18, https://doi.org/10.1016/j.orgdyn.2013.03.004.
30. Jessica R. Methot, Shimul Melwani y Naomi B. Rothman, «The Space Between Us: A Social-Functional Emotions View of Ambivalent and Indifferent Workplace Relationships», *Journal of Management*, 43 (6) (enero de 2017), pp. 1789-1819, https://doi.org/10.1177/0149206316685853.

bable que intentemos ver las cosas desde la perspectiva de la otra persona mientras nos esforzamos por entenderla.[31]

● ● ●

Ninguna de nuestras relaciones es fija. Podemos suponer que las positivas seguirán siempre así y que las negativas están condenadas a ser tortuosas para siempre. Pero esa mentalidad puede llevarnos a descuidar nuestras amistades de trabajo y a descartar por completo las más complicadas. Si piensas en las personas con las que has establecido conexiones a lo largo de tu carrera, supongo que no habrán permanecido igual a lo largo del tiempo; probablemente eran maleables. Al fin y al cabo, las buenas relaciones pueden agriarse, mientras que algunas de las más difíciles pueden transformarse, siempre que les dediques tiempo y esfuerzo.

Dicho esto, todos podríamos ser más hábiles a la hora de dirigir nuestra energía. Sé que he desperdiciado horas (más de las que estoy dispuesta a sumar) reflexionando sobre un diálogo con un compañero de trabajo difícil, dándole vueltas a un correo electrónico que envié o recibí, incluso despertando en mitad de la noche y ensayando conversaciones que desearía poder rehacer (y tragándome las palabras que desearía poder decir). En el próximo capítulo hablaré de lo que ocurre en tu cerebro cuando estás atrapado en una dinámica negativa con un compañero de trabajo, por qué ocupa tanto espacio psicológico y cómo cultivar la comprensión y la autoconciencia para poder responder de forma productiva.

---

31. Shimul Melwani y Naomi Rothman, «Research: Love-Hate Relationships at Work Might Be Good for You», *Harvard Business Review*, 20 de enero de 2015, https://hbr.org/2015/01/research-love-hate-relationships-at-work-might -be-good-for-you.

# 2
# Tu cerebro durante el conflicto
## Cómo nuestra mente a menudo funciona en nuestra contra

Hace unos meses me presentaron por correo electrónico a un consultor al que llamaré Brad. La persona que me lo presentó pensó que Brad sería un buen colaborador para la *Harvard Business Review*, donde trabajo como editora. Suelo recibir numerosas presentaciones de este tipo, y cuando llegó esta me encontraba especialmente abrumada por las solicitudes. Brad me preguntó si podíamos hablar por teléfono. Me negué cortésmente y le dije que un editor se pondría en contacto con él para hablar del borrador que había enviado. Unas semanas más tarde volvió a preguntar. Una vez más, le di lo que me pareció una respuesta cortés explicándole que, debido a limitaciones de tiempo, no podía hablar por teléfono. Entonces recibí el siguiente correo electrónico de Brad: «Todos estamos ocupados, pero la conexión humana es lo más importante. Me voy a llevar mis escritos a otra parte. No puedo con tanto ego».

No era la primera vez que trataba con un aspirante a autor frustrado. Pero esta me afectó. Volví a leer su mensaje varias veces, y a cada lectura mi ritmo cardiaco aumentaba un poco más y mis hombros y cuello se tensaban. Mi mente daba vueltas llena de pensamientos rápidos: «Qué imbécil». «¿Quién se cree que es?». «No es más que un crío». «Supéralo, Brad». Empecé a componer réplicas concisas en mi mente: «¿Por qué crees que eres la persona más importante de mi bandeja de entrada?». «¡Buena suerte al llevar tu mierda de escritura a otra parte!» (Ni siquiera había leído su borrador, pero me sentía presa de una vena crítica).

Mi reacción inicial de que todo era culpa de Brad pronto se transformó en duda. Empecé a preguntarme si tenía razón. «¿Tengo un gran ego?». «¿Acabo de arruinar una valiosa conexión humana?». «¿Por qué no evité su frustración manejando mejor los primeros correos electrónicos?».

Entonces, respiré hondo e hice lo que me pareció correcto: eliminé el correo electrónico.

Ahora, me encantaría decirte que aquel asunto terminó ahí. Y para Brad, así fue. Él y yo no hemos intercambiado mensajes desde entonces, y probablemente no lo haremos. Pero mi cerebro tenía otras ideas.

Mucho después de pulsar el botón de eliminar, el correo electrónico de Brad seguía apareciendo en mi mente. Mientras escribía a otro posible autor, la frase «la conexión humana es lo más importante» resonaba en mis pensamientos. Mientras preparaba la cena aquella noche, pensé varias veces en la frase «no puedo con tanto ego». Y a las tres de la mañana del día siguiente, cuando me desperté en la oscuridad total de mi habitación, en lugar de volver a dormirme me imaginé recuperando su mensaje de mi carpeta de eliminados y componiendo una respuesta larga y elocuente que le haría arrepentirse de haber enviado un correo electrónico tan mezquino y replantearse todos los correos que enviara a partir de entonces. Iba a evitar que Brad volviera a comportarse como un imbécil.

En el capítulo 1 expuse los motivos por los que merece la pena abordar la dinámica entre tu compañero de trabajo difícil y tú. Ojalá fuera tan fácil como tomar esa decisión y luego ejecutar las estrategias que he esbozado en los capítulos que tienes por delante. Pero hay un obstáculo que a menudo debes superar antes de poder emprender cualquier tipo de acción: tu cerebro.

Cuando nos relacionamos con alguien desafiante, nuestro cerebro busca protegernos del daño. Sin embargo, durante ese proceso, a menudo nos frena. Yo había tomado la decisión de dejar pasar el correo electrónico de Brad, de encogerme de hombros y seguir adelante. Pero mi cerebro se había quedado enganchado a la interacción.

Este capítulo trata de lo que ocurre en tu cabeza cuando estás inmerso en un conflicto: por qué una relación negativa es tan dolorosa y por qué no puedes dejar de pensar en ella. La comprensión de los procesos neurológicos que se activan te ayudará a desarrollar la autoconciencia que necesitas para responder de forma productiva en lugar de impulsiva, con el objetivo de mejorar tu relación con la otra persona.

# CALMAR AL CRÍTICO INTERIOR

En mitad de la noche, mientras estaba preocupada por Brad, mi crítica interior hizo su aparición: «¿En esto es en lo que estoy pensando a las 3 de la mañana? ¿En ese ridículo correo electrónico? Ya lo he borrado. ¿Por qué no puedo dejarlo pasar? ¿Por qué necesito gustarle a todo el mundo, incluso a un colaborador que no conozco? ¿Qué me pasa?». Está claro que no era una línea de pensamiento útil, así que me recordé a mí misma lo que he aprendido de las investigaciones: que mi cerebro estaba haciendo aquello para lo que los cerebros humanos han evolucionado. Mis cavilaciones sobre el correo electrónico de Brad no indicaban que algo estuviera mal en mí. Al contrario, era completamente normal.

Antes de que puedas empezar a trabajar en la dinámica existente entre un colega difícil y tú, especialmente con alguien que no va a desaparecer de tu bandeja de entrada para siempre como hizo Brad, tienes que entender tus propias reacciones al respecto: por qué te molesta, por qué es doloroso, por qué no puedes dejarlo pasar aunque quieras. Y no está de más tener un poco de compasión hacia ti mismo.

## Quedarse atrapado es tan normal como frustrante

El deseo de preocuparte menos por tu colega difícil no suele dar fruto. Sé que no soy la única que revisa (y sí, se atormenta con) sus interacciones con sus compañeros de trabajo cuando debería estar durmiendo. En su investigación, la profesora de la Universidad de Georgetown Christine Porath descubrió que el 80% de los encuestados que habían sufrido un comportamiento irrespetuoso perdieron tiempo de trabajo preocupándose por el incidente, y el 63% perdió tiempo de trabajo en intentos de evitar al agresor.[32]

Los conflictos suelen distraernos. Por ejemplo, en un experimento realizado con empleados de atención al cliente de un gran proveedor de telefonía móvil en Israel, aquellos que tuvieron interacciones hostiles con los clientes encontraron más dificultades para recordar los detalles de la conversación porque estaban preocupados por la incivilidad. Su

---

32. Christine Porath y Christine Pearson, «The Price of Incivility», *Harvard Business Review*, enero-febrero de 2013, https://hbr.org/2013/01/the-price -of-incivility.

energía mental se centraba en pensar en el trato inadecuado, no en escuchar al cliente.[33]

Este tipo de angustia no es algo que elijamos. Como escribe Porath: «Cuando las personas experimentan la incivilidad, el proceso de evaluarla conscientemente parece tener prioridad sobre las tareas primarias, incluso cuando el individuo no quiere pensar en el incidente. Tiende a monopolizar su atención, aunque no lo quieran».[34]

En otras palabras, es normal que tu mente regrese a esa interacción complicada, por mucho que hayas decidido olvidarla. Nuestros cerebros están diseñados —evolutivamente hablando— para permanecer muy atentos a las relaciones difíciles, por lo que cambiar nuestra forma de reaccionar requiere medidas proactivas. Veamos con más detalle lo que ocurre dentro de nuestra cabeza durante un conflicto con un compañero.

## NUESTRO CEREBRO DURANTE LOS CONFLICTOS

Cuando experimentamos o percibimos una posible ruptura en nuestra relación con otra persona —abrimos un correo electrónico sarcástico, nuestro colega apaga la cámara en medio de nuestra videollamada sin dar explicaciones o sorprendemos a nuestro jefe poniendo sutilmente los ojos en blanco por algo que hemos dicho—, nuestro cerebro reacciona como si estuviéramos en peligro real. Prepara a nuestro cuerpo para responder a esa amenaza percibida, al tiempo que intenta dar sentido a lo que estamos experimentando. ¿Por qué mi jefe está enfadado conmigo? ¿Qué he hecho para molestar a mi colega? ¿Me lo merezco? Y como hemos evolucionado para preservar al máximo nuestros recursos cognitivos, nuestro cerebro utiliza atajos para dirigir nuestras respuestas, atajos que a veces pueden meternos en problemas.

33. Christine L. Porath, Trevor Foulk y Amir Erez, «How Incivility Hijacks Performance: It Robs Cognitive Resources, Increases Dysfunctional Behavior, and Infects Team Dynamics and Functioning», *Organizational Dynamics*, 44 (4) (octubre-diciembre de 2015), pp. 258-65, https://doi.org/10.1016/j.orgdyn. 2015.09.002.
34. Porath, Foulk y Erez, «How Incivility Hijacks Performance».

## Secuestro de la amígdala

En cada lado de nuestro cerebro, detrás de los nervios ópticos, hay una amígdala. Una de sus funciones es detectar el miedo y preparar el cuerpo para una respuesta adecuada. Así, cuando percibes una amenaza —ya sea un coche que se dirige hacia ti en la calle o tu inseguro jefe que se arroga el mérito de tu trabajo en una reunión de personal—, la amígdala empieza a reaccionar indicando la liberación de hormonas del estrés como el cortisol y la adrenalina.

Sin duda, habrás oído la expresión *lucha o huida*. Estas reacciones instintivas proceden de la amígdala, y cuando se producen entramos en un *secuestro de la amígdala*, concepto que aprendí de Daniel Goleman, autor de *Inteligencia emocional*. Se conoce como «secuestro» porque la reacción de lucha o huida domina nuestras funciones ejecutivas, y sentimos como si ya no estuviéramos tomando decisiones sobre nuestra manera de comportarnos, como si nuestros cuerpos y mentes estuvieran en piloto automático. Cuando se está gestando una desavenencia entre un colega y yo, el ritmo cardiaco elevado y la respiración superficial son la forma que tiene mi cerebro de prepararme para huir si es necesario. Ahora ya conozco las señales de alarma: siento un cosquilleo en la nuca, los hombros empiezan a subir hacia las orejas como si fuera una tortuga que se mete en su caparazón, se me tensa la mandíbula y me sudan las manos. No es divertido.

Sin embargo, no se trata de un fallo técnico. Estos atajos mentales ahorran tiempo y energía, y a menudo nos mantienen a salvo. Si estás en medio de la calle y hay un coche que se te echa encima, sería peligroso que tu cerebro se detuviera a pensar en los pormenores de la situación. En lugar de eso, necesitas que reaccione instintivamente, indicando a tu cuerpo que salga de la calzada lo antes posible.

Una de las cosas que menos me gustan de esta respuesta automática e instintiva es que con demasiada frecuencia ocurre sin que nos demos cuenta. Así que reaccionamos —quizás dando una respuesta cortante a nuestro colega, elevando la voz, cerrándonos en banda, enviando un correo electrónico del que luego nos retractamos— antes de darnos cuenta de que estamos inmersos en el secuestro de la amígdala. En pocas palabras, no estamos en nuestro sano juicio.

## Sesgo de negatividad

Esta reacción de lucha o huida puede parecer una respuesta demasiado extrema para un simple correo electrónico grosero o un colega sabelotodo que habla por encima de ti en una reunión, pero el cerebro está muy sensibilizado con aquellos incidentes, por pequeños que sean, que pueden percibirse como una amenaza. Esta sintonía es lo que se denomina *sesgo de negatividad*.

En términos generales, prestamos más atención a los acontecimientos negativos que a los positivos.[35] Por ejemplo, es posible que le digas a tu pareja o a un amigo que has tenido un día «terrible» cuando la mayor parte del día ha ido bien, pero una reunión por la tarde con un colega pasivo-agresivo lo ha estropeado todo. Puede que esa interacción haya supuesto solo una pequeña fracción de tu tiempo, pero ocupa un espacio mental considerablemente mayor.

El sesgo de negatividad es algo que probablemente te resulte familiar. Piensa en tu última evaluación de rendimiento. ¿Recuerdas algún detalle de las cosas positivas que escribió tu jefe, o destacan en tu mente los comentarios más críticos? Puedo recordar dos frases de una evaluación de rendimiento que recibí en 2002 (¡!) sobre mi falta de comprensión de los modelos empresariales complejos. Ahora bien, eran dos frases en una evaluación que, por lo demás, era brillante. Y no recuerdo ni un solo comentario positivo. Del mismo modo, puedo recitar palabra por palabra ese desagradable correo electrónico de Brad, pero no tengo ni idea de quién más me escribió ese día o qué dijo. Solo perdura el mensaje negativo.

Y no solo nos llaman más la atención los acontecimientos negativos, sino que nuestro cerebro reacciona con mayor intensidad ante ellos. En casos extremos, las interacciones negativas pueden resultar incluso increíblemente dolorosas.

## El conflicto duele

¿Alguna vez has pensado que un golpe encubierto de un colega sabelotodo o una broma ofensiva de un compañero de trabajo retorcido son

35. John T. Cacioppo, Stephanie Cacioppo y Jackie K. Gollan, «The Negativity Bias: Conceptualization, Quantification, and Individual Differences», *Behavioral and Brain Sciences*, 37 (3) (junio de 2014), pp. 309-10, https://doi.org/10.1017/S0140525X13002537.

como una bofetada en la cara? Yo me he quedado sin aliento ante ciertos comentarios malintencionados que me han sentado como un puñetazo en el estómago. La neurociencia demuestra que, en ciertos casos, el cerebro interpreta el hecho de ser menospreciado, ignorado, avergonzado, gritado, rechazado o intimidado en el trabajo de una forma similar a la experiencia del dolor físico.

Por ejemplo, una investigación sobre imágenes cerebrales realizada por un equipo de la UCLA muestra que el sentimiento de exclusión activa las mismas regiones del cerebro que se ocupan del procesamiento del dolor físico. Podríamos pensar que el dolor emocional, especialmente cuando es causado por nuestros compañeros de trabajo o aquellas personas con las que nos relacionamos en un contexto profesional, está «solo en nuestra cabeza», pero no es así. Cualquier tipo de rechazo queda registrado en nuestro cerebro de una forma muy similar a la que experimentamos cuando nos dan un puñetazo o nos cortamos un dedo.[36]

# LAS HISTORIAS QUE NOS CONTAMOS A NOSOTROS MISMOS

Hace aproximadamente un año, una mañana temprano tuve una reunión por Zoom con un colega para preparar un panel en línea en el que ambos participaríamos la semana siguiente. Se trata de una persona con la que casi siempre me he llevado bien, aunque en ocasiones me parece pomposo (sin duda, reúne muchos de los atributos de los sabelotodo de los que hablo en el capítulo 7). Después de contarme lo que pensaba exponer en el panel, me pidió mi opinión. No me había dado tiempo a decir más de dos frases cuando se quedó en silencio y empezó a mirar hacia algún lugar fuera de la pantalla. Yo estaba convencida de que miraba hacia otro monitor, que sabía que tenía instalado en su despacho, y de que estaba leyendo, y probablemente respondiendo, correos elec-

36. «Rejection Really Hurts, UCLA Psychologists Find», *ScienceDaily*, 10 de octubre de 2003, https://www.sciencedaily.com/releases/2003/10/031010074045.htm (gracias a Paul Zak por remitirme a esta investigación); Naomi I. Eisenberger, «The Neural Bases of Social Pain: Evidence for Shared Representations with Physical Pain», *Psychosomatic Medicine*, 74 (2) (febrero de 2012), pp. 126-35, https://www.ncbi.nlm.nih.gov/pmc/articles/PMC3273616/.

trónicos. Mientras seguía con mis comentarios, mi monólogo interior discurría más o menos así: «¿Por qué me habrá pedido mi opinión si de todos modos vamos a hacer lo que él quiere? Qué tipo tan arrogante, siempre centrado en sí mismo». En un intento de dar sentido a lo que estaba ocurriendo, mi cerebro construyó una explicación que daba a sus acciones —quedarse en silencio y apartar la mirada de la pantalla— un significado negativo.

Eso es lo que suele ocurrir cuando nos encontramos en el extremo receptor del «mal» comportamiento de nuestro compañero de trabajo. Rápidamente nos contamos a nosotros mismos una historia sobre lo que está ocurriendo, por qué está ocurriendo y qué pasará después. Y estas historias —cargadas de emociones y críticas— nos parecen verdaderas incluso cuando se basan en los intentos de nuestro cerebro de crear sentido y no en los hechos. Esto es lo que los psicólogos llaman *compromiso cognitivo prematuro*.[37] En un esfuerzo por ahorrar recursos, nuestros cerebros hacen juicios rápidos sobre lo que ocurre a nuestro alrededor y sobre cómo debemos reaccionar.

Pues bien, resulta que me equivoqué con respecto al comportamiento «grosero» de mi colega. Cuando terminé de describirle cómo creía que debíamos enfocar el panel, salió de su silencio e hizo una pregunta de seguimiento que dejaba claro que había escuchado todo lo que yo había dicho. Al final de la llamada, se disculpó por parecer distraído y me explicó que su hijo adolescente (que estaba estudiando vía *online* debido a la pandemia) le había hecho tortitas y había entrado en su despacho para dárselas. Me sentí estúpida por suponer lo peor, y mi cerebro tuvo que desplazarse rápidamente desde mi interpretación original de un comportamiento grosero a un dulce momento familiar.

Como ilustra esta experiencia, tenemos que tener cuidado con las historias que nos contamos a nosotros mismos y con la manera en que nos influyen los atajos de nuestro cerebro. La buena noticia es que, si eres capaz de reconocer lo que ocurre —y no juzgarlo—, puedes avanzar hacia las soluciones.

---

37. Benzion Chanowitz y Ellen J. Langer, «Premature Cognitive Commitment», *Journal of Personality and Social Psychology*, 41 (6)(1981), pp. 1051-63.

# EL CAMINO PARA SALIR DEL SECUESTRO DE LA AMÍGDALA: CREAR UN ESPACIO MENTAL

Hay una famosa cita que suele atribuirse a Viktor Frankl, psiquiatra y psicoterapeuta austriaco y superviviente del Holocausto: «Entre el estímulo y la respuesta hay un espacio. En ese espacio está nuestro poder para elegir nuestra respuesta. En nuestra respuesta está nuestro crecimiento y nuestra libertad».[38] La reflexión de Frankl se antoja fundamental de cara a manejar la dinámica entre un colega difícil y tú. Debes crear el espacio necesario para elegir una respuesta que dé lugar a un crecimiento en lugar de a un conflicto.

## Observa tus reacciones

Cuanto más observes tus reacciones instintivas cada vez que tu mente perciba una amenaza, mejor podrás distinguir las historias que tu cerebro fabrica de lo que realmente está ocurriendo. Con la cabeza más despejada es más probable que tomes decisiones más acertadas sobre cómo responder.

Personalmente, me he dado cuenta de que, ante una interacción desagradable con un compañero de trabajo, tiendo a reaccionar de tres maneras diferentes: culpo a la otra persona: «¡Todo esto es culpa suya!»; me culpo a mí misma: «¿Qué he hecho mal?», o intento desentenderme por completo: «Esto no merece mi tiempo».

Tales reacciones no se dan necesariamente de manera aislada: a veces transito rápidamente por todas ellas, como hice en los quince minutos posteriores a la recepción del correo electrónico de Brad. Pero, cuando me encontré despierta a las 3:00 de la mañana en aquel carrusel de pensamientos ansiosos, en lugar de seguir reprimiendo las emociones que

---

38. Aunque esta cita se atribuye a menudo a Frankl, no se ha encontrado literalmente en ninguno de sus escritos, ni se ha vinculado de manera definitiva a ningún otro. Sin embargo, la idea está muy en consonancia con la obra de Frankl, aunque también con la de otros. Por ejemplo, el psicólogo estadounidense Rollo May escribió: «La libertad humana implica nuestra capacidad para hacer una pausa entre el estímulo y la respuesta y, durante esa pausa, elegir la respuesta hacia la que queremos volcarnos».

sentía o descartar las historias que me contaba a mí misma, decidí volver a centrar mi energía en explorarlas. Empecé a preguntarme: «¿Por qué lo que ha dicho Brad me ha molestado tanto? ¿Qué podrían decirme mis emociones sobre la situación?».

Básicamente, traté de ver mis pensamientos negativos como datos útiles en lugar de como un ruido molesto.[39] Cuando adopté este enfoque, me di cuenta de que aquel correo electrónico de Brad había hecho dos cosas que me resultaban especialmente desafiantes.

En primer lugar, había roto una norma. Envío y recibo cientos de correos electrónicos cada semana, y la mayoría de ellos son agradables o neutros. Por suerte, es raro que mis intercambios con compañeros de trabajo, amigos, familiares o desconocidos sean directamente groseros. Así que Brad estaba violando mi expectativa de que la gente debe tratarse con respeto.

En segundo lugar, la imagen que Brad había pintado de mí no se ajustaba a la imagen que yo tenía de mí misma. Si el correo electrónico de Brad estaba en lo cierto, debía enfrentarme al hecho de que soy alguien con un gran ego que no se preocupa por la interacción humana, todas ellas cosas que no creo (o no quiero creer) que se refieran a mi persona. Aquello me hizo preguntarme si la forma en que me percibía a mí misma —como cuidadosa, reflexiva y humilde— difería de la forma en que me veían los demás.

Cuando pienses en tus propias historias con compañeros de trabajo difíciles, pregúntate si se da alguna (o ambas) de estas transgresiones. A menudo se hallan presentes. Creemos que nuestros colegas problemáticos están actuando de una manera en que no deberían (una violación de nuestro sentido de comunidad), y su comportamiento hace que nos cuestionemos a nosotros mismos (una violación de nuestra autopercepción). Esto crea un conflicto interno, un conflicto que experimentamos como ostracismo, exclusión, rechazo y una amenaza a nuestro sentido de pertenencia, lo que nos lleva a esa forma de lucha o huida.

Sin embargo, al observar mi reacción ante Brad, y al interrogarme por su razón de ser, pude calmarme. En lugar de ceder a mi reacción inicial, empecé a pensar: «Ah, esto tiene sentido».

---

39. Esta idea de que «las emociones son datos, no ruido» es algo que he aprendido del profesor Sigal Barsade y de la psicóloga Susan David.

## Reevalúa la situación

Una vez que tomas cierta distancia con respecto a un episodio problemático, puedes reevaluarlo. Los psicólogos han descubierto que la *reevaluación* —reexaminar una situación emocional desde un punto de vista más positivo o neutral, o como un reto en lugar de una amenaza— ayuda a las personas a centrarse y a tomar decisiones más meditadas sobre su manera de proceder.[40]

La historia negativa que construí en torno a aquel compañero de trabajo que miraba fuera de la pantalla durante nuestra reunión me hizo cerrarme. A raíz de aquello disminuyó mi interés por compartir mis ideas y empecé a resistirme a la posibilidad de colaborar con él, algo que probablemente percibió. Si no me hubiera dicho que su hijo le había traído tortitas, lo que me obligó a reevaluar la situación, mi reacción habría afectado a nuestra relación y a nuestra capacidad para trabajar juntos, por no hablar de la calidad del panel que estábamos organizando juntos.

Presta atención a las historias que te cuentas a ti mismo cuando interactúas con un colega difícil. ¿Qué pensamientos pasan por tu mente? ¿Son útiles? ¿Hay alguna manera de reformularlos para que sean neutros o positivos? Por ejemplo, en lugar de centrarte en que las diatribas de tu colega sabelotodo son insoportables, ¿podrías decirte a ti mismo que, dejando a un lado el tono condescendiente, sus diatribas tienen en realidad una o dos semillas de información útil? No se trata de endulzar una situación realmente negativa, pero ¿existe una interpretación diferente? Pregúntate qué puedes aprender.

También puedes considerar qué otras cosas están sucediendo en tu vida que podrían estar influyendo en tu reacción negativa.

## Controla tu estrés

No es de extrañar que, cuando el estrés es elevado, seamos más susceptibles de lo normal a las trampas del secuestro de la amígdala. Seguro

---

40. Anat Drach-Zahavy y Miriam Erez, «Challenge versus Threat Effects on the Goal-Performance Relationship», *Organizational Behavior and Human Decision Processes*, 88 (2) (julio de 2002), pp. 667-82, https://www.sciencedirect.com /science/article/abs/pii/S0749597802000043; Emma Seppälä y Christina Bradley, «Handling Negative Emotions in a Way That's Good for Your Team», *Harvard Business Review*, 11 de junio de 2019, https://hbr.org/2019/06 /handling-negative-emotions-in-a-way-thats-good-for-your-team.

que has experimentado momentos en los que te sientes bajo presión porque debes cumplir con un plazo importante en el trabajo o porque no has dormido bien, y se te va la olla ante un comentario de un compañero o te sientes completamente destrozado por un comentario negativo sobre una presentación en la que has trabajado muy duro. Para encontrar ese espacio tan importante entre el desencadenante molesto y tu respuesta, es útil que evalúes tu nivel general de estrés.

Tener a mano una sencilla lista de preguntas para situaciones de tensión puede marcar la diferencia entre perder la calma y encontrar una forma productiva de avanzar. He aquí una lista de comprobación mental que utilizo cuando me doy cuenta de que me dirijo al secuestro de la amígdala:

- ¿Estoy hidratado?
- ¿Tengo hambre?
- ¿Cómo dormí anoche?
- ¿Qué más me preocupa?
- ¿Tengo algún proyecto o plazo importante que me esté presionando?
- ¿Alguna de mis relaciones importantes con los amigos o la familia está pasando por un momento difícil?
- ¿Cuándo fue la última vez que hice algo que disfruté?

Controlar tus recursos mentales de esta manera puede ayudarte a ganar perspectiva. A lo largo de 2020 tuve que recordarme a mí misma con regularidad que la carga cognitiva de vivir una pandemia me hacía mucho más propensa a interpretar el comportamiento de quienes me rodeaban como una amenaza, sobre todo porque ya me sentía amenazada. Y cuando estás en modo supervivencia no tienes reservas para tolerar un estrés adicional. Tienes menos espacio para sentir curiosidad. Con esta sobrecarga cognitiva, tu cerebro se centra en llegar al final del día, no en prosperar.

Lisa Feldman Barrett lo explica maravillosamente en su libro *Seven and a Half Lessons about the Brain*: «Es importante entender que el cerebro humano no parece distinguir entre las diferentes fuentes de estrés crónico. Si las reservas del cuerpo ya están agotadas por las circunstancias de la vida —como una enfermedad física, dificultades financieras, subidas de tensión hormonal o simplemente no dormir o no hacer suficiente ejercicio—, el cerebro se vuelve más vulnerable a todo tipo de estrés. Esto incluye los efectos biológicos de las palabras destinadas a amenazarte, intimidarte o atormentarte a ti o a las personas que te importan. Cuando las reservas de tu cuerpo están continuamente al límite, los factores de estrés pasajeros se acumulan, incluso aquellos de los que normalmente te recuperas rápido».[41] De modo que haz un balance de cómo te sientes al margen de los problemas que tienes con tu compañero de trabajo. ¿Hay necesidades —dar un breve paseo, tomar un tentempié saludable, terminar un proyecto— cuya satisfacción podría reducir tu estrés y colocarte en un mejor estado de ánimo para afrontar el conflicto?

## Dale tiempo

¿Conoces el dicho «nunca te vayas a dormir enfadado»? No me acaba de convencer. A menudo, dormir bien es exactamente lo que necesitas para cambiar tu mentalidad. Alice Boyes, autora de *The Anxiety Toolkit*, me ayudó a entender que, aunque nuestra respuesta inicial a un compañero de trabajo que habla por encima de nosotros en una reunión (*otra vez*) o que no cumple con una tarea que prometió hacer puede ser intensa, esas emociones negativas no suelen persistir. «Estamos diseñados para que las emociones se extingan con el tiempo: son señales de advertencia», dice Boyes.[42] «A medida que obtenemos más información y reevaluamos, esos sentimientos suelen disiparse».

Volvamos a mi incidente con Brad. A la mañana siguiente, al despertarme, noté que me importaba un poco menos lo que había pasado. No sentí la misma opresión en el pecho cuando repasé mentalmente su correo electrónico, y casi no pensé en ello durante el día. Y aunque a la noche siguiente volví a despertarme a las 3:00 a. m. y mi mente se dirigió inmediatamente hacia Brad, mi atención no permaneció allí durante mucho tiempo (después de todo, la lista de cosas por las que sentirse ansioso a primera hora de la mañana es larga). Y con el transcurrir de los días cada vez pasaba menos tiempo pensando en él. Mientras escribo esto, en realidad ya no me importa casi nada (casi).

Dedica tiempo a dejar de pensar en los problemas que tienes con tu compañero de trabajo. Considera la posibilidad de tomarte un descanso:

---

41. Lisa Feldman Barrett, *Seven and a Half Lessons about the Brain* (Boston: Houghton Mifflin Harcourt, 2020).
42. Entrevista de la autora con Alice Boyes, 20 de noviembre de 2020.

salir a la calle, escuchar tu canción favorita, pensar en un viaje reciente (o en uno próximo), cualquier cosa que desvíe tu atención de tu colega durante un rato. Regresa a la interacción más tarde y comprueba si tienes un punto de vista diferente una vez hayas salido del secuestro de la amígdala.

Sin embargo, esto no quiere decir que debas ignorar por completo los conflictos o fingir que no te molestan. Boyes afirma que pensar en las situaciones difíciles puede ser útil, siempre que tu mente se centre en la resolución de problemas y no en la rumiación o el perfeccionamiento. En psicología, esto se denomina *reflexión para la resolución de problemas*.[43] Boyes lo describe de manera práctica en forma de pregunta: «Dada la realidad de la situación, ¿cuál es la mejor forma de actuar?».[44] Me parece útil pensar en los «por qué». ¿Por qué se comportó la persona de la forma en que lo hizo? ¿Por qué reaccioné como lo hice? ¿Por qué nos encontramos en esta situación? Solo asegúrate de que tus preguntas sean constructivas (es decir, no «¿Por qué es un idiota?») y procura que tus reflexiones no se desvíen hacia una autoconversación negativa que solo refuerce un discurso falso (es decir, no «¿Por qué siempre me pongo piedras en mi propio camino?»).

He hablado mucho acerca cómo nuestra mente suele trabajar en nuestra contra en esos momentos de conflicto con un colega. Pero podemos utilizar la misma ciencia cerebral a nuestro favor. Una forma de hacerlo es recordarnos a nosotros mismos que la otra persona puede estar pasando exactamente por la misma situación. Puede que su intención no sea herirte, arremeter contra ti o hacerte la vida imposible; tal vez esté en pleno secuestro de la amígdala y no esté pensando con claridad. Ver al adversario como una persona con un cerebro que funciona de la misma manera, a veces defectuosa, que el tuyo, puede ser el primer paso para crear una mejor relación.

43. Dawn Querstret y Mark Cropley, «Exploring the Relationship between Work-Related Rumination, Sleep Quality, and Work-Related Fatigue», *Journal of Occupational Health Psychology*, 17 (3) (julio de 2012), pp. 341-53, https://doi.org/10.1037/a0028552.
44. Entrevista de la autora con Alice Boyes, 20 de noviembre de 2020.

# PARTE II

# LOS ARQUETIPOS

# Limpiar tu lado de la calle

## Un rápido apunte antes de sumergirnos en los arquetipos

Llegados a este punto del libro, es posible que pienses: «En este libro hay un montón de cosas sobre cómo entenderme y gestionarme a mí mismo. ¿Cuándo llegaremos a la parte que habla del imbécil que me hace la vida imposible?». Si este es tu caso, ¡no te equivocas! Has captado uno de los principios fundamentales de mi enfoque: si te tomas en serio la resolución de conflictos con un compañero de trabajo, es esencial que reconozcas tu propio papel en la dinámica. Es demasiado fácil, cuando se trata de un colega conflictivo, centrarse en él y en lo que le pasa (la lista de cosas puede ser larga). Pero las herramientas que describo en los próximos capítulos para llevarse bien con un pesimista, un colega tendencioso o un jefe inseguro no funcionarán a menos que reconozcas que, aunque cada batalla con una persona difícil sea diferente, hay un elemento constante en todas ellas: tú.

Hace algunos años, una íntima amiga mía estaba tratando de apoyar a su hijo adolescente en un momento difícil. El terapeuta de este les dijo a ella y a su cónyuge que mientras su hijo trabajaba en sí mismo ellos debían hacer su propio trabajo. Se refirió a este proceso como «limpiar tu lado de la calle» o reconocer y asumir tu papel en la lucha. Esa frase me caló mucho. (Desde entonces he sabido que se utiliza habitualmente en Alcohólicos Anónimos o en Narcóticos Anónimos cuando las personas que se enfrentan a la adicción se esfuerzan por ofrecer reparación a aquellos a los que han hecho daño).

Puedo imaginarme a qué se refería el terapeuta: imagina que la persona con la que estás en conflicto y tú estáis en lados opuestos de una calle, firmemente atrincherados en vuestras perspectivas y experiencias. Si tu lado de la calle está lleno de basura —emociones volátiles derivadas del propio enfrentamiento, resentimiento proveniente de desacuerdos anteriores, chismes no probados sobre tu adversario, falta de sueño, etc.— será más difícil salvar las diferencias. Si te acercas a la otra parte con toda tu basura, lo más probable es que empeores la situación. Pero si sientes curiosidad por saber cuál es tu papel en el conflicto —hasta qué punto podrías estar percibiendo mal la situación y qué es lo que deseas de la relación—, el camino para enmendar la situación surgirá de entre los escombros.

¿Por qué tienes que hacer tú todo el trabajo cuando la otra persona tiene al menos parte de la culpa (vale, quizás toda)? Hay dos razones. En primer lugar, en cualquier intercambio tenso, independientemente de quién tenga la culpa, solo puedes controlar *tus* pensamientos, acciones y reacciones. En segundo lugar, incluso si estás absolutamente seguro de que tienes razón y ellos están equivocados, se necesitan dos para bailar un tango. Puede que tu optimismo y tu tendencia a restar importancia a los riesgos inciten a tu colega pesimista a señalarlos aún más. O, tal vez, como has indicado involuntariamente a tu compañero de trabajo que no te gusta la confrontación directa, este ha recurrido a tácticas pasivo-agresivas para conseguir su objetivo. Cuanto más claro sea tu papel en la disputa (aunque sea menor), más clara será la resolución.

En el capítulo 11 compartiré más información sobre cómo limpiar tu lado de la calle, pero por ahora ten en cuenta que tu relación con tu compañero de trabajo no es algo que te ocurra *a ti*. Es una dinámica en la que probablemente participas y, por lo tanto, con respecto a la cual tienes la capacidad de hacer algo. En el capítulo 2 analicé en detalle el hecho de que, aunque no podemos controlar la forma en que nuestro cerebro reacciona instintivamente ante una situación estresante, podemos reevaluar y modificar nuestra percepción y nuestra respuesta. Del mismo modo, es posible que no puedas cambiar el comportamiento de un colega, pero puedes cambiar la forma en que interpretas y respondes a su comportamiento. Recordar esto mejorará tus posibilidades de establecer relaciones más sólidas y satisfactorias en el trabajo, con independencia del tipo de persona difícil con el que estés tratando.

# 3
# El jefe inseguro
## «Soy genial en mi trabajo..., ¿verdad?»

Cuando la nueva jefa de Aiko, Cora, se incorporó a la empresa, las cosas iban bien. Aiko estaba contenta de tener a alguien de quien podría aprender y que prometía aportar nuevas ideas y enfoques que mejorarían sus proyectos. Sin embargo, al cabo de varios meses con su nueva jefa, empezó a percibir algunas señales de alarma.

Durante mucho tiempo, Aiko había sido la persona a la que se recurría para cualquier pregunta o solicitud de reunión relacionada con las iniciativas del departamento. Esto parecía molestar a Cora, que preguntaba: «¿Por qué no acuden a mí en busca de respuestas?». Se enfadaba con Aiko cada vez que esto ocurría, tratándola como si estuviera intentando socavarla. Los intentos de redirigir las preguntas de sus colegas a Cora no cuajaban, lo que no hacía sino enfurecerla aún más. «Es lo que estaban acostumbrados a hacer», me dijo Aiko. «Pero Cora se lo tomó como algo personal». En su anterior trabajo, Cora había gestionado un gran equipo y un gran presupuesto, y ahora Aiko era su única subordinada directa. «Creo que eso siempre la molestó», decía.

Las reacciones excesivamente emocionales y los comentarios sarcásticos de Cora crispaban a Aiko. «Me criticaba todo lo que hacía, hasta el punto de que sentía que no tenía poder para tomar decisiones, ni siquiera las más pequeñas. Siempre tenía miedo de que se enfadara y explotara. La confianza en mi capacidad para hacer mi trabajo se fue erosionando», explica.

Aiko nunca se había cuestionado su propia competencia. Ahora, sin embargo, la inseguridad de Cora se le estaba contagiando.

Si alguna vez has dudado de ti mismo porque trabajas para un jefe que no confía en ti, que rechaza tus ideas sin ninguna explicación y que te culpa de su falta de éxito (como hacía Cora con Aiko), no estás solo. Hay, por supuesto, muchos tipos de malos jefes, pero los jefes inseguros causan un tipo particular de estragos. Pueden ser terribles microgestionadores que te sacan de quicio con sus incesantes quisquillosidades, o entrometidos paranoicos que hacen que te cuestiones todos tus movimientos. Incluso pueden llegar a perjudicar deliberadamente tu carrera si te perciben como una amenaza.

¿Cómo saber si estás tratando con un jefe inseguro? Estos son algunos de los comportamientos más comunes de este tipo de colegas difíciles:

- Se preocupan demasiado por lo que los demás puedan pensar de ellos.
- Sufren de una incapacidad crónica para tomar decisiones (o mantenerlas), incluso cuando la elección tiene escasas consecuencias.
- Cambian con frecuencia la dirección de un proyecto o de una reunión, en especial a sugerencia de alguien con poder.
- Aprovechan cualquier oportunidad para poner de relieve su experiencia o sus credenciales, en especial cuando no es necesario hacerlo; en su forma más tóxica, esto puede incluir menospreciar a los demás para parecer más importantes.
- Intentan controlar todo lo relacionado con equipos o proyectos, incluyendo cuándo y dónde e incluso cómo se realiza el trabajo.
- Exigen que cada decisión y cada detalle cuenten con su aprobación.
- No permiten que el equipo se relacione con los colegas de otros departamentos o con los altos dirigentes, en un intento de controlar el flujo de información y de recursos.

La jefa de Aiko, Cora, quería que todo en la organización pasara por ella porque pensaba que eso demostraría su valor. Pero dedicó tanto tiempo a tratar de gestionar la percepción que los demás tenían de ella que no consiguió hacer aquello para lo que había sido contratada: aportar nuevas ideas y orientar a Aiko. En lugar de innovar, se dedicó a microgestionar, y Aiko, su única subordinada directa, fue su desafortunado objetivo.

Aiko se sentía bloqueada. Cada vez que tomaba medidas, aunque fueran mínimas, para defenderse, Cora parecía volverse más paranoica y controladora. Nadie debería tener que trabajar para una jefa así, nunca.

Pero si te sientes identificado con Aiko, y no puedes permitirte dejar tu trabajo, y deseas encontrar una forma de trabajar con ese jefe que duda de ti, existen formas de reaccionar que no espolearán aún más su inseguridad. El primer paso es entender qué puede estar haciendo que tu inseguro jefe actúe de esa manera.

## EL TRASFONDO DEL COMPORTAMIENTO INSEGURO

La duda es un componente universal de la condición humana. Todos tenemos momentos en los que nos preguntamos si nuestros compañeros de trabajo pensarán que somos inteligentes, si tenemos lo que hay que tener para clavar esa presentación, si habremos dicho algo malo en una reunión o si aquel desconocido no estará juzgando nuestra forma de vestir o nuestro aspecto. No me enorgullece, pero cuando hablo con alguien que sospecho que no me respeta o que cuestiona en silencio mis capacidades, a veces menciono que fui a una universidad de la Ivy League o que trabajo en la *Harvard Business Review*. Incluso he llegado a hablar de lo ocupada que estoy para demostrar que estoy «muy solicitada». Me avergüenzo mientras escribo, pero sé que son reacciones normales a los sentimientos de incompetencia.

La búsqueda de la aprobación, e incluso de los elogios, por parte de los demás tiene su origen en el hecho de que los seres humanos en cierto momento dependían de la comunidad para sobrevivir, y aún la necesitan para prosperar. Como explicaba la psicóloga Ellen Hendriksen en una entrevista con *Vox*: «Un poco de inseguridad, un poco de duda sobre nosotros mismos es útil, porque nos permite monitorizarnos. Provoca introspección y autoexamen y nos motiva a crecer y cambiar».[45] Existe una etiqueta descriptiva para el 1% de las personas que no tienen dudas sobre sí mismas: psicópatas. Estar completamente libre de inseguridad no es algo a lo que se deba aspirar.

Aunque sentirse inseguro a veces es natural, empezamos a ver comportamientos problemáticos —como la microgestión, las críticas injus-

---

45. Sean Illing, «A Psychologist Explains How to Overcome Social Anxiety», *Vox*, 26 de junio de 2018, https://www.vox.com/science-and-health/2018/6/26/17467744/social-anxiety-psychology-mental-health.

tas a los subordinados directos o la búsqueda constante de seguridad—cuando las personas intentan ocultar o compensar sus dudas.

## Los líderes pueden ser más propensos a dudar de sí mismos

Las investigaciones han demostrado que la inseguridad aumenta a medida que se avanza en los puestos de liderazgo. Por ejemplo, una consultoría de liderazgo con sede en el Reino Unido encuestó a 116 ejecutivos y les preguntó por sus mayores temores.[46] El principal era el temor a ser considerado incompetente. Los ejecutivos que participaron en el estudio también dijeron que temían rendir por debajo de sus posibilidades, parecer demasiado vulnerables y resultar estúpidos, lo que revela una profunda inseguridad en torno a la percepción que los demás tienen de su desempeño como líderes.

¿Por qué los directivos con mayor poder y autoridad suelen ser más inseguros? ¿No deberían ser las personas sin poder las que se preocuparan por su trabajo y por cómo las perciben los demás? En una serie de estudios, los profesores Nathanael Fast y Serena Chen han demostrado que cuando las personas con poder se sienten incompetentes, tienden a actuar de forma más agresiva con los demás, saboteándolos innecesariamente o adoptando un comportamiento vengativo.[47] Sin embargo, la incompetencia por sí sola no conduce a la agresividad. Las personas con menos poder que se sienten inseguras no suelen recurrir a esos mismos malos comportamientos.

La diferencia puede deberse a la mayor presión para rendir que existe cuando se asciende a un puesto superior. «Lo que se espera es que las personas que están más arriba en la organización tengan una mayor capacidad de liderazgo, conocimientos, acceso a la información y a los datos... y que sean *más* competentes que las demás», dice Ethan Burris, titular de la cátedra Neissa Endowed Professorship de la McCombs School of Business, perteneciente a la Universidad de Texas, en Austin.[48] La dis-

---

46. Roger Jones, «What CEOs Are Afraid Of», *Harvard Business Review*, 24 de febrero de 2015, https://hbr.org/2015/02/what-ceos-are-afraid-of.
47. Nathanael J. Fast y Serena Chen, «When the Boss Feels Inadequate: Power, Incompetence, and Aggression», *Psychological Science*, 20 (11) (noviembre de 2009), pp. 1406-13, https://doi.org/10.1111/j.1467-9280.2009.02452.x.
48. Entrevista de la autora con Ethan Burris, 11 de enero de 2021.

crepancia entre lo seguros o capaces que se sienten realmente los líderes y las grandes expectativas que conlleva su función da lugar a lo que se denomina «defensa del ego», en virtud de la cual los líderes emprenden acciones para proteger su autoestima o justificar sus actos.[49]

Pensemos, por ejemplo, en Ralph, un vicepresidente de ventas de una empresa de servicios informáticos. Ralph había arrasado como director de ventas y se había ganado un gran ascenso, pero se resistía a abandonar sus relaciones con los clientes, ya que había trabajado duro para aumentar sus ventas. Quería hacer dos trabajos —el anterior y el nuevo—, pero el equipo directivo de la empresa insistió en que contratara a alguien que le asistiera. Roberto fue esa desafortunada contratación. Cuando se incorporó al equipo, sin conocer la historia completa, Ralph se resistió a traspasarle sus cuentas. A menudo se inmiscuía en las comunicaciones de Roberto con los clientes y exigía que todas las decisiones relacionadas con sus anteriores clientes pasaran por él. Roberto estaba condenado antes de entrar por la puerta porque Ralph hacía todo lo posible por proteger lo que le había llevado al éxito en su anterior puesto.

Para las personas que no son vistas como el típico líder, el problema es aún más complejo. Las mujeres o las personas de color, por ejemplo, pueden dudar de sí mismas, no porque tengan algún defecto o incapacidad para liderar, sino porque reciben señales tanto manifiestas como sutiles de que no están capacitadas para desempeñar el trabajo, de que *deben* sentirse como un fraude. O se les envían mensajes contradictorios, como: «Sé asertivo pero no te enfrentes» o «Sé tú mismo pero no muestres emociones negativas». En un artículo muy popular de la *Harvard Business Review*, «Stop Telling Women They Have Imposter Syndrome», las consultoras Ruchika Tulshyan y Jodi-Ann Burey escriben sobre este fenómeno. Explican que en numerosas organizaciones se culpa a las mujeres, sobre todo a las de color, de sentirse incompetentes cuando el verdadero problema es que la cultura del lugar de trabajo ha señalado que no pertenecen a él o que no se merecen el éxito.[50]

---

49. Nathanael J. Fast, Ethan R. Burris y Caroline A. Bartel, «Managing to Stay in the Dark: Managerial Self-Efficacy, Ego Defensiveness, and the Aversion to Employee Voice», *The Academy of Management Journal*, 57 (4) (septiembre de 2013), pp. 1013-34, https://journals.aom.org/doi/10.5465/amj.2012.0393.
50. Ruchika Tulshyan y Jodi-Ann Burey, «Stop Telling Women They Have Imposter Syndrome», *Harvard Business Review*, 11 de febrero de 2021, https://hbr.org /2021/02/stop-telling-women-they-have-imposter-syndrome.

Además de preocuparse por la posibilidad de ser tachados de incompetentes, ciertos jefes inseguros pueden estar preocupados por la seguridad laboral. Si alguna vez has perdido un trabajo, ya sabes lo bochornoso que puede resultar, un sentimiento que la mayoría de nosotros queremos evitar a toda costa. Cuando se combina el miedo a ser despedido con la preocupación por ser percibido como incompetente, ello puede dar lugar a inseguridades agudas.[51]

Hace unos meses, estuve hablando con un mando intermedio de una empresa de biotecnología sobre una iniciativa de innovación que se había estancado en la compañía. Uno de los obstáculos que identificó el líder de su división fue que la gente tenía miedo de estar en desacuerdo con alguien de mayor rango, por lo que nadie quería aportar nuevas ideas que pudieran desafiar el *statu quo*. Cuando le pedí al mando intermedio que me ayudara a entender esta inseguridad, me dijo: «No quiero que me despidan. Necesito este trabajo». Cuando profundicé en el tema, admitió que, hasta donde él sabía, nadie había perdido su trabajo en la empresa por decir la verdad. Había visto cómo personas que le decían la verdad al poder eran ascendidas. Sin embargo, estaba preocupado. «No quiero ser la primera víctima», me dijo.

Es posible que tu jefe inseguro esté preocupado no solo por no estar a la altura del trabajo que se le ha encomendado, sino por la posibilidad de perderlo en cualquier momento. El miedo y la vergüenza, como comenté en el capítulo 2, pueden hacer estragos en nuestra mente y provocar que maltratemos a los demás.

## LOS COSTES DE TENER UN GERENTE INSEGURO

Volvamos a la situación de Aiko, descrita al principio del capítulo. La caída de la autoestima de Aiko no fue la única consecuencia del malestar entre ella y su jefa, Cora. Hubo efectos secundarios. Para Aiko y Cora era difícil avanzar en los proyectos de su equipo, por ejemplo, con tanta confusión sobre quién debía ser la persona de contacto. Los colegas de

---

51. David L. Collinson, «Identities and Insecurities: Selves at Work», *Organization*, 10 (3) (agosto de 2003), pp. 527-47, https://www.researchgate.net/publication/238334590_Identities_and_Insecurities_Selves_at_Work.

otros departamentos empezaron a dudar de la competencia de ambas y a replantearse si debían involucrarlas en reuniones importantes sobre la estrategia de la empresa.

Hay muchos otros costes asociados a tener un jefe como Cora. En primer lugar, están las consecuencias psicológicas: un aumento del estrés relacionado con el trabajo, de la ansiedad sobre nuestro futuro y, como experimentó Aiko, dudas cada vez mayores sobre nosotros mismos.

También hay potenciales consecuencias para tus perspectivas profesionales, sobre todo si tu jefe se lleva el mérito de tu trabajo o canta sus propias glorias a costa tuya. En casos extremos, tu jefe puede incluso desacreditarte intencionadamente a ti y a tu trabajo para quedar mejor. Teresa Amabile, profesora de la Harvard Business School, descubrió que la inseguridad en sí mismos lleva a los directivos a realizar evaluaciones de rendimiento más duras. «Aquellos que son intelectualmente inseguros son duros con los demás», escribió, «quizás como táctica para demostrar lo inteligentes que son».[52]

Los directivos inseguros también son malos para los negocios en general. Como su ego es frágil, tienden a no escuchar las ideas de los demás y a resistirse a la retroalimentación. En un experimento dirigido por Nathanael Fast y otros coautores, se preguntó a los directivos de una multinacional del petróleo y el gas afincada en Oriente Medio si se sentían competentes en su puesto en una escala del uno al siete. Cuanto más baja era la calificación de su competencia, menos probable era que solicitaran la opinión de sus empleados y, en consecuencia, estos eran menos propensos a aportar ideas.[53] A los directivos inseguros como los del estudio les puede preocupar que las sugerencias de sus empleados se reflejen negativamente en su propia competencia y capacidad para hacer su trabajo. Si la gente cree que hay que hacer cambios, por lógica podría parecer que el directivo no sabe lo que hace. De modo que envían señales de que no están dispuestos a escuchar las aportaciones. Y aquellos empleados cuyas ideas son rechazadas o ignoradas están menos

52. Teresa Amabile, «Your Mean Boss Could Be Insecure», *Washington Post*, 12 de julio de 2012, https://www.washingtonpost.com/national/on-leadership /your-mean-boss-could-be-insecure/2012/07/12/gJQAiIZufW_story.html.
53. Nathanael J. Fast, Ethan Burris y Caroline A. Bartel, «Research: Insecure Managers Don't Want Your Suggestions», *Harvard Business Review*, 24 de noviembre de 2014, https://hbr.org/2014/11/research-insecure-managers -dont-want-your-suggestions.

satisfechos en el trabajo, son menos creativos a la hora de aportar soluciones novedosas a los problemas y es más probable que renuncien a su puesto.[54]

¿Qué puedes hacer para evitar el daño que os causa a ti y a tu organización un jefe que carece de confianza? Empieza por hacerte algunas preguntas.

# PREGUNTAS PARA HACERTE A TI MISMO

Al igual que con cualquier colega que encaje en uno de los arquetipos de este libro, es útil reflexionar sobre la situación antes de actuar. Así pues, pregúntate:

### ¿Qué pruebas tengo de que mi jefe es inseguro? ¿Podría estar equivocado en mi evaluación?

Antes de tachar a tu jefe de «inseguro», intenta ser objetivo. El hecho de que alguien no dirija de la manera que tú deseas no significa que sea inseguro. Si la persona actúa de forma vacilante, puede ser porque es reacia al riesgo o porque proviene de una cultura en la que se practica la cautela. Muchas personas, en especial las mujeres, han sido condicionadas socialmente para restar importancia a sus éxitos o sus atributos positivos. Es posible que a tu jefe se le haya animado a evitar las bravuconadas y a ceder ante los demás.

### ¿La inseguridad está provocando un problema? Si es así, ¿cuál es el impacto negativo?

Que tu jefe busque constantemente tranquilidad es algo que resulta irritante, pero ¿es este comportamiento en sí mismo un problema? Puede que, una vez que el ego de tu jefe se haya apaciguado, las demás consecuencias negativas sean mínimas. Piensa en el daño que la inseguridad de tu jefe te está causando a ti o a tu equipo, si es que hay alguno. ¿En qué sentido es perjudicial? Tener una idea clara del problema te permitirá saber si debes actuar y cómo.

---

54. Fast, Burris y Bartel, «Insecure Managers».

## ¿Estoy alimentando la inseguridad?

Siempre es útil explorar el papel que puedes estar desempeñando en la creación (o perpetuación) de una dinámica negativa con un colega. Eso no quiere decir que seas la causa del problema de confianza de tu jefe, pero ¿podrías estar desencadenándolo de alguna manera?

¿Compartes generosamente el protagonismo con tu jefe? ¿Muestras aprecio hacia su trabajo? Tal vez, debido a tus propias dudas, intentas resaltar determinadas habilidades o conocimientos que tienes, lo que a su vez pone de manifiesto los defectos de tu jefe. ¿Quizás has cuestionado sus ideas delante de los demás? ¿O has dado a entender que no confías en él a la hora de hacer el trabajo? Piensa con detenimiento si no estás alimentando involuntariamente las inseguridades de tu jefe y posiblemente empeorando la situación.

## ¿Qué quiere mi jefe?

Independientemente del origen de sus sentimientos de incompetencia, lo que la mayoría de los directivos inseguros desean es experimentar menos miedo y sentirse más seguros de sí mismos. ¿Y acaso no nos sentimos todos identificados con eso? Todo el mundo quiere sentirse lo suficientemente bueno. ¿Qué más podría querer tu jefe? ¿Cuáles son sus objetivos y aspiraciones?

Como en cualquier situación que requiera un proceso de gestión, es crucial que sepas cuáles son los objetivos de tu jefe. Al responder a esta pregunta, es posible que te inclines instintivamente por las interpretaciones negativas: «Mi jefe quiere destruir mi carrera» o «Mi jefe quiere que todos los demás queden mal». Pero ve un paso más allá. Incluso si quiere «destruir» tu carrera (lo que es poco probable), ¿qué motivación hay detrás de ese impulso? Por ejemplo, tal vez tenga miedo de perder su trabajo en una próxima ronda de despidos o tal vez crea que sus críticas (que en efecto son duras) te motivarán para que rindas más. Sigue preguntándote «por qué» hasta que descubras un impulso con el que puedas identificarte.

Con las respuestas a estas preguntas en mente, es hora de pensar en los pasos que darás para cambiar la difícil dinámica entre tú y ese jefe que duda de sí mismo.

# TÁCTICAS PARA PROBAR

Nadie quiere pasarse los días de trabajo (o las noches de insomnio) soñando con nuevas formas de apaciguar el ego de su jefe o conseguir que deje de opinar sobre detalles minúsculos y sin sentido, como qué tipo de letra utilizar en una presentación. Pero tener una relación sana y positiva con ese jefe inseguro te hará la vida laboral mucho más fácil, y hay algunas formas probadas de conseguirlo.

Después de leer las siguientes tácticas, averigua cuáles son las más relevantes para tu situación y pruébalas. Puedes hacer ajustes sobre la marcha.

## Piensa en las presiones a las que se enfrenta

Demasiados jefes están sobrecargados, abrumados, poco cualificados o poco formados. Así que da un paso atrás y observa el panorama general. Es posible que presiones legítimas tales como alcanzar los objetivos de fin de año o hacer frente a los cambios constantes de las normas sobre dónde y cuándo trabajan los empleados estén aumentando el nivel de ansiedad de tu jefe y haciendo que descargue sus inseguridades en ti.

Puede que esté padeciendo factores de estrés que tú no ves o no comprendes del todo. Practica la empatía. Recuerda que tu jefe es humano, incluso si su inseguridad está causando problemas que deben ser abordados.

La jefa de Sveta intentaba controlar todos los aspectos de su trabajo e incluso le mentía diciendo que tenía proyectos importantes para evitar que se tomara sus vacaciones. Como ese era el primer trabajo de Sveta después de la escuela de posgrado, al principio no se atrevió a presionar a su jefa. Pero al final sintió que tenía que decir algo. Sin embargo, enfrentarse a su jefa solo hizo que esta redoblara sus mentiras. De modo que, en lugar de eso, intentó cambiar su propia mentalidad. «Lo que mejor funcionó fue pensar que mi jefa era una niña que no era consciente del daño que hacía. Con esa imagen en mente, pude mantener la misma calma que me inspiraría el trato con una niña», me dijo. Ejercer la paciencia requería mucho autocontrol, sobre todo cuando su directora la sacaba de sus casillas. Pero Sveta procuraba no perder los nervios, y a menudo se ausentaba de la sala para calmarse antes de regresar a una conversación acalorada con su jefa. Nunca le gustó trabajar para aquella jefa, pero aprendió a vivir con esa relación, al menos temporalmente. Controlar esa ira frenó las tensiones entre su jefa y ella y permitió a Sveta hacer su trabajo... y tomarse sus merecidas vacaciones.

## Ayúdale a alcanzar sus objetivos

Si tu jefe inseguro tiende a menospreciarte o a atribuirse el mérito de tu trabajo, eso puede despertar tus propias tendencias competitivas. Pero una de las peores cosas que puedes hacer es tomar represalias. Si tu jefe inseguro percibe que no eres de fiar o que le desprecias, es probable que su actitud defensiva se vea incrementada. En lugar de ello, piensa en lo que podría costar apaciguarle y si estás dispuesto a hacerlo.

Esto es lo que Sanjay aprendió a hacer con su jefe, Vineet. Sanjay se sentía increíblemente frustrado por la falta de confianza de Vineet en él, que se hacía evidente sobre todo cuando este último cuestionaba el análisis de datos de Sanjay delante de los clientes. Cuando Sanjay le preguntó por qué lo hacía, Vineet le dijo que para él era muy importante que las cuentas fueran exactas. De modo que Sanjay dio un paso atrás para ver qué podía hacer para responder a las preocupaciones de su jefe. Decidió experimentar con un nuevo enfoque, y un día o dos antes de cualquier cita con los clientes Sanjay se aseguraba de compartir sus datos con Vineet y de preguntarle por sus objetivos. «Quería saber qué deseaba de la reunión», me dijo Sanjay. Con los objetivos de Vineet en mente, sugería varias formas de alcanzarlos *juntos*. Utilizaba frases como «Lo tenemos» y «Es bueno que estemos juntos en esto». Parecía una tontería decir estas cosas, pero como resultado de ello Sanjay se dio cuenta de que Vineet empezó a confiar más en él. Esto requirió tiempo y esfuerzo adicionales, por supuesto, pero la recompensa fue que Vineet dejó de minarlo frente a los clientes.

Enmarcar tu trabajo como un esfuerzo conjunto puede ayudar a aliviar la tensión entre tu jefe inseguro y tú, como le ocurrió a Sanjay. En la medida de lo posible, empieza las frases con *nosotros*. Y cuando tengas éxito, asegúrate de compartir la gloria.

No obstante, procura no restar importancia a tus talentos. Los estudios demuestran que los empleados que son objeto de envidia a menudo ocultan sus atributos positivos e intentan evitar que se les reconozca el mérito.[55] Una actitud que puede resultar contraproducente: tu jefe inseguro puede sentirse aún más ansioso si cree que tu trabajo no está a la altura o que tu mal rendimiento puede repercutir en él. Y los demás miembros de la organización pueden empezar a pensar que no eres tan capaz como eres en realidad. El objetivo es que tu jefe te vea como un compañero de confianza, sin que eso dañe tu propia carrera y reputación.

## Deja claro que no constituyes una amenaza

Quieres que tu jefe te considere un aliado, no un rival. Lo mejor es que puedas dejarlo claro desde el principio, pero nunca es demasiado tarde para reajustar el tono de vuestra relación. En una reunión, puedes decir: «Admiro lo que haces y espero seguir aprendiendo de ti». Al mismo tiempo, no debes hacerle creer que puede pasar por encima de ti.

La clave está en cuidar lo que dices de manera que no le hagas sentir más amenazado de lo que ya se siente. Por ejemplo, «no entiendo eso» puede parecer un desafío a su inteligencia, incluso si no es más que una simple afirmación y realmente quieres averiguar lo que está pensando.

Lindred Greer, profesora de la Universidad de Michigan y estudiosa del conflicto, compartió conmigo este truco: cuando trata con un superior que la percibe como una amenaza, se imagina a sí misma como una simpática ardilla y trata de proyectar la calidez de ese personaje. Dice que esta imagen suaviza sus bordes y la ayuda a presentarse de forma no amenazante. Esto puede parecer una tontería —¿realmente necesito fingir que soy una ardilla?—, pero Lindy afirma que ha llegado a disfrutar haciéndolo. Le hace sonreír y aleja su atención de la frustración que le produce el trato con un colega difícil.[56]

## Haz cumplidos y expresa gratitud y aprecio

También puedes ayudar a calmar el ego de tu jefe repartiendo cumplidos. Las investigaciones sobre directivos que se sienten incompetentes han demostrado que los halagos genuinos resultan de ayuda.[57] Fíjate en la

55. W. Gerrod Parrott, «The Benefits and Threats from Being Envied in Organizations», en *Envy at Work and in Organizations* (Nueva York: Oxford University Press, 2017), pp. 455-74.
56. Entrevista de la autora con Lindred Greer, 12 de enero de 2021.
57. Fast, Burris y Bartel, «Insecure Managers».

palabra *genuinos*. La mayoría de la gente no se deja engañar en absoluto por los elogios vacíos. Por ejemplo, si estás intentando que tu jefe deje de microgestionar, no le digas lo mucho que admiras su atención a los detalles.

Es comprensible que muchas personas teman parecer aduladoras. Por ello, en lugar de hacer cumplidos, también puedes expresar tu agradecimiento por algo que tu jefe haya hecho por ti. «Los subordinados directos a menudo no se dan cuenta de lo hambrientos que están sus líderes de pruebas de que lo están haciendo bien», dice Nathanael Fast. «A la gente no le gusta la idea de que parte del trabajo de un empleado sea gestionar el ego de su jefe. Pero hacerlo te proporciona una sensación de influencia». En uno de los estudios de Fast, este vio que cuando un empleado decía: «Muchas gracias. Estoy agradecido», influía positivamente en la evaluación que el jefe inseguro hacía del rendimiento de su empleado.[58] Así que considera la posibilidad de darle las gracias a tu jefe por brindarte la oportunidad de trabajar en un proyecto de alto rango o por presentarte a compañeros de otra división. Hacerlo en privado está muy bien, pero puede tener más impacto si se lo agradeces delante de personas cuya opinión le importa. Esto no solo le hará sentirse cómodo, sino que, al llamar la atención sobre algunos de sus puntos fuertes, le ayudará a ganar confianza.

Puede que lo último que quieras hacer sea halagar a tu jefe si te está haciendo la vida imposible. Pero, con suerte, será un pequeño precio a pagar a cambio de reducir el estrés y mejorar las perspectivas profesionales.

Ese precio es precisamente el que Nia estaba dispuesta a pagar a su jefa, Tamara. Tamara era el tipo de persona que cambiaba de opinión con suma facilidad, en función de con quién hubiera hablado en último lugar. Nia y sus compañeros de equipo encajaban estos cambios como si fueran latigazos, ya que Tamara variaba repetidamente el rumbo de cualquier decisión. La solución de Nia fue convertirse en la consejera de confianza de Tamara, la persona a la que esta acudía cuando empezaba a dudar de si caminaban en la dirección correcta. «Tenía que estar constantemente en guardia con respecto a quién le susurraba al oído y estar siempre disponible para contrarrestar cualquier preocupación que desarrollara y que pudiera desviarnos del camino», me dijo Nia. «Si adoptaba

---

58. Entrevista de la autora con Nathanael Fast, 19 de enero de 2021.

Ten preparadas algunas frases cuando pruebes estas tácticas con tu jefe inseguro. Puedes integrar las siguientes sugerencias en tu enfoque. Modifícalas para que te resulten auténticas.

**Demuestra que estás comprometido con el éxito de tu jefe**

«Quiero asegurarme de que todos obtenemos reconocimiento por el trabajo que realizamos».

«Sé que todos queremos que el equipo funcione bien».

«El equipo te cubre la espalda en esto».

«Sé que todos estamos comprometidos en que esto sea un éxito».

**Fomenta su confianza**

«Agradezco nuestra conversación sobre el proyecto de la semana pasada. Cambió mi forma de pensar».

«Me gustó lo que dijiste en esa reunión, y creo que los demás valoraron tu aportación».

«Tienes una perspectiva única sobre esto. Me encantaría escuchar tu opinión».

**Bríndale una sensación de control**

«En mi humilde opinión, tú debes tomar la decisión final».

«Lo que hagamos aquí dependerá en última instancia de ti».

Haz referencia a sus ideas antes de compartir las tuyas: «Me gustaría basarme en tu idea...» o «Como [inserta el nombre del tu jefe] acaba de decir...».

«¿Sientes que estás recibiendo suficiente información de mí? Para mí es importante mantenerte al tanto».

---

un enfoque sereno con ella y le otorgaba la dignidad que ansiaba, era más fácil que encontrara su camino. Sentía un poco como que necesitaba que yo fuera su Peñón de Gibraltar». Aunque Nia tenía que hacer malabarismos, sentía que valía la pena.

Los esfuerzos de Nia cambiaron la dinámica de poder entre ella y Tamara, una táctica que la investigación ha demostrado que disminuye el maltrato de los jefes abusivos.[59] Si puedes ganar influencia con respecto a tu jefe —quizás desarrollando habilidades en las que tu superior se apoye o convirtiéndote en asesor de confianza—, puede que detengas algunos de sus comportamientos problemáticos e incluso que le incites a que te trate mejor.

## Devuélvele su sensación de control

Los directivos inseguros con problemas para confiar en los demás suelen recurrir a la microgestión. Interrumpirás en parte su intromisión si les ayudas a sentir que están al mando. Puedes decir cosas tales como: «Lo que hagamos depende en última instancia de ti» o «Confío en que tomarás la decisión correcta», y luego hacer sugerencias sobre cómo proceder.

Compartir información es otra forma de reforzar su sensación de control. A muchos directivos inseguros les aterra no estar informados. Mantenlo al día en la medida de lo posible y sé transparente en relación con aquello en lo que estás trabajando y con quién estás hablando, especialmente en otros departamentos de la empresa. Programa reuniones periódicas en las que puedas compartir los avances en los proyectos que interesan a tu jefe y hazle sentir involucrado en el proceso. Aunque resulte pesado en ese momento, compartir en exceso puede ahorrarte el esfuerzo de defenderte más tarde.

Los estudios demuestran que hacer preguntas en lugar de dar respuestas en una conversación también puede aumentar la sensación de control en la otra persona. Plantea preguntas que empiecen por «¿Y si...?» o «¿Podríamos...?», que invitarán a tu jefe a compartir sus ideas.[60]

## Ten una carpeta de felicitaciones

Cuando trabajas con un jefe inseguro, debes encontrar formas de reforzar tu propia confianza para no caer en la trampa de la duda, como le sucedió

59. Hui Liao, Elijah Wee y Dong Liu, «Research: Shifting the Power Balance with an Abusive Boss», *Harvard Business Review*, 9 de octubre de 2017, https://hbr.org /2017/10/research-shifting-the-power-balance-with-an-abusive-boss.
60. David E. Sprott *el al.*, «The Question-Behavior Effect: What We Know and Where We Go from Here», *Social Influence*, 1 (agosto de 2006), pp. 128-37, https://doi.org/10.1080/15534510600685409.

a Aiko. Por ejemplo, puedes tener a mano una lista de tus puntos fuertes y revisarlos después de una interacción especialmente dura con tu jefe o pasar tiempo con personas de tu organización (o fuera de ella) que reflejen tu mejor versión.

Uno de los mejores consejos que he recibido en mi carrera es el de tener una carpeta de felicitaciones en mi bandeja de entrada. En ella guardo todas las notas en las que se me felicita por un trabajo bien hecho, se elogia mi trabajo o se señala el impacto que mis esfuerzos han tenido en compañeros de trabajo, clientes o lectores. No miro la carpeta tan a menudo como pensaba cuando la creé, pero el mero hecho de saber que está ahí mejora mi confianza.

Crea una carpeta en tu correo electrónico y, siempre que recibas una felicitación de alguien —aunque sea de poca importancia—, guárdalo allí. Cuando necesites un empujón, sobre todo después de interactuar con tu jefe inseguro, los elogios están a un clic de distancia.

• • •

Por desgracia, por muy estratégico que seas, es poco probable que puedas curar a tu jefe de su inseguridad. Tampoco es tu responsabilidad. Aunque las tácticas de este capítulo deberían ayudarte a suavizar tus interacciones, no te excedas. Si te centras por completo en gestionar la relación con tu jefe, corres el riesgo de no hacer bien tu trabajo o de alejar a aquellas personas de la organización que se preguntan por qué te empeñas en hacer quedar bien a un jefe que no se lo merece. Si el avance te resulta esquivo, te remito al capítulo 12, donde encontrarás una serie de últimos recursos que puedes probar antes de tirar la toalla.

A pesar del cuestionamiento al que Aiko se sometía a sí misma, fue capaz de concentrar su energía en alterar la dinámica entre ella y su jefa haciendo hincapié en su agenda compartida. Siempre se esforzaba por incluir a Cora en las reuniones y por mantenerla informada. Al final de cada semana, antes de despedirse hasta el lunes, Aiko enviaba a Cora un correo electrónico con los avances en sus proyectos o las conversaciones importantes que había tenido durante la semana. Estas notas cumplían una doble función: ayudaban a aliviar la ansiedad de Cora, pero también documentaban el buen trabajo que estaba haciendo Aiko. En el fondo, Aiko siempre supo que la inseguridad de Cora podría dar lugar a que intentara menospreciarla ante los demás. Y se alegraba de tener un registro de los progresos que estaba realizando para defenderse si esto sucedía. Por suerte, la cosa no llegó a tanto. Finalmente, Aiko dejó la empresa, pero estuvo a las órdenes de Cora durante cinco años.

Cuando mira atrás, Aiko piensa que podría haber manejado mejor la situación, especialmente si no se hubiera tomado el comportamiento de Cora como algo personal. Esto, por supuesto, no es algo fácil de hacer. Cuando tienes un jefe que siempre te mira por encima del hombro, que cuestiona tu trabajo o que intenta inflar su propio ego a costa del de los demás, puede parecer un ataque personal. Pero procura distanciarte emocionalmente de la situación. Imagínate a ti mismo como una linda y suave ardilla.

## TÁCTICAS PARA RECORDAR
### El jefe inseguro

### SÍ:

- Recuerda que tu jefe inseguro es humano. Demonizarlo no ayudará a nadie.
- Posiciónate como un aliado, no como un rival.
- Hazle cumplidos genuinos a tu jefe, o exprésale tu gratitud y aprecio; en privado, pero también delante de otras personas cuyas opiniones valore.
- Empieza las frases con «nosotros» en la medida de lo posible.
- Mantenle al día y sé transparente acerca de aquello en lo que estás trabajando y de con quién estás hablando, especialmente en otros departamentos de la empresa.
- Programa reuniones periódicas en las que puedas compartir los avances en aquellos proyectos que interesan a tu jefe y haz que se sienta incluido en tu trabajo.

**NO:**

- No des por sentado que conoces las presiones a las que está sometido tu jefe o la causa de su inseguridad.
- No tomes represalias. Si tu jefe, que duda de ti, percibe que no eres de fiar o que le desprecias, es probable que su ansiedad aumente.
- No olvides compartir el protagonismo cuando tengas éxito.

# 4
# El pesimista
## «Esto nunca funcionará»

---

Theresa trabajaba a dos cubículos de distancia de Simran y tenía la costumbre de pasar por allí varias veces al día. A Simran no le habrían importado estas breves visitas si no fuera porque Theresa no hacía más que quejarse. «Todas las mañanas, cuando le preguntaba cómo estaba, me contaba todo lo malo de su vida», me dijo Simran. «Su casa, sus desplazamientos, nuestros compañeros de trabajo, ¡absolutamente todo!» Al principio, Simran pensó que escucharla y hacerle preguntas permitiría a su colega desahogar parte de su negatividad, pero eso solo empeoró las cosas. «Me convertí en la persona a la que acudir para sus diatribas diarias».

En una ocasión, después de que la directora general convocara una reunión de todo el personal para anunciar que iba a dar una prima a todos los empleados de la empresa tras un año especialmente bueno, Theresa se dirigió inmediatamente a la mesa de Simran para puntualizarle que el paquete de beneficios de la empresa seguía siendo insuficiente. Esto empañó el entusiasmo que sentía Simran, no solo por la prima, sino por los éxitos de la organización.

Simran tenía que trabajar codo con codo con Theresa y quería llevarse bien con ella. Pero le resultaba difícil, y la mayoría de los días, cuando veía venir a Theresa, su instinto era correr en dirección contraria.

El pesimista, el escéptico, el incrédulo, el quejica, el detractor, el derrotista.

Todos hemos trabajado con alguien que parece no encontrar nunca nada positivo que decir, y que incluso parece disfrutar señalando todas las formas en las que los proyectos e iniciativas fracasarán. Quizás conozcas el *sketch* de *Saturday Night Live* en el que aparece el personaje de Debbie

Downer, brillantemente interpretado por la actriz Rachel Dratch. Debbie es una lata en cualquier reunión social, en las que saca a relucir regularmente problemas donde no los hay. Cualquiera que interactúe con ella se siente irritado y, aunque se trate de una caricatura, muchos de nosotros podemos identificarnos con el temor a tener que tratar con alguien como Debbie. Los pesimistas no son divertidos.

Estos son algunos de los comportamientos que con frecuencia presentan:

- Se quejan de las reuniones, de los directivos, de otros compañeros, de esto y de lo otro.
- Proclaman que cualquier nueva iniciativa o proyecto está condenado al fracaso.
- Tienen una mentalidad de «ya lo hemos intentado y ha fracasado», especialmente en las conversaciones sobre innovación o nuevas formas de trabajo.
- Señalan inmediatamente los riesgos de una táctica o estrategia.
- Encuentran siempre algo negativo que decir, incluso cuando las noticias o la reunión son mayoritariamente positivas.

Los días en los que Theresa estaba fuera de la oficina o de vacaciones, o estaba tan ocupada que no tenía tiempo de pararse a charlar, Simran se sentía más centrada y productiva. También se dio cuenta de que cada vez que oía a Theresa acercarse a su mesa se preparaba físicamente para el ataque de negatividad, o incluso fingía estar en medio de algo, con la esperanza de que Theresa no la interrumpiera para quejarse. Pero estas evasivas no podían mantenerse en el tiempo, y se encontró deseando que Theresa cambiara de actitud o que al menos encontrara otro lugar al que dirigir su negatividad.

Si quieres dejar de estar bajo la nube oscura de tu colega detractor, es útil que entiendas qué es lo que impulsa su comportamiento.

## EL TRASFONDO DEL COMPORTAMIENTO PESIMISTA

Hay muchas razones por las que los pesimistas ven el mundo de la manera en que lo hacen, y comprender más profundamente lo que los motiva puede ayudarte a decidir qué tácticas utilizar y a inspirar una mayor empatía. Incluso es posible que veas la manera de beneficiarte de su perspectiva.

¿Qué lleva a alguien como Theresa a ser tan deprimente? No hay una única respuesta a esta pregunta. Sin embargo, tres elementos deben tenerse en cuenta cuando hablamos de pesimismo:

- *Visión.* Un pesimista cree que los acontecimientos o resultados negativos son inevitables. Piensa en el clásico pesimista de la literatura infantil, Chicken Little (o Henny Penny, como se llama en algunos países), que decía a todos los animales de la granja que el cielo se estaba cayendo. Chicken Little creía que el desastre era inminente.
- *Capacidad de acción.* El segundo aspecto es si la persona siente que puede hacer algo que afecte al resultado de la situación. Michelle Gielan, una investigadora centrada en el estudio de la felicidad y el éxito y que, por tanto, también analiza bastante el pesimismo, define al pesimista como «alguien que no cree que vayan a ocurrir cosas buenas y que no tiene capacidad para cambiar los resultados».[61] El pensamiento negativo no es necesariamente malo, dice, y, de hecho, puede estar justificado en algunas circunstancias. Pero si una persona también siente que sus esfuerzos por evitar el desastre no van a suponer ninguna diferencia, es poco probable que actúe.
- *Comportamiento.* Aquí es donde la actitud se convierte en acción. Los comportamientos de un derrotista pueden incluir la queja incesante, como en el caso de Theresa, la colega de Simran, o el menosprecio constante de las ideas de los demás, o el hablar de lo infeliz que se es. Estas acciones son la expresión de su visión fatalista y de su falta de iniciativa.

Es importante reflexionar sobre los tres elementos. ¿Tu colega tiene una visión negativa pero rara vez actúa en consecuencia? ¿Cree que tiene lo necesario para cambiar su situación o para influir en los resultados de un proyecto? Quienes tienen una visión negativa pero conservan la

---

61. Entrevista de la autora con Michelle Gielan, 11 de enero de 2021.

capacidad de acción suelen entrar en una categoría denominada «pesimismo defensivo», que a veces tiene sus ventajas.[62]

Por ejemplo, un estudio demostró que los pesimistas defensivos con enfermedades crónicas eran más propensos a tomar medidas que podían mejorar su salud, como el control proactivo de su dolor.[63] Los investigadores sugieren que a los pesimistas defensivos puede que les vaya mejor durante los brotes de enfermedades infecciosas porque su preocupación los lleva a adoptar conductas preventivas, como lavarse las manos con frecuencia o consultar a su médico. Es más fácil trabajar con personas que pertenecen a esta subcategoría que con aquellas que piensan que no hay nada que hacer ante la inminente catástrofe que ven por todas partes.

Existe otra categoría de pesimistas —víctimas— que tienden a tener una visión negativa, muy poca capacidad de acción y que interpretan su propio comportamiento de una manera que los pinta como objeto de desprecio o mala suerte. Hablaré más sobre esta variante del pesimismo en el capítulo 5.

## Enfoque de prevención frente a enfoque de promoción

Una de las formas de entender mejor a tu colega pesimista es pensar en lo que se conoce como «enfoque motivacional». Según este modelo, las personas centradas en la prevención se preocupan por la seguridad y suelen ver las tareas como una serie de obstáculos que hay que superar, mientras que las que se centran en la promoción tienden a pensar en el futuro de forma positiva y ven oportunidades donde otras ven retos insuperables. Los psicólogos sociales Heidi Grant y E. Tory Higgins describen las diferencias entre ambos tipos, tal como podemos ver en la tabla 4-1.

Ninguno de los dos tipos es mejor o peor que el otro, pero funcionan de forma diferente en los equipos y en las organizaciones. Grant y Higgins

---

62. Fuschia Sirois, «The Surprising Benefits of Being a Pessimist», *The Conversation*, 23 de febrero de 2018, https://theconversation.com/the-surprising-benefits -of-being-a-pessimist-91851.
63. Fuschia M. Sirois, «Who Looks Forward to Better Health? Personality Factors and Future Self-Rated Health in the Context of Chronic Illness», *International Journal of Behavioral Medicine*, 22 (enero de 2015), pp. 569-79, https://doi.org /10.1007/s12529-015-9460-8.

**Tabla 4-1**

## Diferencias en el enfoque motivacional dominantes

Personas centradas en la promoción:

- Trabajan rápido.
- Consideran numerosas alternativas y son grandes generadoras de ideas.
- Están abiertas a nuevas oportunidades.
- Son optimistas.
- Planifican solo los mejores escenarios.
- Buscan la retroalimentación positiva y pierden fuerza sin ella.
- Se sienten abatidas o deprimidas cuando las cosas van mal.

Personas centradas en la prevención:

- Trabajan lenta y deliberadamente.
- Tienden a ser precisas.
- Están preparadas para lo peor.
- Se estresan ante los plazos cortos.
- Se ciñen a los métodos probados de hacer las cosas.
- Se sienten incómodas ante los elogios o el optimismo.
- Experimentan preocupación o ansiedad cuando las cosas van mal.

*Fuente*: Adaptado de Heidi Grant y E. Tory Higgins, «Do You Play to Win—or to Not Lose?», *Harvard Business Review*, marzo de 2013, https://hbr.org/2013/03/do-you-play -to-win-or-to-not-lose.

explican: «[Las personas centradas en la prevención] suelen ser más reacias al riesgo, pero su trabajo es también más concienzudo, preciso y cuidadoso. Para tener éxito, trabajan lenta y meticulosamente. No suelen ser los pensadores más creativos, pero pueden tener una excelente capacidad analítica y de resolución de problemas. Mientras que las personas con mentalidad de promoción generan muchas ideas, buenas y malas, a menudo se necesita a alguien con mentalidad de prevención para diferenciar unas de otras».[64] ¿Podría ser que tu colega pesimista tenga un enfoque de prevención?

---

64. Grant y Higgins, «Do You Play to Win-or to Not Lose?», *Harvard Business Review*, marzo de 2013, https://hbr.org/2013/03/do-you-play-to-win-or-to -not-lose.

Si te inclinas por un enfoque de promoción (ten en cuenta que es posible contar con características de ambos tipos), puede que tu colega centrado en la prevención te resulte especialmente frustrante. Pero entender que hay aspectos valiosos en su comportamiento y que el pesimismo es algo más que una insistencia patológica en que «el cielo se está desplomando» puede hacer que su vigilancia te resulte menos molesta e incluso puede darte ideas sobre cómo canalizarla para bien.

Existen otros factores que pueden impulsar las quejas persistentes de tu colega, como la ansiedad, el deseo de poder y el resentimiento.

## Ansiedad

Para muchos pesimistas, imaginar el peor escenario posible puede ser una respuesta instintiva a la ansiedad. Al pensar en todo lo que podría salir mal, sienten que pueden evitar que esas posibilidades se hagan realidad. Por supuesto, esto solo es útil si luego toman medidas para prevenir sus peores temores.

Piensa, por ejemplo, en la última vez que optaste a un trabajo que realmente querías. Durante el proceso, probablemente te dijiste a ti mismo en un momento dado (o quizás en varios) que «nunca conseguiré ese puesto». Esa autoconversación crítica es ciertamente pesimista. Sin embargo, puede dar sus frutos en el terreno práctico si, como respuesta, te preparas mejor la entrevista o investigas más sobre la empresa.

Puede que tu colega pesimista no sea consciente de que su mente va siempre directa a lo negativo, o tal vez piense que hacerlo es útil. Tal vez, por ejemplo, crea que, al despreciar las ideas por adelantado, está rescatando al equipo de la agonía de la decepción. Expresar sus ansiedades de esta manera puede incomodar a quienes le rodean, especialmente a los optimistas. Pero reconocer que lo hace porque está preocupado, y no porque quiera aguarles la fiesta, puede hacer que sea más fácil de sobrellevar.

## Poder

Es posible que tu colega detractor se vea impulsado también por un deseo de poder. Cuando estoy en una reunión con alguien que rechaza ideas a diestro y siniestro, suelo interpretarlo como una evasión de la responsabilidad. Al fin y al cabo, si insisten en que «eso nunca va a funcionar», no cargarán con el muerto en caso de que el proyecto no resulte según lo esperado. En algunos casos, también lo he considerado un signo de pereza. Si un colega dice: «Ni siquiera deberíamos intentarlo», se libra de hacer que el proyecto funcione o de contribuir a él de forma significativa.

Pero las investigaciones de Eileen Chou, de la Universidad de Virginia, revelan un motivo diferente. Los resultados de Chou indican que los pesimistas encuentran una sensación de control en su negatividad. Más que evitando la responsabilidad, podrían estar afirmando su autonomía mediante el desacuerdo con el grupo. Los demás también los ven como más autoritarios. Como me explicó Chou: «Suponemos que la mayoría de la gente se aleja de los detractores o los excluye porque son un lastre. Pero en realidad sucede todo lo contrario. Las personas que disfrutan de un alto estatus suelen ser las que hacen comentarios negativos o discrepantes».[65] Esto crea un ciclo de refuerzo. Los pesimistas utilizan la negatividad para sentirse poderosos, y su escepticismo hace que los demás los perciban así, y que incluso los elijan como líderes, lo que convierte la percepción de autoridad en realidad.

## Resentimiento

Tal vez lo que ese colega que ve el vaso medio vacío esté expresando sea descontento. Pensemos en Phillippe. Tanto él como su colega Audrey se presentaban a una promoción en el departamento de marketing de la empresa farmacéutica en la que trabajaban. Phillippe llevaba siete años en la empresa y hacía tiempo que quería liderar el equipo. Audrey era relativamente nueva, ya que se había incorporado a la organización ocho meses antes. Pero el vicepresidente de marketing creía que Audrey tenía más potencial, así que le dio el puesto a ella. Phillippe se pasó los seis meses siguientes echando por tierra todas las ideas de Audrey y afirmando que cualquier iniciativa nueva que ella propusiera ya se había intentado antes y que sería «un completo fracaso».

En el caso de Phillippe, su comportamiento no era una cuestión de tendencia a la ansiedad o de enfoque motivacional. Era su resentimiento lo que le había llevado a menospreciar a Audrey y a obstaculizar el progreso del equipo. Esta actitud escéptica y hastiada se observa a menudo en personas que, como Phillippe, han sido rechazadas para un ascenso,

---

65. Entrevista de la autora con Eileen Chou, 14 de enero de 2021.

no se sienten valoradas por la organización o por su jefe, o tienen la impresión de no recibir el respeto que merecen. De modo que, consciente o inconscientemente, intentan hundir a quienes los rodean.

Sin embargo, en algunos casos, un pesimista podría tener razón en sus sospechas de juego sucio, sobre todo teniendo en cuenta lo que sabemos acerca de cómo los miembros de grupos infravalorados, como las mujeres y las personas de color, son frecuentemente ignorados en los ascensos.

Con independencia de lo que motive el comportamiento de un escéptico, conlleva costes para ti y para tu organización.

## LOS COSTES DE TRABAJAR CON UN PESIMISTA

Las investigaciones demuestran que los propios pesimistas pagan grandes costes. Son más propensos que los optimistas a sufrir ansiedad y depresión. Suelen reconocer más estrés y tardan más en recuperarse de enfermedades y otros contratiempos. Varios estudios han demostrado que una visión negativa hace que seamos menos creativos. Incluso existen pruebas de que los pesimistas experimentan más problemas financieros: tienen menos probabilidades que los optimistas de reservar dinero para una compra importante o de crear un fondo de emergencia. También tienden a preocuparse más por el dinero y las finanzas que las personas optimistas.[66]

Dado que las emociones, tanto positivas como negativas, son contagiosas, es fácil dejarse arrastrar por la visión de un colega pesimista, y en ese caso podrías experimentar algunos de los costes comentados anteriormente.[67] Puedes desmoralizarte, preocuparte por las consecuencias negativas más de lo habitual o empezar a sentir que tus acciones no van a marcar la diferencia en el trabajo. O podrías estar irritable y estresado mientras tratas de evitar al pesimista. Cuanto más tiempo pases con tu

66. Michelle Gielan, «The Financial Upside of Being an Optimist», *Harvard Business Review*, 12 de marzo de 2019, https://hbr.org/2019/03/the-financial-upside-of-being-an-optimist.

67. Sigal G. Barsade, Constantinos G. V. Coutifaris y Julianna Pillemer, «Emotional Contagion in Organizational Life», *Research in Organizational Behavior*, 38 (diciembre de 2018), 137-51, https://doi.org/10.1016/j.riob.2018.11.005.

colega negativo, más probable será que empieces a ver el mundo a través de sus ojos.

Esto es lo que le sucedió a Jamal cuando tuvo una jefa, Courtney, que criticaba constantemente a la dirección de la empresa. Se trataba de uno de los primeros trabajos de Jamal, así que no se le ocurrió cuestionar la perspectiva de Courtney. Por el contrario, empezó a ver a los líderes de la empresa tal como Courtney los retrataba. «La constante negatividad me quitó todo el entusiasmo, la ilusión y el optimismo sobre el futuro», me explicó. «Interioricé sus críticas y asumí los defectos de la dirección y de nuestro producto». Dice que incluso dudaba de algunos de sus compañeros de equipo porque, cada vez que alguien no se presentaba a trabajar, Courtney le acusaba de fingir estar enfermo. A pesar de que su equipo cumplía o incluso superaba sistemáticamente sus objetivos, «Courtney siempre nos hacía sentir que no trabajábamos lo suficiente. Esto realmente creó una división entre nosotros. No se puede vender con éxito como equipo cuando existen estas fisuras».

Un solo pesimista en tu equipo, en especial uno con autoridad como Courtney, puede cambiar la forma en la que todos interactúan. Las quejas constantes pueden crear divisiones en el equipo, reducir la satisfacción de todos en el trabajo, erosionar la confianza y fomentar una negatividad que contamina la cultura del equipo (o de la organización).

Ninguno de nosotros quiere asumir estos costes. Entonces, ¿cómo puedes llevarte bien con tu desalentador colega? Empieza por hacerte algunas preguntas.

# PREGUNTAS PARA HACERTE A TI MISMO

Responder a las siguientes preguntas te ayudará a empezar a trazar un plan para mejorar la dinámica entre tu colega pesimista y tú.

## ¿Cuáles son las posibles fuentes de su pesimismo?

Saber qué lleva a un escéptico a rechazar ideas o a resistirse a probar nuevos enfoques puede señalarte una solución en la que no habías pensado. ¿Cuál es el motivo subyacente de las quejas? ¿Alguna de las motivaciones que acabamos de describir —el enfoque de prevención, la necesidad de poder o la ansiedad— parece encajar en este caso? ¿Podría estar resentido por algo?

Si tu colega está preocupado por el posible fracaso de un proyecto, puedes tranquilizarle haciéndole ver que no sufrirá ninguna consecuencia negativa por probar algo nuevo. Si tiene miedo de «perder el tiempo», insístele en lo valiosos que resultan los experimentos, aunque no funcionen. Si simplemente está agotado o demasiado ocupado y no está dispuesto a esforzarse más, tal vez puedas ayudarle a resolver el problema de cómo gestionar su carga de trabajo (o reducirla, si eres su jefe).

Sé proactivo a la hora de averiguar las razones subyacentes de su actitud. Eso es lo que hizo Lucas con su colega Joe, que se quejaba sin parar de la manera en que su equipo de consultores estaba dimensionando el mercado para un nuevo dispositivo médico. El equipo se reunió varias veces para revisar el proyecto, dividir claramente el trabajo y establecer objetivos a largo y a corto plazo. Joe no contribuyó de forma productiva a ninguno de estos debates. Se cruzaba de brazos y decía cosas tales como: «No veo cómo esto podría ser útil para el cliente». Lucas le llevó aparte y le preguntó qué estaba pasando. Tras algunos tiras y aflojas, quedó claro que Joe no entendía del todo lo que se esperaba de él. Su pesimismo era un mecanismo de defensa. Lucas pasó media jornada con Joe repasando lo que tenía que hacer y practicando el trabajo con él. Juntos dimensionaron cinco de los treinta subsegmentos del mercado para que Joe se sintiera cómodo haciendo los otros veinticinco por su cuenta. Este enfoque funcionó. Lucas me dijo que «el escepticismo de Joe se evaporó» y dejó de mostrar oposición durante las reuniones.

## ¿Son legítimas sus preocupaciones?

Un poco de escepticismo es saludable, incluso necesario. Los pesimistas desempeñan un papel importante en la sociedad y en la mayoría de los lugares de trabajo, por el equilibrio que aportan. Pueden ayudar a señalar los riesgos que muchos de nosotros —especialmente los optimistas— solemos pasar por alto. Fomentan la cautela cuando otros se apresuran a impulsar una iniciativa. Necesitamos voces discrepantes que pongan a prueba nuestras suposiciones, que hagan avanzar nuestras ideas y nos impidan cometer costosos errores. Y la negatividad a veces está justificada. Si observamos lo que está ocurriendo en el mundo —la creciente desigualdad económica, la injusticia racial, la creciente ola de populismo y nacionalismo—, es comprensible que algunas personas no tengan esperanzas en el futuro. E insistir en el pensamiento positivo cuando tenemos muchas y buenas razones para estar preocupados por lo que se avecina puede resultar mareante.[68]

Considera si tu equipo u organización han caído en un «culto a la positividad» en el que solo se recompensa el acuerdo y el optimismo. ¿Dejáis espacio para que la gente discrepe abiertamente o exprese sus dudas? Tal vez estés etiquetando erróneamente a un colega como pesimista porque simplemente está dispuesto a hablar cuando otros no lo hacen.

### ¿Cuáles de sus comportamientos son problemáticos?

Intenta evitar pintar a tu compañero de trabajo y su actitud sombría a grandes rasgos y señala los comportamientos exactos que te están creando problemas. ¿Acaso sus comentarios negativos desaniman al resto del equipo a hablar? ¿O es que no acepta el trabajo a menos que esté 100% seguro de que tendrá éxito?

A menudo oigo a la gente hablar de los pesimistas como de personas «que te absorben la energía», y ciertamente he trabajado con compañeros de trabajo que producen ese efecto. Pero hay que ser más específicos acerca de qué es lo que están haciendo para causar problemas. Como me dijo Heidi Grant, «tienes que estar seguro de que hay un problema real. Puede que no te guste su forma de actuar, pero tal vez puedas ignorarla, poner los ojos en blanco, refunfuñar un poco y seguir adelante».[69]

Saber exactamente qué comportamientos os causan problemas a ti y a otros compañeros os ayudará a decidir qué estrategias emplear.

## TÁCTICAS PARA PROBAR

Si Winnie the Pooh, con su incesante optimismo, no fue capaz de cambiar la visión del mundo de Eeyore, lo más probable es que no consigas que tu colega vea siempre el lado bueno. Pero hay medidas que puedes adoptar para que trabajar con un pesimista sea más agradable y productivo.

68. Susan David, «The Gift and Power of Emotional Courage», filmado en noviembre de 2017 en TEDWomen, en Nueva Orleans, LA, https://www.ted.com /talks/susan_david_the_gift_and_power_of_emotional_courage.
69. Entrevista de la autora con Heidi Grant, 1 de febrero de 2021.

## Reformular el escepticismo como un regalo

Partiendo de la idea de que tu colega no tiene intenciones maliciosas, intenta verlo como poseedor de un don especial. Cuando señale otra razón por la que la iniciativa en la que estás trabajando está condenada al fracaso, dite a ti mismo: «Está utilizando su talento único para ayudarnos a ver los riesgos». Esta capacidad para señalar los posibles defectos es a menudo un atributo infravalorado. Echemos un vistazo a cualquiera de las grandes catástrofes empresariales que han tenido lugar en las últimas décadas, desde Enron a Wells Fargo, pasando por el vertido de petróleo de BP o la tragedia del Boeing 747 Max. Los expertos que examinaron las causas de estas y otras catástrofes descubrieron sistemáticamente que muchos empleados eran conscientes de los errores (o delitos) que se cometían, pero no los denunciaban.[70] A menudo la gente se quedaba callada porque la cultura organizacional desalentaba a los empleados a plantear sus preocupaciones, y temían las repercusiones que implicaría hacerlo.[71]

Aceptar el pesimismo por lo que es también creará una conexión. Encontrar un terreno común con tu colega pesimista y ver la lógica e incluso el valor que hay detrás de su inclinación sombría puede ayudarte a llegar a un punto en el que puedas relacionarte y, tal vez, llevarte bien con él. Pero cambiar tu perspectiva es solo el principio: es poco probable que la compasión por sí sola impida a tu compañero de trabajo difundir su evangelio de negatividad.

## Bríndale un papel que desempeñar

Si tu colega tiene facilidad para señalar los riesgos, considera la posibilidad de incluir esa faceta en sus funciones. Seguro que habrás oído la recomendación según la cual es bueno nombrar a un abogado del diablo que se encargue de plantear cuestiones difíciles y desafiar el pensamiento

70. Amy C. Edmondson, «Boeing and the Importance of Encouraging Employees to Speak Up», *Harvard Business Review*, 1 de mayo de 2019, https://hbr.org /2019/05/boeing-and-the-importance-of-encouraging-employees-to -speak-up.
71. Hemant Kakkar y Subra Tangirala, «If Your Employees Aren't Speaking Up, Blame Company Culture», *Harvard Business Review*, 6 de noviembre de 2018, https://hbr.org/2018/11/if-your-employees-arent-speaking-up-blame-company -culture.

del grupo. Los estudios demuestran que dar al menos a una persona el derecho a realizar este tipo de objeciones conduce a una mejor toma de decisiones para el equipo en su conjunto.[72] Es una tarea perfecta para asignar a un pesimista. Como «abogado del diablo» puede tener implicaciones negativas para algunas personas, a mí me gusta llamarlo «el que está en desacuerdo».

Una de las ventajas de esta táctica es que ayuda a que el grupo no denigre al pesimista y a reafirmarlo como un miembro productivo del equipo. Nilofer Merchant, antigua ejecutiva de tecnología y experta en innovación, es una gran defensora de la idea de que las voces divergentes son cruciales para el crecimiento tanto individual como corporativo. Según ella, «algunos líderes demonizan a las personas [que plantean objeciones], acusándolas de ser el problema en lugar de resolver el problema que se plantea. La razón es sencilla: no nos resulta cómodo ver nuestros propios defectos. Es esta incomodidad la que hace que los líderes se desvíen y se pongan a la defensiva. Y, por supuesto, cuando los líderes hacen esto, limitan el avance de la organización».[73]

## Desafía sus suposiciones

**Pesimista:** «Esto está condenado al fracaso».
**A ti:** «En realidad, creo que podría funcionar».
**Pesimista:** «Qué ingenuo eres».

Tratar de forzar a un pesimista a ver las cosas como tú las ves puede afianzar aún más su perspectiva. En lugar de eso, interactúa con sus ideas y suposiciones subyacentes. Pídele que te aclare o que te dé más información sobre lo que quiere decir. Por ejemplo, si tu compañero de trabajo dice: «Este proyecto nunca saldrá de Finanzas», pídele que te explique por qué. Mejor aún, pídele soluciones alternativas: «¿Qué podemos

---

72. David M. Schweiger, William R. Sandberg y James W. Ragan, «Group Approaches for Improving Strategic Decision Making: A Comparative Analysis of Dialectical Inquiry, Devil's Advocacy, and Consensus», *The Academy of Management Journal*, 29 (1) (1986), pp. 51-71, https://journals.aom.org/doi/abs/10.5465/255859.
73. Nilofer Merchant, «Don't Demonize Employees Who Raise Problems», *Harvard Business Review*, 30 de enero de 2020, https://hbr.org/2020/01/dont-demonize-employees-who-raise-problems.

hacer para que el proyecto consiga la aprobación?». (Cuida tu tono para no parecer despectivo o condescendiente). Incluso puedes modelar este comportamiento utilizando frases con *pero*. Por ejemplo, puedes decir: «Es posible que Finanzas lo eche para atrás, *pero* merece la pena sentar las bases ahora porque el año que viene es probable que se aprueben más proyectos tecnológicos».

Heidi Grant dice que existe una combinación mágica a la hora de relacionarse con un pesimista: «Tienes que dejar claro que crees que va a ser difícil *y* que crees que puedes tener éxito».[74] Si actúas como si fuera a ser fácil, el pesimista te descartará. Transmitir que entiendes por qué se siente así aumentará tus posibilidades de empujarle hacia una perspectiva diferente.

También puedes reformular sus quejas, sin dejar de admitirlas. Por ejemplo, si el pesimista se queja de que otro miembro del equipo es perezoso, puedes decir algo así como: «Es una época de mucho trabajo para todos. Seguro que están haciendo más de lo que podemos ver». No debes ser condescendiente o mezquino, pero es útil que presentes un punto de vista alternativo. O bien pide a tu desalentador colega que sea constructivo. Por ejemplo, puedes decir: «Entiendo por qué estás frustrado. ¿Crees que podríamos hacer algo al respecto ahora?». O: «¿Qué podríamos intentar la próxima vez?». No es necesario que le sueltes: «¡Pues haz algo al respecto!». Pero puedes aumentar la sensación de iniciativa de un escéptico señalando las acciones que puede llevar a cabo, o incluso contando una historia que narre aquella ocasión en la que te encontraste en circunstancias similares y respondiste de forma productiva.

## Ayúdale a entender cuándo su pesimismo le favorece y cuándo le perjudica

Dado que una dosis saludable de escepticismo puede ser útil para el grupo, es posible que tu colega derrotista no sea consciente del impacto negativo que sus palabras y acciones están teniendo en los demás. Ayúdale a ver la luz. Por ejemplo, puedes decir: «Cuando haces comentarios negativos, el equipo se atasca».

Esto es lo que hizo Byron al ver que su colega Morgan insistía en que su proyecto conjunto no iba a funcionar. A su equipo se le había

---

74. Entrevista de la autora con Heidi Grant, 1 de febrero de 2021.

encomendado la tarea de organizar el inventario de ventas de la empresa e identificar las eficiencias operativas que podrían conducir a nuevas ventas. Morgan trabajaba para otro departamento y se mostró escéptico con el proyecto desde el principio. Byron se dio cuenta de que la actitud de Morgan molestaba a los demás miembros del equipo y le preocupaba que impidiera el progreso de este. Concertó una reunión individual con Morgan y le explicó, con toda la diplomacia posible, que cada vez que hacía comentarios negativos el equipo parecía desanimarse y la conversación se detenía. Morgan redobló su apuesta, reiterando su escepticismo acerca de la posibilidad de que los numerosos departamentos implicados pudieran llevar a cabo el plan. Byron le pidió que, además de plantear sus dudas, ofreciera alternativas a las ideas propuestas. «Le expliqué que lo que estaba haciendo se parecía a poner continuamente obstáculos en la carretera, sin proporcionar una señal de desvío», me dijo. Morgan aceptó el consejo de Byron y, cuando los miembros del equipo respondieron positivamente, aparentemente aliviados, el nuevo comportamiento quedó reforzado. Byron me dijo que las sugerencias del equipo que se aplicaron incorporaban muchas de las soluciones alternativas de Morgan, y creía que el proceso había sido más riguroso gracias a las aportaciones de este último.

## Apóyate en la positividad

La presión positiva de los compañeros también puede ayudar. Aunque señalar a las personas es a veces contraproducente, puedes establecer normas de obligado cumplimiento por parte de todos para impulsar a los aguafiestas en la dirección correcta. Por ejemplo, puedes acordar en grupo que todos se pregunten antes de hablar: «¿Será útil este comentario?». También podríais acordar que las críticas vayan acompañadas de una sugerencia acerca de lo que se debe hacer como alternativa, tal como Byron animó a su colega Morgan en el ejemplo anterior.

Es especialmente importante pasar a la acción si la negatividad de un escéptico está influyendo en el equipo. Eileen Chou descubrió en su investigación que incluso un solo pesimista puede influir en el proceso de toma de decisiones de un grupo. Debido a la tendencia inherente que muestra el grupo a mantener la armonía, explica que «si hay una persona discordante, el grupo se mueve hacia ella para apaciguarla». Se puede

Elegir las palabras adecuadas para no provocar o alejar a tu colega pesimista es complicado. Aquí tienes algunas frases que puedes probar.

### Céntrale en la adopción de medidas positivas

«¿Qué podemos hacer para evitar el resultado que predices?».

«¿Qué tendría que cumplirse para que tuviéramos éxito?».

«Si estás descontento con [persona, líder, proyecto], hablemos de los pasos que puedes dar para cambiar la situación. Tengo algunas ideas, pero me encantaría escuchar primero tu opinión».

### No dejes que se atrinchere en su perspectiva

«Hay una parte de mí que está de acuerdo contigo en que esto podría no funcionar. Mientras que otra parte de mí cree que sí. Vamos a poner una junto a otra ambas perspectivas».

«He escuchado tus preocupaciones, y comparto algunas de ellas. Cuéntame más sobre lo que te ha llevado a esa conclusión».

«Creo entender por qué estás frustrado. ¿Piensas que hay algo que podamos hacer ahora? ¿O que podríamos hacer de forma diferente la próxima vez?».

### Reformula su perspectiva

«Me pregunto de qué otra forma podría verse esto».

«Eres bueno identificando los inconvenientes. ¿Qué se nos podría estar escapando?».

---

contrarrestar esta tendencia, apunta, acordando que las decisiones no sean impulsadas por la perspectiva de una sola persona.[75]

Fomentar un ambiente de positividad es otra forma de utilizar la presión de los compañeros para animar a los pesimistas a ver el lado luminoso. Michelle Gielan sugiere, por ejemplo, que empieces las reuniones

---

75. Entrevista de la autora con Eileen Chou, 14 de enero de 2021.

con un apunte positivo: «¿Puedes citar una situación en la que un colega te haya hecho la vida mejor o más fácil últimamente?». El apunte concreto que utilices es menos importante que ayudar al equipo a centrarse en algo bueno.

## Vigila la polarización

Cuando experimentes con estas tácticas, vigila que tus acciones no hagan que tu colega problemático se atrinchere más. Como dice Grant: «Muchos pesimistas creen que los optimistas son idiotas y estarán ansiosos por tacharte de torpe. Creemos que podemos acercarnos a ellos con una manguera y ahogarlos en nuestro optimismo».[76]

Así, insistir demasiado en el pensamiento positivo puede hacer que redoblen sus esfuerzos en el terreno de la negrura. En lugar de eso, respeta su estilo motivacional e incluso reconoce lo que hay de bueno en su punto de vista. Te ayudará el hecho de admitir que tú también tienes sentimientos o pensamientos negativos, antes de validar su perspectiva o algún aspecto de esta con el que estés de acuerdo. No tienes que decir: «Tienes toda la razón; este proyecto no tendrá éxito», pero puedes decir: «He oído tus preocupaciones y comparto algunas de ellas. Ayúdame a entender qué te ha llevado a estas conclusiones».

## Sal con gente positiva

Pasar tiempo con compañeros de trabajo más positivos es una buena manera de reforzarse contra una tormenta de negatividad. Busca a personas que te levanten, en lugar de tirar de ti hacia abajo, e invierte en establecer relaciones con ellas.

Jamal, cuya jefa, Courtney, le había puesto en contra de la dirección de la empresa y de sus propios compañeros de equipo (véase «Los costes de trabajar con un pesimista»), utilizó esta táctica. Una vez que se dio cuenta del impacto negativo que Courtney estaba teniendo en él, trató de evitar el contacto con ella en la medida de lo posible. En su lugar, centró su tiempo en los colegas que se mostraban entusiasmados con el futuro. Como explicó, «me ayudó bastante pasar tiempo con compañeros que estaban entusiasmados con su trabajo y con la empresa. Querían salir al

---

76. Entrevista de la autora con Heidi Grant, 1 de febrero de 2021.

campo y gritar nuestro producto a los cuatro vientos». Aunque Courtney nunca cambió de sintonía, Jamal pudo prosperar con el apoyo de amigos con ideas afines.

• • •

Volvamos a la historia de Simran y su colega Theresa, que no expresaba más que quejas cuando se charlaba. Simran me contó que hizo cambios sutiles en su forma de interactuar con Theresa, tratando de enfatizar lo positivo. Por ejemplo, después de tres meses de preguntarle a Theresa «¿cómo estás?» cada mañana y de recibir un «sermón negativo todas y cada una de las veces», empezó a preguntarle: «¿Qué hay de bueno hoy?». Los primeros días, Theresa se quedó sorprendida y sin palabras. Pero pronto empezó a responder a la pregunta. Simran dice que nunca más le preguntó «¿cómo estás?». En su lugar, preguntaba: «¿Qué ha ido bien en la reunión que has tenido con ese cliente?», o: «Cuéntame lo mejor de tu presentación».

También aprendió a excusarse cuando Theresa empezaba con una diatriba: «Me salía educadamente de la conversación tan rápido como podía». Simran admite que le sorprendió que esas pequeñas acciones dieran resultado. Theresa no se convirtió en la alegría de la huerta, pero Simran dejó de temer las interacciones con ella y apunta que aprendió mucho sobre cómo lidiar con la negatividad, y no solo la de los compañeros de trabajo, sino también la de otras personas presentes en su vida. «Me siento más capacitada para mantenerme al margen y no dejarme arrastrar», afirma.

# TÁCTICAS PARA RECORDAR
## El pesimista

### SÍ:

- Anímalo a interpretar al «jefe de los desacuerdos» como parte de su papel oficial.
- Implícate en sus ideas y suposiciones subyacentes, pidiendo aclaraciones o más información sobre lo que quiere decir.
- Transmítele que entiendes por qué se siente así y empújalo hacia una perspectiva diferente.
- Ayúdale a entender cuándo su pesimismo ayuda y cuándo perjudica.
- Establece normas constructivas para todo el equipo; por ejemplo, podéis acordar como grupo que todo el mundo se pregunte antes de hablar: «¿Será útil este comentario?».
- Reconoce que tú también tienes sentimientos o pensamientos negativos y valida su perspectiva o algún aspecto con el que estés de acuerdo.
- Pasa tiempo con compañeros de trabajo más positivos para reforzarte contra el aluvión de negatividad.

### NO:

- No intentes ahogarle en positividad: eso puede afianzarle aún más en su pesimismo.
- No descartes su perspectiva por considerarla poco útil o ilógica.
- No ignores sus quejas o sus preocupaciones; es posible que tenga razones válidas para sus reprobaciones.

# 5
# La víctima

## «¿Por qué siempre me pasa esto?»

Hay un tipo de pesimista lo suficientemente común y molesto como para justificar su propio arquetipo: la víctima. Se trata del compañero de trabajo que siente que todo el mundo se la tiene jurada. No asume la responsabilidad de sus acciones y rápidamente señala a los demás cuando las cosas van mal. Y cuando intentas ofrecerle un *feedback* constructivo, responde con una actitud de «pobre de mí» o con una lista de excusas.

Al igual que el pesimista, la víctima cree que van a ocurrir cosas malas y que poco puede hacer para cambiarlas, pero también cree —y se queja de ello— que estos acontecimientos negativos le ocurren a él en particular. Mientras que el pesimista insistirá en que «el cielo se está desplomando», la víctima dice: «El cielo se está desplomando sobre mí».

Tomemos como ejemplo a Gerald. Le habían contratado para dirigir una tienda que se estaba quedando atrás con respecto al resto de establecimientos de la empresa ubicados en la misma zona. La directora regional, Carlotta, estaba muy interesada en contratar a Gerald porque, según su currículum y sus referencias, ya había logrado exitosos cambios de rumbo con anterioridad. Imaginó que sería un «soplo de aire fresco» para la tienda y su personal. Pero resultó ser todo lo contrario. «Era más bien un cenizo», me dijo ella.

Desde el principio, Gerald se opuso a los objetivos fijados por Carlotta alegando que no eran realistas, a pesar de que se basaban en los resultados que otras tiendas similares habían obtenido. Cuando la directora regional visitó la tienda, pudo comprobar cómo Gerald resultaba deprimente para los empleados. «Era como una nube gris cada vez que entraba en la sala», dice. Cuando Carlotta trató de impulsarle a ser más optimista o a aceptar el reto de dar un giro a la tienda, Gerald dijo que simplemente no podía hacer lo que se le pedía. «Nunca asumió la responsabilidad. Siempre había algo o alguien a quien culpar: al personal, a la ubicación de la tienda, al tiempo... Lo que fuera».

Gerald se veía a sí mismo como una víctima de las circunstancias, impotente para dirigir su propio destino. Quizás hayas trabajado con alguien que presentara la misma mentalidad. He aquí algunos de los comportamientos comunes a este arquetipo:

- Siente lástima de sí mismo y espera que los demás hagan lo propio («por favor, ¿alguien que se compadezca?»).
- Esquiva su responsabilidad con respecto a las cosas que van mal y culpa a otras personas o a factores externos.
- Rechaza los comentarios constructivos con excusas sobre por qué él no puede ser culpable.
- Arrastra a los demás con sus quejas y una actitud de «pobre de mí».
- Se revuelca en sentimientos negativos.
- Augura el fracaso, sobre todo en relación con él mismo.

¿Es posible ayudar a un colega como Gerald a cambiar su mentalidad? ¿Hay alguna manera de conseguir que sea más responsable? ¿Y cómo se maneja la carga emocional de trabajar con alguien que siente que siempre tiene una diana en la espalda?

En este capítulo hablaré de este tipo concreto de pesimista, de aquello que lo alimenta y de cómo gestionarlo. Dado que muchas de las tácticas para llevarse bien con alguien que interpreta el papel de víctima son similares a las que se emplean para tratar con un pesimista, este capítulo es más corto que los demás. Recomiendo leer ambos capítulos para obtener los mejores resultados. Empecemos por lo que hace que alguien con mentalidad de víctima se haga notar.

## EL TRASFONDO DEL COMPORTAMIENTO DE VÍCTIMA

Las personas que se consideran víctimas comparten varios rasgos clave con los pesimistas. Tienen la misma visión negativa («va a suceder algo malo») y la misma falta de capacidad de acción («no puedo hacer nada para cambiar eso»), pero, a diferencia de los pesimistas, creen que otras personas o circunstancias son las culpables de los resultados decepcionantes o preocupantes. Como se puede ver en la lista de comportamientos típicos, las creencias y actitudes básicas de una víctima se manifiestan de forma diferente a las de los pesimistas. Más que señalar los riesgos todo el tiempo, las víctimas suelen obsesionarse con quién tiene la culpa, que nunca resulta ser ellos.

Un equipo de académicos de Israel acuñó un término que arroja luz sobre este rasgo: «tendencia al victimismo interpersonal» o TIV (por sus siglas en inglés). Los investigadores definen la TIV como «un sentimiento continuo de ser una víctima», y no se da en una única circunstancia o relación, sino en diferentes tipos de relaciones.[77] Muchas personas, cuando se enfrentan a momentos desagradables, por ejemplo cuando alguien se les cuela en la cola del supermercado o se les interrumpe en una reunión, les restan importancia o los encaran de frente. Los afectados por la TIV ven estos incidentes como una prueba de su propio victimismo, de que son particular y excesivamente vulnerables a la mala suerte y al sufrimiento.

Otros expertos utilizan la expresión «síndrome de la víctima». Manfred F. R. Kets de Vries, psicoanalista y profesor de desarrollo de liderazgo y cambio organizativo en el INSEAD, ha elaborado una lista de comprobación para ayudar a las personas a identificar si están tratando con alguien que sufre este síndrome (véase la tabla 5-1).

Analizar estas preguntas puede ayudarte a determinar cuáles de los comportamientos de tu colega son especialmente problemáticos. Acto seguido, podrás adaptar tu enfoque en función de aquellos que desees abordar.

Ten en cuenta que los hábitos de una víctima suelen tener su origen en un dolor real. Algunas personas adoptan una mentalidad de víctima como respuesta al trauma, la manipulación, la traición o el abandono. Y esto puede tener graves consecuencias como la soledad, la depresión y el aislamiento.

Aun así, muchas personas correspondientes a este arquetipo mantienen dicha actitud porque les reporta ciertos beneficios. Mostrar el sufrimiento

77. Rahav Gabay et al., «The Tendency for Interpersonal Victimhood: The Personality Construct and Its Consequences», Personality and Individual Differences, 165 (octubre de 2020), https://doi.org/10.1016/j.paid.2020.110134.

**Tabla 5-1**

## Lista de control del síndrome de la víctima

¿Estás tratando con alguien que sufre el síndrome de la víctima?:

- ¿Todas las conversaciones acaban centrándose en sus problemas?
- ¿Suele jugar la baza del «pobre de mí»?
- ¿Habla negativamente de sí mismo?
- ¿Siempre espera lo peor?
- ¿Tiende a actuar como un mártir?
- ¿Siente que el mundo se la tiene jurada?
- ¿Cree que los demás tienen una vida más fácil?
- ¿Se centra únicamente en los acontecimientos negativos y las decepciones?
- ¿Nunca se siente responsable de su comportamiento negativo?
- ¿Tiende a hacer que los demás se responsabilicen de él?
- ¿Parece adicto a la miseria, el caos y el drama?
- ¿Su miseria es contagiosa y afecta al estado de ánimo de los demás?
- ¿Culpar a los demás parece mejorar su estado de ánimo?

*Fuente*: Adaptado de Manfred F. R. Kets de Vries, «Are You a Victim of the Victim Syndrome?», Organizational Dynamics, 43 (2) (julio de 2012), https://www.researchgate.net /publication/256028208_Are_You_a_Victim_of_ the_Victim_Syndrome

puede ser una forma eficaz de conseguir atención o simpatía. También puede justificar la búsqueda de venganza. Como señala De Vries, «es agradable que nos presten atención y nos reconozcan; nos sentimos bien cuando los demás nos prestan atención; y nos complace ver satisfechas nuestras necesidades de dependencia».[78]

Sin embargo, cuando se trata de sentirse víctima o de trabajar con una, los costes superan a los beneficios.

---

78. Manfred F. R. Kets de Vries, «Are You a Victim of the Victim Syndrome?», *Organizational Dynamics*, 43 (2) (julio de 2012), https://www.researchgate.net/ publication/256028208_Are_You_a_Victim_of_the_Victim_Syndrome.

# LOS COSTES DE TRABAJAR CON UNA VÍCTIMA

Una de las diferencias entre el pesimismo y el victimismo es que el primero tiene ventajas, mientras que el segundo no tanto. Si el punto de vista de un pesimista puede ser útil para identificar posibles riesgos o señalar escollos que otros pasan por alto, la actitud de una víctima rara vez hará otra cosa que irritar y alejar a sus compañeros de trabajo.

El principal coste de trabajar con alguien con mentalidad de víctima es el contagio emocional. La sensación de Carlotta de que la presencia de Gerald era como una «nube gris» es una experiencia común. La insistencia de una víctima en que las cosas están mal y no hay forma de cambiarlas puede ser contagiosa: puedes empezar a preguntarte si las personas o las circunstancias no están en tu contra. Carlotta me dijo que las dudas de Gerald la hacían concentrarse en todas las razones por las que la tienda no podía tener éxito, en lugar de en las acciones que podían emprender para remontar el vuelo.

También es exasperante trabajar con alguien que esquiva su responsabilidad. Puedes sentirte agotado por su constante negatividad o exhausto por intentar contrarrestar su influencia en la moral del grupo. También es muy probable que te resientas si tienes que hacer el trabajo de una víctima en su lugar o si debes asumir la carga emocional que supone persuadirla constantemente de que está bien.

Para mejorar tu relación de trabajo, empieza por hacerte algunas preguntas.

# PREGUNTAS PARA HACERTE A TI MISMO

Hay varias preguntas acerca de este comportamiento de «pobre de mí» que deberías considerar mientras desarrollas una respuesta reflexiva.

### ¿Son realmente víctimas? ¿Son víctimas de sus colegas, de la dirección, de los clientes o de otras personas?

Considera las quejas de tu compañero de trabajo. ¿Es posible que sus afirmaciones sobre el maltrato sufrido sean ciertas? Existe una diferencia entre estar justificadamente molesto por el ostracismo o las vejaciones padecidas en el lugar de trabajo y sentir injustificadamente que el mundo está en tu contra. Hay muchas personas que experimentan el sexismo, el racismo, la discriminación por edad y otros comportamientos inadecuados en el trabajo, cuyas quejas sobre el trato injusto son legítimas. A veces, una afirmación como «ella siempre se hace la víctima» puede ser utilizada para desestimar el comportamiento ofensivo de los demás e incluso para hacer dudar de su propia cordura a los empleados que reciben malos tratos. Por eso es importante que consideremos cuidadosamente las quejas y hagamos lo que está de nuestra parte para detener o remediar las microagresiones, el acoso sexual y cualquier otra forma de discriminación e injusticia. (Encontrarás más información sobre cómo responder eficazmente a las microagresiones en el capítulo 9).

Procura no desestimar directamente las afirmaciones de tu compañero de trabajo de que ha sido perjudicado y examina con detenimiento lo que está ocurriendo. Para averiguarlo, presta más atención a la dinámica de las reuniones o habla con algún colega de confianza que tenga una mejor perspectiva de lo que está experimentando tu colega, tal vez un antiguo colaborador o un amigo de la víctima. Si descubres que sus afirmaciones son legítimas, o incluso si sospechas que lo son, considera qué puedes hacer para apoyarle, como por ejemplo remitirle a alguien interno que pueda tomar medidas.

## ¿Qué desencadena la actitud victimista de tu colega?

Algunas personas, como Gerald, se sienten víctimas casi todo el tiempo. Otras caen presas de esa mentalidad solo en determinadas circunstancias. ¿Tu colega se hace la víctima cuando recibe comentarios duros? ¿O cuando es el único responsable de algo importante (tal vez porque se doblega ante la presión)? ¿Hay personas concretas que parecen sacar a relucir lo peor de él?

Observar su comportamiento te dará pistas sobre qué tácticas poner en práctica.

# TÁCTICAS PARA PROBAR

Muchas de las tácticas que funcionan con un pesimista, como mantener al grupo en actitud positiva para contrarrestar su pesimismo y proporcionar una contranarrativa a sus quejas de «nunca consigo lo que quiero», también ayudarán a las víctimas. (Consulta el capítulo 4 para más información). Existen otras estrategias específicamente diseñadas para este arquetipo, como ofrecer una perspectiva diferente y recordar a la víctima que tiene control sobre algunos resultados. Veámoslo más de cerca.

## Ofrece reconocimiento

A menudo, la víctima desea ser vista o escuchada, y considera que quejarse es la única forma de conseguir esa validación. Ofrece algún refuerzo positivo y expresa abiertamente tu aprecio por el valor que tu colega aporta al equipo. Por supuesto, no quieres que sienta que solo recibe cumplidos cuando se queja, así que reserva tus elogios para un momento en el que no se esté quejando.

Mi hija aprendió esta lección con un amigo que se comportaba como una víctima y que una vez le dijo: «Siento que no le gusto a nadie». Para que se sintiera mejor, mi hija empezó a enumerar todas las cosas que sus compañeros de clase apreciaban de él: su irónico sentido del humor, su disposición a rebatir a cualquier profesor que estuviera siendo injusto... La conversación pareció animarle. Pero él volvía una y otra vez al mismo discurso, reiterando su creencia de que no le gustaba a la gente. Mi hija volvía a enumerar sus atributos positivos, añadiendo cada vez algo más a la lista, pero este intercambio la agotaba, y finalmente empezó a sentirse molesta con él. Así que cambió de táctica y encontró la manera de halagarle antes de que él acudiera a ella en busca de validación, lo que interrumpió el ciclo. En general, él parecía menos necesitado y ella no se veía arrastrada a una conversación en la que habitualmente se esperaba que le colmara de halagos.

En relación con tu compañero de trabajo, reconoce sus logros, aunque sean pequeños, o dile lo que más aprecias de él. La única regla es que lo que digas debe ser genuino. Los falsos cumplidos no funcionan.

## Ayúdale a aumentar su sensación de iniciativa

Si dice: «Eso está fuera de mi control», y tú dices: «¡No, no lo está!», es probable que la conversación se estanque rápidamente. En su lugar, di algo como: «Te escucho. Yo tampoco reacciono bien cuando me siento impotente». A continuación, pregúntale qué haría si tuvieran la autoridad o la capacidad de actuar y ayúdale a pensar en formas de llevar a cabo sus ideas. Por ejemplo, puedes decir: «Entiendo que sientas que el equipo directivo no ha estado dispuesto a dedicar los recursos que necesitas para que este proyecto sea un éxito. Eso es frustrante. Si tú tuvieras que tomar las decisiones, ¿qué harías de forma diferente?». Incluso puedes ofrecerte a ayudarle a hacer una lista de los pasos que puede dar. Si tu compañero de trabajo no puede salir de su propio camino, intenta una táctica diferente con una pregunta como: «¿Cómo actuaría en esta situación alguien que fuera conocido por conseguir todo aquello que quiere?». Al adoptar la perspectiva de otra persona, puede ser capaz de aportar ideas de una manera más eficaz.

Sheila, colega de Anat, se quejaba con frecuencia de que la jefa de ambas, Noni, la dejaba fuera de las reuniones importantes. Al principio, Anat le dijo a Sheila que estaba segura de que se trataba de un descuido y que no debía tomárselo como algo personal. Pero esos intentos de tranquilizarla solo consiguieron que Sheila se reafirmara en su opinión de que estaba siendo excluida intencionadamente. De modo que intentó un enfoque diferente, pidiéndole que expresara todas las razones por las que debería estar en esas reuniones. Ella ya tenía una lista preparada, a la que Anat respondió: «Todo eso tiene sentido. ¿Has intentado explicárselo a Noni?». Sheila dijo que sí, y Anat replicó: «¿Y si lo intentas de nuevo?». Para su sorpresa, Sheila siguió su consejo y, en su siguiente cara a cara con Noni, mencionó las razones por las que debía estar en la lista de participantes. Noni no se había dado cuenta de que Sheila quería participar en las reuniones, pero se alegró de poder incluirla en adelante.

## Anímale a asumir responsabilidades

A la víctima le encanta esquivar la responsabilidad. Nunca parece que nada sea culpa suya o esté bajo su control. Cuando recurra a la táctica de señalar con el dedo, intenta un enfoque directo: «Veo que esto es responsabilidad tuya; hablemos de por qué tú no lo ves así». Si planteas la cuestión con claridad, puede que le resulte difícil desviar la culpa. O bien inténtalo de una manera más suave y comprueba si ofrecerte a compartir la responsabilidad —suponiendo que dicho ofrecimiento esté justificado— le ayuda a relajar un poco la actitud defensiva. Puedes decir: «Todo el equipo es responsable del éxito de este proyecto, incluidos tú y yo. Aunque no se culpará a nadie si fracasamos, todos debemos asumir la responsabilidad de hacer avanzar las cosas». Aliviar su miedo a ser culpado puede ayudarle a asumir la responsabilidad.

Eso es lo que hizo Carlota con Gerald. Después de su periodo de prueba de noventa días, Carlotta fue honesta con él sobre su preocupación de que quizás no encajara. Como es lógico, él se puso a la defensiva. Como no estaba dispuesta a renunciar a él, ella trató de ser más clara sobre los cambios que quería ver. Le explicó que el personal le buscaba como modelo para inspirarse y motivarse y que sus quejas tenían un efecto dominó. También le pidió que fuera más constructivo. «No quise rechazar por completo sus quejas, porque algunas de ellas eran válidas, pero le pedí que cuando me planteara un problema en el futuro me presentara al menos una posible solución», dice. Carlotta se rio la primera vez que Gerald lo hizo, pues enseguida acompañó sus recomendaciones prácticas de un «no estoy seguro de que esto vaya a funcionar». Sin embargo, con el tiempo fue consiguiendo dejar de lado las advertencias.

## Centra su atención en la ayuda a los demás

Puede parecer contradictorio, pero cuando una víctima (o cualquier otra persona, en realidad) se siente atascada e incapaz de ayudarse a sí misma, a veces puedes sacarla de esa rutina animándola a ayudar a otra persona. Hay muchas investigaciones que demuestran que dar a los demás —ya sea en forma de tiempo, dinero o apoyo— mejora nuestra propia felicidad.[79] En el caso de un compañero de trabajo con mentalidad de víctima, sugerirle que sea mentor de un colega, que ponga su experiencia al servicio de otro equipo o incluso que se ofrezca como voluntario fuera del trabajo puede disuadirle de regodearse en su negatividad y puede darle una mayor sensación de iniciativa.

---

79. Bryant P. H. Hui *et al.*, «Rewards of Kindness? A Meta-Analysis of the Link between Prosociality and Well-Being», *Psychological Bulletin*, 146 (12) (diciembre de 2020), pp. 1084-1116, https://pubmed.ncbi.nlm.nih.gov/32881540/.

He aquí algunas frases que pueden ayudarte a poner en práctica las tácticas de este capítulo.

**Ofrece reconocimiento**

«Es una mierda sentir que no tienes lo que necesitas».

«Parece que la situación todavía te molesta. Lo siento».

**Impúlsale hacia las soluciones**

«¿Has pensado en hablar con tu jefe sobre esto?».

«Eso es muy malo. ¿Qué crees que podrías haber hecho de otra manera? ¿Qué has aprendido?».

«Veo que esta no es una buena situación para ti. ¿Te interesa hablar sobre lo que podríamos hacer de forma diferente en adelante?».

«¿Qué te gustaría que pasara ahora?».

«A veces tenemos más control del que creemos. ¿Qué paso podrías dar para ver si produces un cambio?».

**Reformula sus comentarios**

«Parece que muchas cosas no han salido como esperabas. ¿Qué ha ido bien hasta ahora?».

«Cuando culpas a otra persona, es fácil que te sientas como la víctima, lo que no te ayuda. ¿Qué otra forma hay de ver esta situación?».

**Redirige**

«Espero que no te importe que cambie de tema, pero ¿has visto ya [nombre del programa de televisión o película]?».

«Tengo encima una fecha de entrega, así que debo volver al trabajo. Pero cruzaré los dedos para que las cosas funcionen».

## Protégete

Una persona que piensa que el mundo está en su contra bien puede arrastrar a todo un equipo a su punto de vista. He visto cómo esto ocurre en organizaciones en las que un departamento concreto —a menudo dirigido por alguien con mentalidad de víctima— empieza a actuar como si nadie más en la organización entendiera o apreciara lo que hace. Esto se convierte en una profecía autocumplida, ya que, cuanto más defensiva se muestra la gente del departamento, menos digna de confianza parece, lo que hace que sus colegas duden de sus capacidades o eviten colaborar del todo. Una razón de peso para que establezcas y respetes los límites con una víctima, sobre todo si esa persona es tu jefe, es que no quieres que su paranoia, sus acusaciones o su falta de responsabilidad dañen la reputación de tu equipo.

Una forma de protegerte del contagio emocional es simplemente cambiar de tema cuando empiece a quejarse. Si no capta la indirecta, siempre puedes excusarte para volver a centrarte en tu trabajo. (Encontrarás más información sobre cómo protegerte de las consecuencias negativas de cualquiera de los arquetipos en el capítulo 12).

• • •

Carlotta aceptó que no iba a cambiar la personalidad de Gerald. «No creo que fuera una persona especialmente feliz», dice. «Pero cuanto más me ofrecía a compartir las cosas con él, menos se comportaba como una víctima». Esto significaba que Carlotta tenía que insistir en el hecho de que Gerald no sería el único culpable si la tienda no alcanzaba sus objetivos. Cuando ella lo hizo, él dejó de señalar con el dedo a los demás, empezó a quejarse menos y a intentar resolver sus propios problemas de forma proactiva. Estos cambios fueron buenos para todos: Gerald pudo quedarse en la tienda y ayudó al equipo a darle un giro al negocio y a sacarle de su dinámica negativa. Es difícil frenar la tendencia de una persona a verse a sí misma como una víctima del destino, pero la experiencia de Carlota con Gerald demuestra que el tiempo, la energía y un enfoque estratégico pueden ayudar a ese compañero siempre sufriente a convertirse en un miembro más productivo del equipo.

# TÁCTICAS PARA RECORDAR
## La víctima

**SÍ:**

- Proporciona un refuerzo positivo y expresa abiertamente tu aprecio por el valor que tu colega aporta al equipo.
- Pregúntale qué haría si tuviera la autoridad o la capacidad de actuar y ayúdale a pensar en formas de llevar a la práctica sus ideas.
- Ofrécele ayuda para confeccionar una lista de los pasos que puede dar para alcanzar sus objetivos.
- Adopta un enfoque directo y di algo como: «Veo que esto es responsabilidad tuya; hablemos de por qué tú no lo ves así».
- Aumenta su sensación de iniciativa animándole a ser mentor de un colega, a poner su experiencia al servicio de otro equipo o incluso a ser voluntario fuera del trabajo.

**NO:**

- No le ofrezcas reconocimiento solo cuando se queje (premiarás sus quejas).
- No sufras sus sesiones de quejas: no pasa nada por que te excuses o cambies de tema a algo más neutro.

# 6
# El pasivo-agresivo

## «Bueno, como quieras»

L a nueva compañera de trabajo de Malik, Susan, estaba resultando una pesadilla. El jefe de ambos le había pedido a Malik que le enseñara a Susan a rellenar varios informes de los que acabaría siendo responsable. Sin embargo, cuando se sentó con ella, Susan actuó como si ya supiera cómo hacerlos dado que había hecho algo similar en un trabajo anterior. «Era imposible, ya que eran específicos de nuestra organización, pero cuando se lo señalé me dijo que no me pusiera tan nervioso», me confesó Malik. «Esa fue la primera señal de que algo iba mal».

Varias semanas después, el jefe de Malik le preguntó por qué aún no había formado a Susan en los informes. Malik no quería ponerse a la defensiva, así que habló de nuevo con Susan y le ofreció volver a enseñarle los pasos. Ella respondió que lo tenía «controlado», y entonces le preguntó por qué estaba tan molesto. Cuando él le dijo que su jefe tenía la impresión de que no había hecho su trabajo, Susan le contestó que no tenía ni idea de qué le estaba hablando.

Malik, desesperado, trató de ser franco con ella: «¿Está todo bien? ¿Estamos bien?». Susan sonrió y dijo: «¡Por supuesto, está todo perfecto!». Malik estaba tratando con una compañera de trabajo pasivo-agresiva: alguien que parece cumplir los deseos y necesidades de los demás pero que luego se resiste pasivamente a cumplirlos. A veces, el saboteador acaba haciendo la tarea, pero demasiado tarde para ser útil o de una forma que no cumple los objetivos establecidos.

Cuando Malik me contó su historia por primera vez, me acordé de una táctica que yo empleaba de niña. Cuando me pedían que lavara los platos, en lugar de decirle a mi madre que no quería hacerlo (lo cual, para ser sinceros, no era realmente una opción), hacía un mal trabajo, con la esperanza de que no me asignaran la tarea de nuevo.

El comportamiento agresivo-pasivo tiene muchas maneras de manifestarse en el trabajo. ¿Tu colega problemático muestra alguno de los siguientes signos reveladores?

- Ignora deliberadamente los plazos después de haberse comprometido a cumplirlos.
- Promete el envío de un correo electrónico que nunca llega.
- Actúa de forma grosera contigo (por ejemplo, ignorándote en una reunión o interrumpiéndote) y luego niega que haya algo malo cuando te enfrentas a él, alegando: «Todo está en tu cabeza» o «No tengo ni idea de lo que estás hablando».
- Muestra un lenguaje corporal que denota enfado u hosquedad pero insistiendo en que está bien.
- Da a entender que no está contento con tu trabajo pero se niega a reconocerlo expresamente o a darte una opinión sincera.
- Disfraza los insultos de cumplidos. Por ejemplo: «¡Tienes un estilo tan relajado!» puede significar en realidad: «Creo que eres un vago».
- Distorsiona tus palabras en una discusión para que parezca que eres tú el culpable.

Susan dijo que todo estaba perfecto, pero Malik se dio cuenta de que algo iba mal. Al fin y al cabo, ella seguía sin saber cómo hacer los informes, así que era Malik quien tenía que hacerlos. Se sentía frustrado y no quería que su jefe pensara que no era capaz de delegar o, peor aún, que se interponía intencionadamente en el camino del éxito de Susan. No sabía qué hacer.

El primer paso es desarrollar una comprensión más profunda de por qué la gente recurre de entrada al comportamiento pasivo-agresivo.

## EL TRASFONDO DEL COMPORTAMIENTO PASIVO-AGRESIVO

El término «pasivo-agresivo» hizo su aparición en la década de 1940 en el ejército estadounidense para describir a los soldados que no cumplían las órdenes de sus superiores.[80] Poco después, se convirtió en un diagnóstico oficial denominado «trastorno de personalidad pasivo-agresiva», pero finalmente fue eliminado del *Manual diagnóstico* de la Asociación Estadounidense de Psiquiatría en la década de 1990.[81] Sus comportamientos asociados son contemplados a veces como un síntoma de otros trastornos mentales, como el narcisismo, pero no se considera una condición distinta.

Gabrielle Adams, profesora de la Universidad de Virginia que ha realizado diversos estudios sobre los conflictos interpersonales en el trabajo, define el comportamiento pasivo-agresivo como la ausencia de franqueza con respecto a lo que de verdad pensamos y la utilización de métodos indirectos para expresar los pensamientos y sentimientos.[82] Las personas suelen utilizar tácticas como las mencionadas anteriormente cuando quieren evitar decir que no a alguien o ser sinceras sobre lo que realmente sienten, o bien cuando intentan manipular una situación a su favor sin que resulte evidente.

Tomemos como ejemplo este texto que envié a mi marido el otro día: «Está bien. Si eso es lo que quieres hacer».

Yo quería que viniera a casa directamente después del trabajo para ayudar a pasear al perro, preparar la cena y supervisar los deberes de nuestro hijo, pero él quería hacer unos recados antes. En realidad, no era tan relevante que hiciera una cosa u otra. Al final de todos modos iba a volver a casa y yo no necesitaba su ayuda. Había hecho esas tareas por mi cuenta cientos de veces.

Entonces, ¿por qué envié ese mensaje? Fue un último esfuerzo por hacerle sentir culpable y manipularlo para que hiciera lo que yo quería. Y fue completamente pasivo-agresivo.

Las personas rara vez toman la decisión de comportarse de forma pasivo-agresiva de una manera consciente. Se trata más bien de una

80. Scott Wetzler y Leslie C. Morey, «Passive-Aggressive Personality Disorder: The Demise of a Syndrome», *Psychiatry*, 62 (1) (primavera de 1999), pp. 49-59, https://pubmed.ncbi.nlm.nih.gov/10224623/; Christopher Lane, «The Surprising History of Passive-Aggressive Personality Disorder», *Theory & Psychology*, 19 (1) (febrero de 2009), pp. 55-70, https://journals.sagepub.com/doi/abs/10.1177/0959354308101419.
81. Christopher J. Hopwood *et al.*, «The Construct Validity of Passive-Aggressive Personality Disorder», *Psychiatry*, 72 (3) (otoño de 2009), pp. 255-67, https://www.ncbi.nlm.nih.gov/pmc/articles/PMC2862968/.
82. Entrevista de la autora con Gabrielle Adams, 12 de enero de 2021.

reacción, a menudo impulsada por el miedo al fracaso o al rechazo, por el deseo de evitar el conflicto o por el anhelo de poder.

## Miedo al fracaso o al rechazo

Más que a agitar las aguas o a decir lo que realmente piensa, tu colega pasivo-agresivo puede tener miedo a parecer que no sabe lo que está haciendo o a ser rechazado por ti. La colega de Malik, Susan, parecía claramente interesada en figurar como alguien que sabía cómo completar los informes (aunque no hubiera ninguna razón por la que debiera saberlo).

En lugar de admitir que no puede hacer lo que le has pedido, un colega pasivo-agresivo te devuelve los problemas. Estar en el extremo receptor de este comportamiento puede ser desorientador y, tal como sintió Malik, puede parecer que esa persona intenta hacerte quedar mal a propósito o que se comporta de forma engañosa, cuando en realidad a menudo está intentando protegerse para no quedar mal. El profesor de Columbia E. Tory Higgins declaró al *New York Times*: «Algunas de las personas a las que se tilda de pasivo-agresivas se comportan, de hecho, de forma extremadamente cuidadosa para no cometer errores, una estrategia que les da buenos resultados». Se vuelven difíciles, dijo, «cuando sus instintos cautelosos se ven desbordados por exigencias que perciben como irrazonables».[83] En lugar de expresar sus sentimientos, los reprimen y se ofenden con la persona que les exige.

Me doy cuenta de que caigo en este tipo de reacción cuando me siento desbordada por las peticiones de otras personas. En lugar de reconocer que me siento desanimada e incapaz de ayudar, insinúo que se equivocaron al pedirlo.

Varias investigaciones han demostrado que ciertos tipos de jefes, en particular los que imponen normas estrictas, tienen la habilidad de desencadenar reacciones pasivo-agresivas en las personas.[84] Por ejemplo,

83. Benedict Carey, «Oh, Fine, You're Right. I'm Passive-Aggressive», *New York Times*, 16 de noviembre de 2004, https://www.nytimes.com/2004/11/16 /health/psychology/oh-fine-youre-right-im-passiveaggressive.html.

84. Nora J. Johnson y Thomas Klee, «Passive-Aggressive Behavior and Leadership Styles in Organizations», *Journal of Leadership & Organizational Studies*, 14 (2) (noviembre de 2007), pp. 130-42, https://journals.sagepub.com /doi/10.1177/1071791907308044.

uno de mis clientes de *coaching* trabajaba para un jefe autocrático que esperaba que todo el mundo abordara el trabajo de la misma manera y no perdonaba los errores. Como resultado, mi cliente y sus compañeros recurrían a excusas y a culpar a los demás cuando los proyectos no salían como se esperaba. Mi cliente había caído en un patrón de uso del sarcasmo para comunicar su frustración a sus colegas, lo que le había granjeado la reputación de pasivo-agresivo, cuando en realidad lo que quería era no cargar con toda la culpa cuando algo salía mal.

## Evitar el conflicto

Las personas que encajan en este arquetipo suelen evitar los conflictos. En lugar de expresar lo que piensan y sienten directamente, recurren a métodos más sutiles para comunicar sus pensamientos o su desacuerdo. Es posible que experiencias negativas anteriores en el lugar de trabajo les hayan enseñado que no es seguro discrepar abiertamente.

La cultura organizacional también puede representar un factor. En muchos lugares de trabajo, el desacuerdo directo y manifiesto no es la norma, por lo que algunas personas han aprendido a ser pasivo-agresivas como forma de conseguir lo que necesitan para hacer su trabajo. Las investigaciones han demostrado que cuando los objetivos de un equipo no están claros o el director no es explícito acerca de los parámetros que utilizará para evaluar el rendimiento individual, los empleados se comportan de forma pasivo-agresiva como medio de intentar entender lo que está sucediendo o de enfrentarse a la incertidumbre sobre su futuro en la empresa.[85]

Del mismo modo, los grandes cambios organizacionales, como los despidos, las fusiones o las reestructuraciones, pueden provocar conductas agresivo-pasivas si las personas se sienten vulnerables.[86] Esto sucede en especial cuando un empleado se siente despreciado por la empresa, cuando es rechazado para un ascenso o un aumento de sueldo o cuando se le niega algo que cree que se le debe, como un preciado destino. Esta violación del contrato psicológico entre el empleador y el empleado es comprensiblemente frustrante y, en lugar de hablar sobre lo que les

---

85. Johnson y Klee, «Passive-Aggressive Behavior».
86. D'Lisa N. McKee, «Antecedents of Passive-Aggressive Behavior as Employee Deviance», *Journal of Organizational Psychology*, 19 (4) (septiembre de 2019).

molesta, algunas personas toman represalias, a menudo de forma pasivo-agresiva.

Yo misma he pasado por eso: en cierta ocasión estuve molesta con un jefe que a mi entender se estaba demorando demasiado en concederme una promoción, de modo que empecé a salir del trabajo antes de tiempo alegando que tenía «citas personales». Al final se encaró conmigo por marcharme antes de tiempo y le confesé mi frustración. Me explicó que mi ascenso se hallaba en proceso, pero que estaba tardando. Todavía puedo oír su voz diciendo: «Por favor, ten paciencia».

## Expresión de impotencia

Aquellas personas que tradicionalmente tienen menos poder en la organización pueden emplear tácticas pasivo-agresivas como forma de ejercer influencia en caso de que otros enfoques más directos les parezcan peligrosos para sus carreras o reputaciones. En muchas culturas, por ejemplo, las mujeres están educadas para no decir lo que piensan. La conducta pasivo-agresiva es, por tanto, una forma socialmente más aceptable de expresar su opinión en estos contextos. El «doble vínculo» —tener que elegir entre ser percibida como competente pero no simpática, o simpática pero no apta para el liderazgo— también podría obligar a las mujeres a ocupar puestos en los que la conducta agresivo-pasiva es la única forma de dar a conocer sus necesidades o deseos, dado que ser directa o asertiva no se ajusta a las normas de género.[87] Esto no quiere decir que solo las mujeres se comporten de forma pasivo-agresiva. Estoy segura de que conoces a personas de todos los géneros que emplean estas tácticas. Lo ofrezco como ejemplo que ilustra la idea de por qué algunas personas que no siempre tienen el poder formal se sienten obligadas a recurrir a estos comportamientos.

La tabla 6-1 resume algunas de las causas profundas más comunes del comportamiento pasivo-agresivo.

---

87. Existen numerosos estudios y artículos sobre el doble vínculo al que se enfrentan las mujeres en el trabajo. El siguiente artículo me parece uno de los más descriptivos: Alice Eagly y Linda L. Carli, «Women and the Labyrinth of Leadership», *Harvard Business Review*, septiembre de 2007, https://hbr.org /2007/09/women-and-the-labyrinth-of-leadership.

**Tabla 6-1**

**Causas profundas más comunes del comportamiento pasivo-agresivo**

| Miedo al/a la... | Deseo de... |
|---|---|
| Fracaso | Perfección |
| Rechazo | Gustar |
| Conflicto | Armonía |
| Impotencia o falta de influencia | Ejercer el control |

# LOS COSTES DE TRABAJAR CON UNA PERSONA PASIVO-AGRESIVA

Con independencia del motivo de su comportamiento, tratar con un compañero pasivo-agresivo no es precisamente placentero. A menudo te cuestionas a ti mismo, preguntándote: «¿Me estoy imaginando estos ataques? ¿Estoy perdiendo la cabeza?». No sabes si puedes confiar en tu colega o no. Toda tu preocupación y tus cavilaciones sobre esas interacciones pueden dañar tu moral e incluso llevarte al agotamiento.

Las investigaciones demuestran que los costes no son solo para ti, sino también para la organización y sus resultados.[88] Cuando hay una persona (o varias) en un equipo que se comporta de forma pasivo-agresiva, es más probable que el equipo sea más lento a la hora de tomar decisiones, se comunique de forma ineficaz y se vea envuelto en conflictos poco saludables.

Según ha quedado demostrado en un estudio, las organizaciones con una cultura pasivo-agresiva son aproximadamente la mitad de rentables que sus homólogas. Los autores de dicho estudio describieron las empresas que entran en esa categoría de la siguiente manera: «En las organizaciones pasivo-agresivas, la gente sigue las directrices solo de boquilla, esforzándose apenas lo indispensable para parecer que las cumplen. Los

---

88. Michelle K. Duffy, Daniel C. Ganster y Milan Pagon, «Social Undermining in the Workplace», *The Academy of Management Journal*, 45 (2) (noviembre de 2017), pp. 331-51, https://journals.aom.org/doi/10.5465/3069350.

empleados se sienten libres de hacer lo que les parezca porque casi nunca hay consecuencias desagradables, y las propias directrices suelen ser erróneas y, por tanto, parecen dignas de cuestionamiento».[89]

¿Qué puedes hacer para evitar estos costes —para ti y para tu organización— y poner rumbo a una mejor relación con tu colega pasivo-agresivo? El primer paso, como con cualquier colega difícil, es reflexionar.

## PREGUNTAS PARA HACERTE A TI MISMO

Hazte las siguientes preguntas sobre la dinámica entre tu compañero pasivo-agresivo y tú.

### ¿Ese comportamiento tiene que ver contigo o puede ser provocado por algo más?

Es posible que la conducta de tu colega no tenga nada que ver contigo. Fíjate en las causas profundas más comunes de la tabla 6-1. ¿Podría tu compañero de trabajo sentirse inseguro? ¿Tener miedo a cometer errores? ¿Estar preocupado por su propia reputación y su carrera? ¿La cultura de la empresa fomenta el comportamiento pasivo-agresivo? Tal vez la última vez que planteó una preocupación o mostró desacuerdo, otro compañero de trabajo le echó la bronca. ¿Cuál es el nivel de seguridad psicológica que hay en tu equipo? ¿Se siente todo el mundo cómodo diciendo lo que piensa, o se castiga a la gente por expresar discrepancias?

### ¿Tu colega está intentando hacerte daño intencionadamente?

Sé honesto contigo mismo sobre si tu colega realmente la tiene tomada contigo. Gabrielle Adams distingue la conducta agresivo-pasiva común y corriente de la «mentira deliberada que pretende ocultar las intenciones de una persona».[90] A menudo atribuimos intenciones negativas a los

89. Gary L. Neilson, Bruce A. Pasternack y Karen E. Van Nuys, «The Passive-Aggressive Organization», *Harvard Business Review*, octubre de 2005, https://hbr.org /2005/10/the-passive-aggressive-organization.
90. Entrevista de la autora con Gabrielle Adams, 12 de enero de 2021.

demás donde no existen. ¿Es posible que esté luchando y descargue su ansiedad en ti?

Por supuesto, los objetivos de las personas no siempre están claros. Cuando tu colega deja de hacer su parte en un proyecto compartido o realiza comentarios sarcásticos sobre ti, podría estar tratando de encubrir sus propias deficiencias, o podría estar tratando de hacerte quedar mal para tener más posibilidades de que le asignen el proyecto favorito de tu jefe. Sé generoso en tus interpretaciones, pero también sé realista en relación con lo que está sucediendo.

### ¿Las experiencias pasadas con tu compañero pasivo-agresivo están tiñendo las interacciones actuales?

Cuando alguien ha actuado de forma pasivo-agresiva en el pasado, el «sesgo de confirmación» nos lleva a ver todo su comportamiento bajo la misma luz. Pregúntate si no estás interpretando las acciones de tu colega a través de una lente sucia y dando por hecho que está repitiendo los errores del pasado. Una forma de aumentar tu objetividad es pensar en un compañero de trabajo con el que te lleves bien y preguntarte: «¿Cómo interpretaría yo ese mismo comportamiento en esta persona?».

### ¿Cuándo es pasivo-agresiva esta persona?

A veces, las personas tienen comportamientos dañinos bajo ciertas condiciones, como cuando están estresadas, cuando trabajan con determinados colegas o cuando sienten que su autoridad, su seguridad laboral o sus valores están amenazados. Presta atención y determina cuándo tu compañero de trabajo es pasivo-agresivo. ¿Sucede en ciertas reuniones en particular? ¿O cuando está presente una determinada persona? ¿Se comunica mejor en persona que por correo electrónico (o viceversa)?

Reflexionar sobre estas cuestiones te ayudará a comprender mejor a tu colega y, sobre todo, a saber qué tácticas elegir.

## TÁCTICAS PARA PROBAR

Aunque no existe un guion universal para tratar con un compañero de trabajo pasivo-agresivo, las siguientes tácticas mejorarán las probabilidades de que os llevéis bien. Utiliza las que creas que pueden resultar más útiles en tu situación particular. Prueba una cosa (o dos), observa qué es lo que aprendes y haz los ajustes necesarios.

## Evita la etiqueta pasivo-agresivo

Es tentador reprender el comportamiento directamente. Pero decir «deja de ser tan pasivo-agresivo» solo empeorará las cosas. ¿Por qué? La frase está cargada de implicaciones, y es raro que alguien esté dispuesto a reconocer que es eso lo que está haciendo. Me sorprendería que tu colega dijera: «Sí, tienes razón. Dejaré de hacerlo». Lo más probable es que se enfade más y se ponga a la defensiva. Tampoco querrás atribuirle sentimientos que quizás no reconozca —o no esté dispuesto a admitir— como suyos. Lindred Greer, profesora de la Ross School of Business de la Universidad de Michigan, afirma que etiquetar las emociones de la gente puede ser contraproducente.[91] Como me dijo, «las posibilidades de que elijas la emoción correcta son tan escasas que es probable que te equivoques al etiquetar», lo que le frustrará aún más.[92] Decirle a un compañero de trabajo con el que estás en conflicto: «Pareces enfadado» o «Se diría que estás frustrado» no ayuda a reducir la tensión. ¿Qué deberías hacer en lugar de eso?

## Céntrate en el contenido, no en la forma de entrega

Intenta comprender lo que tu colega está tratando de decir realmente. ¿Cuál es la idea subyacente que intenta transmitir (aunque esté envuelta en un comentario sarcástico)? ¿Acaso cree que la forma en la que estás dirigiendo el proyecto no está funcionando? ¿O no está de acuerdo con los objetivos del equipo?

Recuerda que no todo el mundo se siente cómodo discutiendo abiertamente sus pensamientos y opiniones. Si consigues centrarte en la preocupación o pregunta subyacente de tu compañero de trabajo, en lugar de en la forma en que se expresa, podrás abordar el problema real.

91. Jeffrey Sanchez-Burks, Christina Bradley y Lindred Greer, «How Leaders Can Optimize Teams' Emotional Landscapes», *MIT Sloan Management Review*, 4 de enero de 2021, https://sloanreview.mit.edu/article/how-leaders-can-optimize -teams-emotional-landscapes/.
92. Entrevista de la autora con Lindred Greer, 12 de enero de 2021.

Con esta información sobre los pensamientos de tu compañero de trabajo, ya puedes ser más directo. Di algo como: «Hiciste una buena observación en la conversación que tuvimos el otro día. Esto es lo que te oí decir». Lo ideal es que eso permita a tu colega evasivo hablar con más franqueza sobre sus preocupaciones (hay más consejos sobre cómo hacerlo en la siguiente sección).

Eso es lo que hizo Meena con su colega Victor, que parecía empeñado en socavarla cada vez que colaboraban. Meena, formadora en liderazgo, valoraba la experiencia de Victor y a menudo le pedía que fuera su co-presentador, algo que él hacía con aparente gusto. Sin embargo, durante sus presentaciones a veces le robaba el protagonismo, interrumpiendo en muchos de los puntos clave que habían acordado que Meena compartiría con el público. Los intentos de Meena de tratar con Victor directamente no funcionaron: él se limitaba a negar que estuviera haciendo nada malo. Buscando la motivación que pudiera subyacer al sabotaje de Victor, Meena empezó a sospechar que a él no le gustaba el hecho de que ella fuera considerada la experta en la materia.

Basándose en su corazonada, probó una táctica diferente, apelando a la experiencia de Victor durante sus sesiones de planificación. Decía cosas tales como: «Sé que cuentas con mucha experiencia en este campo y quiero que tengas la oportunidad de compartir lo que sabes». Y eso ayudó: sus presentaciones conjuntas se hicieron mucho más fluidas gracias a los esfuerzos de Meena por compartir el protagonismo. Reconoce que lo que realmente quería de Víctor era una disculpa, pero al final bastó con que dejara de socavarla.

No veas en el enfoque empático de Meena una forma de dejar que tu compañero de trabajo salga de rositas después de su mal comportamiento. Por el contrario, considéralo una forma de empujarle a ser más productivo en sus interacciones y, en lo que a ti respecta, de conseguir lo que necesitas.

## Inicia una conversación

Por supuesto, es posible que no entiendas del todo lo que tu compañero de trabajo quiere realmente. Si expresa su entusiasmo cuando le pides que te ayude en un proyecto, pero luego no se presenta a las reuniones ni responde a tus correos electrónicos, puede ser difícil entender por qué te está dando largas. Pero dedica un tiempo a pensar en posibles explicaciones. En la negociación, esto se conoce como evaluar los intereses de la otra persona. ¿Qué le interesa? ¿Qué quiere conseguir?

A continuación, haz lo que Gabrielle Adams denomina «prueba de hipótesis»: pregunta —con respeto y sin juzgar— sobre lo que está pasando. Por ejemplo, puedes decir: «Me he dado cuenta de que no has respondido a mis correos electrónicos. ¿Sucede algo malo? No quiero meterme donde no me llaman, pero me gustaría asegurarme de que todo va bien».

La psicóloga social Heidi Grant dice que es beneficioso «crear un entorno seguro para que la persona hable contigo de lo que le molesta. Debes desplegar la alfombra roja a la posibilidad de una conversación directa con él, de modo que no sienta la necesidad de ser pasivo-agresivo».[93] Grant sugiere que le dejes claro que te interesa su punto de vista, por muy difícil que te resulte escucharlo.

La ventaja de iniciar una conversación como esta es que permite a esa persona etiquetar su propio comportamiento y sus emociones. Si tu colega reconoce cómo se siente realmente (aunque no hay garantía de que lo haga), está un paso más cerca de romper con el hábito de responder de forma pasivo-agresiva.

## No caigas en la tentación del correo electrónico o el mensaje de texto

Hay que tener en cuenta que el correo electrónico y las plataformas de chat son un medio horrible para cualquier conversación difícil, pero especialmente para una con un colega pasivo-agresivo. Si tu compañero de trabajo te incita por escrito, responde de forma profesional y breve. Por ejemplo, si escribe: «No estoy seguro de que hayas visto mi último correo electrónico», puedes responder con un simple: «Gracias por el recordatorio». Si te escribe: «Tal como hemos hablado antes», y recapitula una conversación que ambos sabéis que habéis tenido, puedes responder con un: «Gracias por el resumen». Exhibe la franqueza respetuosa que desearías que tu colega mostrara. No muerdas el anzuelo. Si te resulta imposible mantenerte al margen, coge el teléfono o programa una videollamada o una reunión cara a cara. Esto obligará a tu colega a hablar contigo de forma más directa.

---

93. Entrevista de la autora con Heidi Grant, 1 de febrero de 2021.

## Haz peticiones directas

Puedes ser incluso más directo. Como he mencionado antes, acusar a tu colega de ser pasivo-agresivo es poco probable que funcione, pero puedes llamar la atención sobre lo que está pasando. Con esta táctica, es mejor ceñirse a los hechos: las cosas que sabes con seguridad, sin emociones, juicios o exageraciones. Podrías empezar diciendo: «Dijiste que querías ayudar en este proyecto y no has asistido a las tres reuniones que hemos tenido hasta ahora. No has respondido al correo electrónico que te envié la semana pasada en relación con los próximos pasos». Acto seguido, explica el impacto que estas acciones han tenido en ti: «Estoy decepcionado y estresado porque no soy capaz de hacer todo el trabajo yo mismo y esperaba contar con tu ayuda». Por último, y esta es la parte complicada, haz una petición directa: «Si sigues interesado en ayudar, y espero que así sea, me gustaría que asistieras a las reuniones. Si no puedes, necesito saberlo ahora para encontrar una alternativa».

Ten en cuenta que un sujeto pasivo-agresivo probablemente desviará la responsabilidad («¡Supuse que mi asistencia era opcional!»; «Dije que podría ayudar, pero nunca me comprometí»), así que no te sorprendas si recibes una respuesta negativa. Puede que incluso intente tergiversar tus palabras o sacar tus comentarios de contexto: «Te he oído decir que no querías a nadie más en esa reunión». En esos casos, responde con calma, sin ponerte a la defensiva: «Lo que quise decir fue...». Incluso puedes añadir: «Perdona si no ha quedado claro» o «Ha debido de haber un error de comunicación». No entres en un tira y afloja sobre quién tiene razón y quién no. Y recuerda que solo puedes controlar tu mitad de la interacción: no puedes asegurar una respuesta productiva. Sin embargo, al reconocer respetuosamente el comportamiento de tu colega, le haces saber que has tomado nota de su conducta pasivo-agresiva y que eres una persona directa que no piensa dejar que se salga con la suya.

## Obtén el apoyo del equipo

Es más fácil quedar atrapado en la típica e interminable guerra de «Estás loco», «No, no lo estoy», etc., cuando solo sois vosotros dos. De modo que pide ayuda a tus compañeros de equipo. No es necesario que te pongas en contra de nadie, pero tampoco tienes que enfrentarte a la situación tú solo.

Empieza preguntando si otros observan compórtamientos similares. Enmarca tus preguntas como un intento de mejorar la relación de forma constructiva, para que no parezca que estás chismorreando o hablando mal de tu colega. Puedes preguntar algo así como: «Me preguntaba cómo os ha sentado el comentario de Shawn. ¿Cómo lo habéis interpretado?».

Si tus compañeros de equipo confirman que se está dando un comportamiento contraproducente, podéis decidir juntos cómo proceder. Por ejemplo, puede ser útil establecer directrices sobre cómo interactuarán todos los miembros del equipo. Podéis decidir colectivamente que, cuando estéis debatiendo los siguientes pasos, cada uno se comprometa verbalmente a lo que va a hacer, en lugar de confiar en los asentimientos de cabeza o asumir que el silencio equivale a conformidad. También puedes tomar notas sobre quién debe hacer qué y cuándo, para que haya elementos de acción y plazos claros que puedas distribuir después.

Si tu colega niega más tarde estar de acuerdo con algo o no cumple con su parte, el equipo puede ayudar a hacerle responsable de la situación. Incluso los peores infractores suelen ceder ante la presión de los compañeros y la responsabilidad pública.

Tomemos este ejemplo de Mitch, que trabajaba en la oficina de orientación estudiantil de un instituto público. Tenía problemas con su colega Alicia. «Ella estaba de acuerdo con el plan en la reunión, pero luego lo saboteaba al no cumplirlo», explicó. Alicia respondía a la defensiva: «No es así como lo recuerdo», o «No creía que hubiéramos finalizado el plan». Él intentaba hablar de estos «malentendidos» con ella, pero Alicia siempre se encogía de hombros. «Decía que estaba ocupada o que no tenía tiempo para hablar», según Mitch.

Cuando Mitch informó a Rita, su jefa y la de Alicia, de que cierto proyecto no se había llevado a cabo debido a esta confusa dinámica, Rita dijo que ella también se había dado cuenta del patrón. Juntos idearon un plan para hacer que Alicia asumiera su responsabilidad. «Ella y yo acordamos que pediría públicamente a un voluntario que tomara notas en cada reunión, [registrando] quién sería el responsable de realizar cada tarea y para cuándo», recordaba Mitch. Él fue el primer voluntario.

El enfoque funcionó. Después de que Mitch enviara la lista de tareas, Alicia no podía poner excusas. Era responsable ante todos los que asistían a las reuniones. Y a Mitch no le importó el trabajo adicional: «El esfuerzo extra que hice fue menor que el tiempo que me había pasado

A continuación te ofrecemos algunas muestras lingüísticas que pueden darte ideas sobre cómo mantener conversaciones productivas con tu colega pasivo-agresivo.

### Céntrate en el contenido, no en la forma de entrega

«Lo que te oí decir fue...».

«Entiendo que lo que acabas de decir significa... ¿Estoy en lo cierto?».

«Me he dado cuenta de que te apartaste de la mesa [o pusiste los ojos en blanco]. ¿Cuál es tu reacción a este debate?».

«Te he oído decir [resumen rápido], pero no estaba seguro de si querías decir otra cosa. ¿Hay algo que no estoy entendiendo?».

### Obtén ayuda del equipo

«Me preguntaba cómo os ha sentado el comentario de Rachel. ¿Cómo lo habéis interpretado?».

«Vamos a asegurarnos de que tenemos claros los próximos pasos. ¿Alguien quiere hacer un resumen de quién va a hacer qué? Tomaré notas y os las repartiré después».

### Sé directo

«Hiciste una buena observación en la conversación que tuvimos el otro día. Esto es lo que te oí decir».

«Me he dado cuenta de que no has respondido a mis correos electrónicos. ¿Sucede algo? No quiero meterme donde no me llaman, pero me gustaría asegurarme de que todo va bien».

### Gestionar a un pasivo-agresivo

«Me preocupa que no hayas planteado esto durante la reunión. ¿Esperas que el grupo pueda volver a tratar este tema?».

«¿Tenemos alguna nueva información que implique que debemos reconsiderar la decisión que ya hemos tomado?».

echando pestes de mi compañera de trabajo y terminando las tareas que dejaba a medias. En realidad, esto ayudó a todos los miembros de nuestro departamento a ser más productivos y es algo que deberíamos haber hecho hace mucho tiempo».

Establecer normas sanas como equipo dará sus frutos á largo plazo. Diversos estudios han demostrado que un enfoque basado en el equipo como el que utilizó Mitch reduce la incivilidad en general.[94] Juntos podéis acordar ser más francos con respecto a vuestras frustraciones y dar forma colectivamente a las interacciones honestas y directas que queréis que se produzcan.

## Si eres un directivo, tienes la responsabilidad de actuar

Si diriges un equipo en el que uno o más miembros actúan de forma pasivo-agresiva, no demores la intervención: este comportamiento corroe la confianza y la seguridad psicológica. Tienes la responsabilidad de dejar claro que no se tolera el comportamiento solapado. Debes comenzar por el establecimiento de normas de grupo como las mencionadas anteriormente y por el refuerzo de las mismas de cualquier forma posible: en reuniones de equipo, en eventos importantes y mediante el reconocimiento. La idea es capacitar al grupo para que cada uno de sus miembros se responsabilice de ser respetuoso y deje de recompensar la conducta pasivo-agresiva y otros comportamientos perjudiciales.

También hay que hacer que la gente pueda disentir, debatir y expresar sus verdaderas opiniones. No quieres que actúen como si estuvieran de acuerdo pero que se socaven mutuamente o no estén de acuerdo en privado. Patrick Lencioni, autor de *The Five Dysfunctions of a Team*, se refiere a este fenómeno como «armonía artificial» y explica que crea un caldo de cultivo para la conducta pasivo-agresiva. «Cuando los miembros de un equipo no debaten abiertamente y no están de acuerdo con las ideas importantes, suelen recurrir a los ataques personales por la espalda, que son mucho más desagradables y dañinos que cualquier discusión acalorada sobre los temas en cuestión», escribe. «Lejos de la idea de que

94. Pauline Schilpzand, Irene De Pater y Amir Erez, «Workplace Incivility: A Review of the Literature and Agenda for Future Research», *Journal of Organizational Behavior*, 37 (S1) (febrero de 2016), pp. S57-S88, https://doi.org /10.1002/job.1976.

los equipos pierden tiempo y energía cuando discuten, quienes evitan el conflicto en realidad se condenan a enfrentarse a los problemas una y otra vez, sin resolverlos».[95]

Céntrate en las ventajas de abordar el conflicto directamente y establece algunas reglas básicas. Puedes decir al grupo: «Me preocupa que no estemos aprovechando nuestras reuniones para compartir todas nuestras opiniones». Y no dudes en enfrentarte directamente a los comportamientos contraproducentes. Por ejemplo, puedes decir: «Dos o tres personas vienen a mi despacho después de cada reunión para debatir cosas que deberían haberse planteado en la reunión; eso es un síntoma de que no estamos colaborando eficazmente, y no es un buen uso de nuestro tiempo». Al señalar con calma y de forma directa los casos de conducta agresivo-pasiva, sin señalar a nadie, contribuyes a que la comunicación franca sea el estándar al que se atenga todo el mundo.

• • •

¿Recuerdas a Malik, al principio de este capítulo? Intentó un sinfín de tácticas con Susan, su compañera de trabajo pasivo-agresiva que no admitía no saber hacer los informes en los que él debía formarla. Al principio, nada funcionó. Susan siguió mintiendo. Malik encontró consuelo en sus demás compañeros. «Por suerte para mí, no era el único al que trataba mal. Otras dos personas de nuestro departamento se dieron cuenta de lo mismo, así que pudimos compadecernos mutuamente», dice. No eran sesiones de quejas improductivas. Más bien les permitían desahogarse. «Tenía la opción de estar enfadado en el trabajo todos los días o la de ignorar su comportamiento», relata Malik.

Malik decidió centrarse en aquello que podía controlar: él mismo. Cuando Susan trataba de decir que ya sabía cómo hacer algo, Malik asentía y continuaba explicando cómo hacerlo. Le producía frustración tener que fingir que el comportamiento de ella no le resultaba difícil, pero al centrarse en lo que había que hacer ya no quedaba mal ante su jefe. Y, con el tiempo, a medida que Susan se sentía más cómoda en su papel, se fue poniendo cada vez menos a la defensiva.

---

95. Patrick Lencioni, *The Five Dysfunctions of a Team: A Leadership Fable* (San Francisco: Jossey-Bass, 2002).

En ocasiones, las tácticas expuestas en este capítulo realmente cambiarán las cosas, mientras que en otras, como en el caso de Malik, no lo harán del todo. Pero tu desafiante compañero de trabajo no tiene por qué arruinar tu día, tu semana y, desde luego, tu carrera. Céntrate en lo que te gusta de tu trabajo y en los compañeros con los que disfrutas trabajando. Ese tipo de optimismo te ayudará, sobre todo con alguien que te obliga a luchar con un enemigo imaginario.

## TÁCTICAS PARA RECORDAR
### El pasivo-agresivo

### SÍ:

- Trata de comprender la idea subyacente que intenta transmitir.
- Deja claro que te interesa su punto de vista, aunque no sea el que él cree que quieres escuchar.
- Concéntrate en los hechos: las cosas que sabes con seguridad, sin emociones, juicios o exageraciones.
- Estableced directrices sobre la forma en que todos los miembros del equipo –o de un proyecto concreto– van a interactuar. Por ejemplo, cuando estéis debatiendo los siguientes pasos, decidid que cada uno se comprometerá verbalmente a lo que hará, en lugar de confiar en los asentimientos de cabeza o asumir que el silencio equivale a conformidad.
- Acordad ser sinceros como equipo en relación con cualquier frustración y dad forma a las interacciones honestas y directas que queréis que se produzcan.

**NO:**

- No te tomes su comportamiento como algo personal: aunque te sientas el blanco de sus ataques, lo más probable es que trate a otras personas de forma similar.
- No le acuses de comportarse de forma pasivo-agresiva: eso solo empeorará la situación.
- No trates de adivinar lo que siente: etiquetar mal sus emociones puede llevar a una mayor desconfianza.
- No caigas en la tentación de responder airadamente a un correo electrónico o un mensaje de texto pasivo-agresivo: desconecta de la conversación.

# 7
# El sabelotodo

**«Bueno, en realidad...»**

L ucia temía relacionarse con su colega Ray. Las reuniones progra-
madas para una hora duraban dos. Una vez que Ray empezaba a
hablar, no paraba. «Le encantaba que le oyeran, así que siempre
hablaba y hablaba con cualquiera que quisiera escucharle», me dijo.

Sus colegas y ella intercambiaban miradas cómplices cuando Ray se
lanzaba a uno de sus monólogos. Si la gente intentaba interrumpirle, levan-
taba la voz para hablar por encima de ellos. El mensaje implícito de estas
diatribas era que él sabía lo que el equipo y la empresa necesitaban y que
todos los demás debían escuchar. «No hay duda de que se trataba de un
hombre inteligente», dice Lucia, «pero apenas hacía nada al margen de
hablar de todo lo que sabía. Delegaba casi todo su trabajo en los demás».

La mayoría de nosotros hemos tratado con un compañero de trabajo
como Ray en algún momento de nuestra carrera. El sabelotodo que está
convencido de ser la persona más inteligente de la sala, que acapara el
tiempo de conversación en las reuniones y que no tiene reparos en interrumpir a los demás. El que te informa alegremente de lo que es correcto,
aunque esté claramente equivocado, le falte información o no entienda
los matices de una situación.

He aquí algunos de los rasgos distintivos del sabelotodo de oficina:

- Muestra una actitud de «a mi manera y punto».
- Monopoliza las conversaciones, se niega a ser interrumpido y ha-
  bla por encima de los demás.
- Coloca sus propias ideas como superiores.
- Se niega a escuchar o a prestar atención a las críticas o evaluacio-
  nes.

- Habla en tono condescendiente.
- Explica cosas que los demás ya entienden.
- Raramente hace preguntas o muestra curiosidad.
- Roba o no comparte el mérito de los éxitos del grupo.
- Entra en las conversaciones sin ser invitado.

Lucia se sentía atrapada cada vez que hablaba con Ray y mentía para librarse de las reuniones con él. No le gustaba recurrir a tales tácticas, pero no sabía bien de qué otra forma podía gestionar su actitud condescendiente y el tiempo que perdía con sus pontificaciones diarias.

¿Debería Lucia haberle llamado la atención a Ray sobre su estilo dominante? ¿O debería haber encontrado formas más sutiles de tratar con él? ¿Cómo se trabaja con alguien que tiene un ego tan grande?

El primer paso para mejorar la relación de trabajo con alguien como Ray es entender qué es lo que le mueve.

## EL TRASFONDO DEL COMPORTAMIENTO DEL SABELOTODO

Cuando hablamos de nuestros colegas sabelotodo, solemos utilizar términos como «ególatra o narcisista». Pero hay que tener cuidado con estas etiquetas. El narcisismo es un trastorno psiquiátrico que se caracteriza por la búsqueda de atención, un fuerte sentido de la autoimportancia, una falta de empatía y una tendencia a la autopromoción. Tu colega puede presentar algunos de estos rasgos (o quizás todos), pero es poco probable que se le diagnostique un trastorno narcisista de la personalidad; el narcisismo patológico es poco frecuente, ya que solo se da en el 0,5% de la población estadounidense, por ejemplo.[96] Al igual que sucede con los demás arquetipos de este libro, es mejor que dediques tus esfuerzos a responder de forma productiva a la arrogancia de tu colega, en lugar de a diagnosticarlo.

96. Rebecca Webber, «Meet the Real Narcissists (They're Not What You Think)», *Psychology Today*, 15 de septiembre de 2016, https://www.psychologytoday.com /us/articles/201609/meet-the-real-narcissists-theyre-not-what-you-think; Sheenie Ambardar, «Narcissistic Personality Disorder», *Medscape*, última actualización del 16 de mayo de 2018, https://emedicine.medscape.com/article /1519417-overview#a5.

El término *kwow-it-all* («sabelotodo») se utilizó por primera vez en la lengua inglesa a finales del siglo XIX, aunque la arrogancia, estoy segura, existe desde hace mucho más tiempo. Por desgracia, es probable que este arquetipo haya persistido, no solo en los lugares de trabajo sino en la sociedad en general (¿no es así en la política estadounidense?), porque a menudo recompensamos el comportamiento asociado. Si las personas que son humildes y admiten que no siempre tienen las respuestas llegaran al poder con regularidad, quizás tendríamos menos historias de sabelotodos en nuestras vidas. Pero nos encanta la confianza, en nosotros mismos y en los demás.

## Sesgo de exceso de confianza

Los científicos que estudian la toma de decisiones obtienen pruebas constantes de que tendemos a considerarnos mejores de lo que realmente somos.[97] Los estudiantes sobrestiman los resultados que obtendrán en los exámenes.[98] Los estudiantes de un MBA sobrestiman el número de ofertas de trabajo que recibirán y su salario inicial.[99] Y los desempleados suelen sobrestimar la facilidad con la que conseguirán trabajo.[100] La investigación también ha demostrado que el exceso de confianza es contagioso.[101] Si alguien de tu equipo, ya sea un compañero o un líder, muestra una confianza exagerada en sus capacidades,

97. Mark D. Alicke *et al.*, «Personal Contact, Individuation, and the Better -Than-Average Effect», *Journal of Personality and Social Psychology*, 68 (5) (1995), pp. 804-25, https://doi.org/10.1037/0022-3514.68.5.804; David Dunning, *Self-Insight: Roadblocks and Detours on the Path to Knowing Thyself* (Nueva York: Psychology Press, 2005).
98. James A. Shepperd, Judith A. Ouellette y Julie K. Fernandez, «Abandoning Unrealistic Optimism: Performance Estimates and the Temporal Proximity of Self-Relevant Feedback», *Journal of Personality and Social Psychology*, 70 (4) (1996), pp. 844-55, https://doi.org/10.1037/0022-3514.70.4.844.
99. Stephen J. Hoch, «Counterfactual Reasoning and Accuracy in Predicting Personal Events», *Journal of Experimental Psychology: Learning, Memory, and Cognition*, 11 (4) (1985), pp. 719-31, https://doi.org/10.1037/0278-7393.11.1-4.719.
100. Johannes Spinnewijn, «Unemployed but Optimistic: Optimal Insurance Design with Biased Beliefs», *Journal of the European Economic Association*, 13 (1) (febrero de 2015), pp. 130-67, https://doi.org/10.1111/jeea.12099.
101. Joey T. Cheng *et al.*, «Overconfidence Is Contagious», *Harvard Business Review*, 17 de noviembre de 2020, https://hbr.org/2020/11/overconfidence -is-contagious.

es más probable que tú también experimentes un exceso de seguridad en ti mismo.

Una de mis medidas favoritas para calibrar nuestro exceso de confianza es la calificación que nos damos a nosotros mismos como conductores de automóbiles. Un estudio reveló que el 74% de los conductores con carné creen que son mejores que la media, lo que constituye claramente una imposibilidad estadística.[102]

La confianza es algo bueno, siempre que esté respaldada por la aptitud, pero, por desgracia, no siempre es así.

Tomas Chamorro-Premuzic, profesor de psicología empresarial, ha asumido la misión durante la última década de arrojar luz sobre el problema del exceso de confianza en las organizaciones. En 2013 escribió un artículo que se convirtió en uno de los más populares publicados por la *Harvard Business Review*, titulado «Why Do So Many Incompetent Men Become Leaders?». En él, y en el libro del mismo nombre, su autor explica que cuando se trata de aptitudes difíciles de medir objetivamente, como el «liderazgo», nos basamos en la forma en la que el individuo se presenta para evaluar su desempeño.[103] No se puede hacer un test sobre liderazgo y obtener una puntuación imparcial. De modo que, en lugar de eso, dejamos que la gente nos diga lo buenos que son y acabamos mezclando la confianza con la aptitud, hasta el punto de que tendemos a creer que la confianza, en sí misma, es un rasgo que hace grandes a los líderes, cuando, de hecho, existen numerosas evidencias de que los mejores líderes, ya sea en los negocios, los deportes o la política, son humildes.[104]

Como indica el título del citado artículo, hay un componente de género en este fenómeno: los hombres son más propensos a mostrar confianza (o exceso de confianza) que las mujeres.[105] Esto se debe a la for-

---

102. Allan Williams, «Views of U.S. Drivers about Driving Safety», *Journal of Safety Research*, 34 (5) (2003), 491-94, https://doi.org/10.1016/j.jsr.2003.05.002.

103. Tomas Chamorro-Premuzic, «How to Spot an Incompetent Leader», *Harvard Business Review*, 11 de marzo de 2020, https://hbr.org/2020/03/how-to-spot-an-incompetent-leader.

104. Jeanine Prime y Elizabeth Salib, «The Best Leaders Are Humble Leaders», *Harvard Business Review*, 12 de mayo de 2014, https://hbr.org/2014/05/the-best-leaders-are-humble-leaders.

105. Katty Kay y Claire Shipman, «The Confidence Gap», *The Atlantic*, mayo de 2014, https://www.theatlantic.com/magazine/archive/2014/05/the-confidence-gap/359815/.

ma en que se socializa y se recompensa a las personas: las mujeres, por ejemplo, suelen ser castigadas por presumir de sus propias capacidades y logros.[106] Como escribe Chamorro-Premuzic, «la verdad es que en casi todo el mundo los hombres tienden a pensar que son mucho más inteligentes que las mujeres».[107] Esto lleva a un tipo particular de comportamiento sabelotodo: el *mansplaining*.

## Mansplaining

La mayoría de nosotros estamos ya familiarizados con este fenómeno, que el *Merriam-Webster* define como «lo que ocurre cuando un hombre habla condescendientemente a alguien (especialmente a una mujer) sobre algo de lo que tiene un conocimiento incompleto, con la suposición errónea de que él sabe más que su interlocutor». El término ha ganado popularidad en la última década. El *New York Times* lo incluyó en su lista de palabras del año en 2010, y se añadió a la versión en línea de los *Diccionarios Oxford* en 2014. (Véase más adelante la sección «Una nota rápida sobre el *mansplaining*»).

La mayoría de la gente atribuye a la escritora Rebecca Solnit la denominación de este fenómeno en su ensayo de 2008 *Men Explain Things to Me*.[108] Entonces no utilizó el término *mansplaining*, pero describió el fenómeno, que tocó la fibra sensible de las mujeres y de otros grupos infravalorados.

Las investigaciones han revelado desde entonces que se trata de algo más que una molestia anecdótica. Los estudios demuestran que los hombres, especialmente los poderosos, hablan más en las reuniones.[109] Cuando las mujeres son superadas en número por los hombres en un

---

106. Stéphanie Thomson, «A Lack of Confidence Isn't What's Holding Back Working Women», *The Atlantic*, 20 de septiembre de 2018, https://www.theatlantic.com /family/archive/2018/09/women-workplace-confidence-gap/570772/.
107. Tomas Chamorro-Premuzic, «¿Por qué tantos hombres incompetentes se convierten en líderes?», *Harvard Business Review*, 22 de agosto de 2013, https://hbr.org/2013/08/why-do-so-many-incompetent-men.
108. Rebecca Solnit, «Men Who Explain Things», *Los Angeles Times*, 13 de abril de 2008, https://www.latimes.com/archives/la-xpm-2008-apr-13-op -solnit13-story.html.
109. Victoria L. Brescoll, «Who Takes the Floor and Why: Gender, Power, and Volubility in Organizations», *Administrative Science Quarterly*, 56 (4) (febrero de 2012), pp. 622-41, https://journals.sagepub.com/doi/10.1177/0001839212439994.

grupo, hablan entre un cuarto y un tercio menos de tiempo que estos.[110] Los hombres también interrumpen a los demás con más frecuencia y son menos propensos a ceder cuando son interrumpidos.[111] Una revisión de quince años de las transcripciones de las argumentaciones orales del Tribunal Supremo de EE. UU. reveló que los jueces varones interrumpen a las juezas aproximadamente tres veces más que ellas.[112]

Tanto si el género desempeña un papel en tus interacciones con tu colega sabelotodo como si no, existen otros factores que podrían estar contribuyendo a su altanería: la cultura organizacional o regional, el poder o la inseguridad.

## Los posibles orígenes de la fanfarronería de tu compañero de trabajo

Numerosas culturas empresariales recompensan a aquellas personas que actúan como si tuvieran todas las respuestas. ¿Los empleados que exponen sus ideas con convicción tienden a obtener más apoyo para esas ideas en su lugar de trabajo? Si las personas parecen inseguras, ¿se las considera débiles? En muchas empresas, la toma de decisiones es un deporte de competición, más que un esfuerzo de colaboración, y actuar como si se supiera todo es una astuta técnica de supervivencia.

La cultura nacional o regional también puede influir. La profesora de la Harvard Business School Francesca Gino atribuye su tendencia a interrumpir a su cultura natal. «Los italianos somos a menudo expresivos y verbales, y tendemos a considerar las interrupciones una señal de interés en la conversación más que una falta de interés en lo que se

110. Christopher F. Karpowitz, Tali Mendelberg y Lee Shaker, «Gender Inequality in Deliberative Participation», *American Political Science Review*, 106 (3) (2012), pp. 533-47, https://www.cambridge.org/core/journals/american -political-science-review/article/abs/gender-inequality-in-deliberative -participation/CE7441632EB3B0BD21CC5045C7E1AF76.
111. Kim Goodwin, «Mansplaining, Explained in One Simple Chart», BBC, 29 de julio de 2018, https://www.bbc.com/worklife/article/20180727-mansplaining -explained-in-one-chart.
112. Tonja Jacobi y Dylan Schweers, «Female Supreme Court Justices Are Interrupted More by Male Justices and Advocates», *Harvard Business Review*, 11 de abril de 2017, https://hbr.org/2017/04/female-supreme-court-justices -are-interrupted-more-by-male-justices-and-advocates.

está diciendo», ha escrito.[113] Aunque es importante no dar por sentado que todos los miembros de una determinada cultura se comportan de la misma manera, la investigación ha demostrado que Gino tiene razón: algunas culturas, como las de Italia, Alemania e Israel, tienden a considerar la asertividad como una expresión de compromiso.[114] Tal vez tu colega difícil proceda de uno de estos lugares, o tal vez tú encuentres la grandilocuencia especialmente ofensiva porque perteneces a una cultura que suele valorar la modestia y la humildad.

En su investigación, Gino también descubrió otros factores motivadores de la arrogancia, en particular el poder. En un estudio, ella y sus coautores indujeron a algunos participantes a sentirse poderosos pidiéndoles que escribieran sobre un momento en el que hubieran tenido autoridad sobre otros. Estas personas eran más propensas que aquellos participantes que no habían realizado dicho ejercicio a valorar sus ideas por encima de las de un asesor informado a la hora de tomar una decisión. En otro estudio, el grupo que había escrito de antemano sobre ese momento de poder dominaba las discusiones e interrumpía con frecuencia.[115]

Muchos de los sabelotodos con los que he trabajado trataban de encubrir su incompetencia o sus inseguridades, de forma consciente o inconsciente. Esto puede ser especialmente acusado cuando alguien es nuevo en la organización o en una función (pensemos en los directores primerizos).

En cierta ocasión trabajé con un cliente de *coaching* —un director de logística de una empresa manufacturera— que, sin saberlo, intentaba demostrar su valía ante sus nuevos colegas. La jefa de RR. HH. me había hecho venir por la tensión que existía en el equipo directivo desde que Boris se había incorporado a la empresa. Me explicó que Boris estaba granjeándose la antipatía de sus compañeros al empezar regularmente las frases con «En mi último trabajo...». Esto hacía que los demás pensaran que se sentía superior a ellos.

Cuando me senté con Boris y sus colegas, repitió ese mismo estribillo dos veces durante los primeros quince minutos de la conversación. Afor-

---

113. Francesca Gino, «How to Handle Interrupting Colleagues», *Harvard Business Review*, 22 de febrero de 2017, https://hbr.org/2017/02/how-to-handle-interrupting-colleagues.
114. Erin Meyer, *The Culture Map: Breaking Through the Invisible Boundaries of Global Business* (Nueva York: PublicAffairs, 2014).
115. Gino, «How to Handle Interrupting Colleagues».

tunadamente, pude llamarle la atención con calma: «No creo que seas consciente de ello, pero ya has mencionado a tu anterior empleador dos veces». Él no tenía ni idea. Más tarde me confesaría que solo intentaba demostrar su valía. «Pensé que me habían contratado por lo que había hecho y aprendido en ese puesto anterior», explicó. Era un hábito difícil de abandonar, y seguía teniendo deslices de vez en cuando, pero sus colegas, al saber que no estaba presumiendo de forma deliberada, fueron mucho más indulgentes.

Hablar de los propios logros es una táctica comprensible pero errónea que suelen emplear las personas que, como Boris, no están seguras de sí mismas y quieren demostrar su valor en un nuevo puesto o equipo. Sin embargo, con independencia de la motivación que haya tras el comportamiento de sabelotodo, existen costes claros.

## LOS COSTES DE TRABAJAR CON UN SABELOTODO

Admito que, de todos los arquetipos de este libro, este es con el que más me identifico. No porque haya trabajado con muchas de estas personas, sino porque yo misma he actuado a menudo como una sabelotodo. No estoy orgullosa de las veces que, henchida de confianza, he proclamado algo que en realidad no sabía con seguridad o he actuado como si supiera más que todos los presentes. Soy consciente de que cuando afirmo algo con certeza —incluso cuando la seguridad que proyecto es desproporcionada con respecto a la certeza que realmente siento— es probable que la gente me escuche.

Pero también he visto las desventajas de este enfoque: cómo mi seguridad en mí misma ha silenciado la curiosidad de un colega, o cómo mi actitud condescendiente ha hecho que un amigo se sienta pequeño.

Y, lo que es peor, trabajar con un sabelotodo puede obstaculizar tu carrera. Aunque la intención de tu colega sea ayudarte a entender algo, a menudo resulta condescendiente y humillante, lo que puede dañar tu confianza y hacer que te reprimas en reuniones y conversaciones importantes. Cuando alguien te habla con paternalismo, especialmente delante de los demás, pone en cuestión tu experiencia y puede dar licencia a los demás para que no tengan en cuenta tus ideas. Todo esto puede afectar al trato que recibes, por no hablar de tus evaluaciones de rendimiento, ascensos y bonificaciones. También puede dañar la moral del equipo al generar resentimiento, lo que dificulta el trabajo conjunto.

También hay consecuencias para las empresas. Chamorro-Premuzic me dijo que «tener personas incompetentes que se creen mejores de lo que realmente son pone en desventaja a las empresas que dirigen. Esas organizaciones no tienen el talento que necesitan para estar a la altura de cualquier reto al que se enfrenten».[116]

Entonces, ¿cómo puedes evitar estos costes y hacer que las interacciones con tu compañero de trabajo sabelotodo sean no solo menos molestas, sino también menos perjudiciales? Veamos las preguntas que hay que responder antes de tomar medidas.

# PREGUNTAS PARA HACERTE A TI MISMO

Hay varias preguntas que deberías hacerte antes de decidir cómo tratar a tu compañero de trabajo egocéntrico.

## ¿Intenta demostrar algo?

No todos los sabelotodo pretenden demostrar algo, por supuesto, pero es muy probable que el egocentrismo de tu colega esté compensando alguna deficiencia o temor. Tomar en consideración sus inseguridades subyacentes puede darte algunas pistas sobre cómo tratarlas. Por ejemplo, una vez que la jefa de RR. HH. comprendió que Boris, mi cliente de *coaching*, estaba intentando demostrar su valor en un nuevo puesto, se esforzó por reconocer las contribuciones que ya estaba haciendo, liberándole de la necesidad de pregonar sus logros pasados. ¿Tu compañero de trabajo está tratando de demostrar su valía de forma similar?

## ¿Está justificada su autoconfianza?

Por otro lado, tu colega sabelotodo puede tener buenas razones para confiar en sus afirmaciones o reivindicaciones, incluso si su comportamiento

---

116. Entrevista de la autora con Tomas Chamorro-Premuzic, 21 de enero de 2021.

deja que desear. Piensa en la experiencia o los conocimientos que aporta. ¿Cuáles son sus mayores habilidades? ¿Su nivel de confianza está en consonancia con su nivel de talento? ¿Sabe realmente lo que dice saber? ¿Podría ser que su discurso sea desagradable, pero que sus puntos de vista subyacentes tengan mérito?

## ¿Pueden los prejuicios estar influyendo en la forma en que lo percibo?

Todos tenemos prejuicios acerca de quién está hecho para ocupar puestos de poder. Y cuando alguien no se ajusta a nuestras ideas preconcebidas sobre el liderazgo —una mujer asiática, un joven advenedizo, alguien con una discapacidad— tendemos a cuestionar si su confianza está justificada. Por ejemplo, las investigaciones han evidenciado que las mujeres de color tienen que demostrar su experiencia una y otra vez. ¿Pertenece la persona a la que calificas de sabelotodo a un grupo infravalorado? ¿Pertenece a una cultura o grupo demográfico sobre el que tienes prejuicios inconscientes pero negativos? Si crees que tu compañero de trabajo «va de sobrado», considera si su comportamiento se percibiría de la misma manera si formara parte de un grupo demográfico dominante. Esta técnica, llamada «darle la vuelta para comprobarlo», me la presentó Kristen Pressner, una ejecutiva global de RR. HH. que confesó, en su charla TEDx, tener ciertos prejuicios contra las mujeres líderes.[117] Para poner freno a sus propios prejuicios, especialmente cuando se encuentra juzgando a una mujer en el poder, coloca a un hombre en su lugar en la misma la situación y comprueba si tiene la misma opinión. Pregúntate: «Si mi colega fuera un hombre blanco, ¿seguiría pensando que actúa como un sabelotodo?».

## ¿Su autoconfianza te está presionando?

Algunos tenemos alergia a la certeza proveniente de los demás. Admito que cuanto más fuerte se siente alguien sobre algo, más me resisto a sus argumentos, sobre todo si su punto de vista amenaza mis valores de al-

---

117. Kristen Pressner, «Are You Biased? I Am», filmado en mayo de 2016 en TEDxBasel, Basilea, Cantón de Basilea-Ciudad, Suiza, vídeo, https://www.youtube.com /watch?v=Bq_xYSOZrgU&vl=es.

guna manera. Piensa en tu propia sensibilidad a la autoconfianza. Tal vez hayas crecido con un padre arrogante del que has intentado distanciarte. O te criaste en una cultura colectivista en la que se veneraba la humildad. Pregúntate si tu reacción ante tu colega tiene más que ver contigo que con él. ¿Es posible que te sientas inseguro cuando comparas tus logros con los suyos? ¿O tal vez te gustaría ser tan confiado o seguro de ti mismo como él?

## ¿Su comportamiento te causa verdaderos problemas a ti o al equipo? ¿O solo es molesto?

Debes distinguir entre las declaraciones o acciones que te resultan irritantes y el comportamiento que te impide hacer tu trabajo. No es necesario tomar en consideración todas las declaraciones irritantes de un sabelotodo: llevar un control de las manifestaciones de su autoconfianza puede ser agotador. ¿Son sus modales tan perturbadores que no hay más remedio que enfrentarse a ellos? ¿Impiden a los demás plantear ideas? Hay ocasiones en las que lo mejor es ignorar su arrogancia. Considera qué batallas merece la pena librar y cuáles es mejor dejar pasar.

Una vez que hayas respondido a estas preguntas, estarás listo para decidir qué tácticas quieres poner en práctica.

# TÁCTICAS PARA PROBAR

La situación con Boris, mi cliente de *coaching*, fue singular, ya que sus colegas contaron con una tercera parte imparcial (yo) que pudo llamar la atención sobre su pomposidad. Pero no siempre contarás con un mediador. He aquí algunos enfoques que puedes probar en ausencia de ayuda externa.

## Aprecia lo que pueden ofrecer

Es posible que tu colega sea un completo fantasma que tiene poco más que aire caliente y una actitud arrogante que ofrecer. Pero lo dudo. La mayoría de las personas tienen cualidades positivas y aportan algo al equipo o a la organización. Puede que tengas que profundizar para encontrarlo, pero es probable que haya algún conocimiento o capacidad genuinos tras el exceso de confianza del sabelotodo. Tal vez aumentó los ingresos en un 20% en su último puesto. Tal vez tenga experiencia con un modelo presupuestario concreto que tu empresa necesita. O quizá su facilidad para las ventas o su influencia puedan ser útiles la próxima vez que necesites cerrar un trato o asegurar el sí de la dirección a un proyecto. Es posible que exagere sus habilidades y sus éxitos, pero hay que encontrar el corazón de la verdad. Y si el objetivo final de su pretenciosidad es la aprobación o la aceptación, tu empatía y aprecio pueden ayudarle a dejar de lado la rutina de «¡mira cuánto sé!».

## Anticípate a las interrupciones

Uno de los hábitos más molestos de un sabelotodo es interrumpir constantemente a la gente. Al principio de mi carrera trabajé como consultora de gestión en un proyecto en Corea del Sur. Uno de nuestros clientes estaba acostumbrado a llevar la voz cantante en las reuniones, como era de esperar dado su rol de ejecutivo. Durante una reunión de dos horas, me interrumpió varias veces, a menudo hablando por encima de mí. Al principio, me sentí confundida. ¿No quería mis consejos? ¿No era eso en concreto lo que había solicitado? Yo era joven, estaba al principio de mi carrera, pero ofrecer asesoramiento era mi trabajo como consultora. De modo que me sentí muy frustrada. Miré alrededor de la sala para ver si mis colegas podían ayudar, pero la mayoría de ellos se encogieron de hombros. Ellos tampoco sabían qué hacer. Finalmente, me levanté y abandoné la sala de conferencias. Mientras bajaba en el ascensor hasta el vestíbulo, empecé a llorar. Tuve que dar doce vueltas a la manzana antes de poder recuperar la compostura y volver a la oficina. Ojalá hubiera sido capaz de mantener la calma, pero, si miro atrás, entiendo perfectamente mi reacción.

Una forma de evitar este tipo de situaciones es pedir preventivamente que la gente se abstenga de intervenir. Antes de empezar a hablar, explica cuánto tiempo (más o menos) vas a necesitar y di algo como: «Por favor, para cualquier comentario o pregunta esperad hasta que termine». Si no se trata de una presentación formal, sino de un debate en el que se espera un intercambio de opiniones, puedes decir: «Las interrupciones me desconcentran, así que os agradecería que me dejarais terminar de exponer mis ideas antes de intervenir».

## Una nota rápida sobre el *mansplaining*

El *mansplaining*, incluso cuando la intención que lo promueve no es maliciosa, hunde sus raíces en el sexismo, y a veces incluso en el racismo y el clasismo. Quiero dejar claro que arreglarlo no es responsabilidad de las personas que constituyen el blanco de este tipo de conductas. Las mujeres, las personas de color, las personas LGBTQ+, las personas con discapacidades, etc., no deberían tener que cargar con el peso de abordar los prejuicios sistémicos más grandes por sí solos. Por ello, es fundamental que los aliados intervengan y atajen la discriminación cuando la vean. Y los líderes, tanto si dirigen un equipo de dos personas como si están al frente de una gran empresa, deben dedicar tiempo, energía y recursos a crear una cultura equitativa que permita a todos prosperar.

Si eres hombre, es especialmente importante que te involucres en estos esfuerzos. Los estudios demuestran que el 96% de aquellas organizaciones en las que los hombres participan en la lucha por alcanzar la paridad de género informan de la realización de progresos, en comparación con el 30% de entidades en las que las mujeres abordan la cuestión sin sus homólogos masculinos.[118]

Al mismo tiempo, si eres una mujer que trabaja con un *mansplainer*, no tienes que esperar a que los aliados y los altos dirigentes se enfrenten al sexismo en tu organización. Depender de los demás no siempre es viable, especialmente cuando tu carrera está en juego: necesitas soluciones ahora. De modo que, aunque el problema cultural más amplio no sea el que tienes que resolver, espero que los consejos aquí expuestos te ayuden a abordar los retos interpersonales inmediatos. Y, por supuesto, muchos de estos consejos son aplicables a la hora de trabajar con un sabelotodo, sea cual sea tu género o el suyo.

118. Matt Krentz *et al.*, «Five Ways Men Can Improve Gender Diversity at Work», Boston Consulting Group, 10 de octubre de 2017, https://www.bcg.com /en-us/publications/2017/people-organization-behavior-culture-five -ways-men-improve-gender-diversity-work.

No siempre es posible un enfoque proactivo. Desde luego, no habría sido culturalmente adecuado con mi cliente coreano. Pero en situaciones con compañeros de trabajo con los que tienes cierta relación, puede ahorrarte el dolor de cabeza de tener que aguantar las repetidas interrupciones.

Tengo dos interruptores crónicos en mi vida —mi madre y mi marido—, así que he tenido que utilizar esta estrategia con bastante frecuencia, y también he tenido que aprender a dejar que las interrupciones no me afecten. Me interrumpen por diferentes razones: mi madre, porque le preocupa que se le olvide lo que quiere decir, y mi marido, porque es el estilo de comunicación con el que creció. No siempre soy tan paciente como quisiera con ellos, pero me han ayudado a entender que interrumpir no implica necesariamente mala intención y que, a veces, la gente solo necesita que le recuerden que debe morderse la lengua.

## Abordar con tacto las interrupciones

Si tus esfuerzos por evitar las interrupciones fracasan, dirígete a él directamente. Pero no levantes la voz. Eso crea una lucha de poder y es probable que tu colega hable más alto para intentar ahogarte. En lugar de eso, di con confianza: «Voy a terminar mi punto, y luego me encantaría escuchar lo que tienes que decir». O puedes sintonizar con Kamala Harris en su debate vicepresidencial de 2020 con Mike Pence. Parecía estar actuando en nombre de todas las mujeres cuando respondió asertivamente a las interjecciones de Pence con el simple: «Estoy hablando». Esto requiere valentía (que Harris claramente tiene a raudales) y puede generar tensión, en especial cuando se hace delante de otras personas. Pero la esperanza es que el sabelotodo capte la indirecta y se abstenga de realizar más interrupciones.

Si no te sientes cómodo hablando, recluta aliados. A menudo es más fácil que otra persona se enfrente a la descortesía, diciendo algo como: «Me encantaría escuchar lo que Keith estaba diciendo antes de seguir adelante» o «No creo que Madison haya terminado de desarrollar su argumento». Si el sabelotodo interrumpe a varias personas de tu equipo, podéis acordar que cada uno hable en nombre de los demás cuando esto ocurra.

## Establece normas

También es importante establecer normas a nivel de equipo y de organización con el fin de forjar una cultura inclusiva en la que todos se sientan capacitados para tomar la palabra o para defender a los demás cuando un sabelotodo intente ocupar el centro del escenario. Debes apelar al sentido de la justicia de las personas. Puedes iniciar un debate en torno a la pregunta «¿Cómo podemos crear lugares de trabajo psicológicamente seguros, colaborativos e inclusivos para todos?». Y animar al grupo a reflexionar sobre cómo os comunicáis y cómo podéis mejorar.

Una norma que utilizo cuando imparto un taller o doy una charla a un grupo en el que la gente va a interactuar entre sí (especialmente en Zoom) es «tomar espacio, dejar espacio». La idea es que si tiendes a ser alguien que se queda callado en las reuniones debes desafiarte a expresar tus opiniones, mientras que si eres alguien que tiende a tomar la palabra debes intentar dar un paso atrás y dejar espacio para que otros contribuyan. He comprobado que compartir esta idea al principio da como resultado reuniones con una participación más equitativa. Esta puede ser una de las diversas normas que tú y tu equipo acordéis. Tener unas pautas establecidas desalentará las interrupciones y hará que todos los participantes puedan hablar con seguridad.

## Pide hechos y datos

Otro hábito irritante del sabelotodo es proclamar: «Nuestros clientes esperan que ofrezcamos novedades cada seis meses», «Las ventas están cayendo porque no somos lo suficientemente rápidos para responder a las quejas», «Dentro de un año, nadie hablará de estas elecciones»... Si estás allí sentado pensando: «¿Cómo lo sabe? ¿Por qué está tan seguro?», está bien que pidas fuentes o datos que respalden sus afirmaciones.

Sé respetuoso, sin buscar el enfrenamiento, cuando lo hagas. Puedes decir algo así como: «No estoy seguro de que partamos de los mismos supuestos y hechos. Demos un paso atrás y echemos un vistazo a los datos antes de continuar». Por supuesto, puede que no interpretes los datos de la misma manera o que ni siquiera tengas datos disponibles. Si puedes sugerir que se reúnan algunos, hazlo. Por ejemplo, si tu colega insiste en que los clientes odiarán la novedad que propone el equipo de I+D, ¿es posible realizar una breve encuesta a los clientes?

Puede ser difícil elegir las palabras adecuadas cuando se habla con alguien que cree que lo sabe todo, de modo que aquí tienes varios ejemplos prácticos para empezar. Adáptalos y hazlos tuyos.

**Para responder directamente al *mansplaining***

«Gracias, yo me encargo».

«Tu comentario me hace preguntarme si estás familiarizado con mi formación en [tema]».

«Te agradecería que tuvieras en cuenta que sé lo que estoy haciendo y que lo respetaras. Valoro tu opinión y sin duda la pediré cuando la necesite».

**Anticípate a las interrupciones y hazles frente**

«Por favor, espera para cualquier comentario o pregunta hasta que termine».

«Las interrupciones me desconcentran, así que te agradecería que me dejaras terminar antes de intervenir».

«Voy a continuar, ya me ocuparé de eso cuando termine».

«Primero voy a terminar mi punto, y ya luego me encantaría escuchar lo que tienes que decir».

«Estoy hablando...».

Aunque tu dominante colega no responda bien a este tipo de preguntas las primeras veces, puede llegar a esperar tus peticiones de pruebas y pensárselo dos veces antes de soltar afirmaciones sin fundamento. Y pedirle que explique cómo sabe algo puede ayudarle a ver los límites de sus conocimientos y fomentar en él algo de humildad de cara al futuro.

Cuando te reúnas con un sabelotodo, acude con datos contrastados. Cuanto más preparado estés para defender tu punto de vista y rebatir cualquier afirmación engañosa que haga, mejor. También reforzarás la importancia de los debates basados en hechos en lugar de las poses.

## Sé un modelo de humildad y apertura de miras

Muchos fanfarrones actúan así porque les ha funcionado en el pasado, o porque implícita o explícitamente han recibido mensajes de que pro-

**Habla en nombre de los demás**

«Antes de llegar ahí, me gustaría escuchar el resto de la intervención de Marcus».

«Deidre, ¿has terminado? Si no, vamos a escucharte antes de seguir adelante».

«Sé que Daniel tiene mucha experiencia en esta área. Me gustaría saber lo que piensa».

«Este es tu proyecto, Gayle. ¿Cómo lo ves?».

**Pide hechos y datos**

«Cuéntame un poco de dónde provienen tus ideas».

«Me gustaría saber más sobre las conclusiones a las que has llegado».

**Muestra humildad**

«Déjame decirte lo que sé y lo que no».

«Todos seguimos aprendiendo lo que podemos sobre este tema».

«No puedo decírtelo con certeza. Tengo una opinión bien fundada, que es...».

yectar seguridad en uno mismo es lo que se espera en su equipo, en su organización o en la cultura a la que pertenecen. Tú puedes ofrecer un modelo diferente mostrando humildad y apertura de miras. Intenta decir: «No lo sé» o «No tengo esa información ahora mismo; déjame que te llame más tarde». Si el sabelotodo ve que no sufres ninguna consecuencia por expresar incertidumbre, puede estar dispuesto a hacer lo mismo.

Incluso puedes incitarle a ser más humilde si animas a todos a acudir a las reuniones tras haber pensado antes en los pros y los contras de las soluciones o ideas que quieran proponer. O puedes hacer preguntas tales como:

- ¿Es posible otro punto de vista?
- Si intentáramos ver esto desde otra perspectiva, ¿qué podríamos pensar?
- ¿Cuáles son las ventajas y los riesgos de este enfoque?

Dado que algunos sabelotodo buscan validación, el simple hecho de reconocer sus ideas puede evitar que se comporten de manera grandilocuente. Agradéceles que compartan sus ideas o destaca una o dos cosas que aprecies de su perspectiva antes de compartir la tuya o de entrar en materia con preguntas. Por ejemplo, puedes decir: «Es un punto de vista útil. Estoy de acuerdo con la primera parte de lo que has dicho, y veo la segunda de forma ligeramente diferente. Podemos hablar de ello».

Eso es precisamente lo que hacía Kwame con su compañera de trabajo Amara. «Durante las reuniones, actuaba como si lo supiera todo y no hacía ninguna pregunta, pero luego venía a pedirme aclaraciones», me dijo él. Estaba seguro de que tenía miedo de parecer estúpida. «Parecía preocuparle que la gente la juzgara por no conocer el tema a fondo», explicó. Kwame quería decirle directamente que hacer preguntas no era nada de lo que avergonzarse, pero sospechaba que ella negaría su inseguridad, así que en lugar de eso se aventuró a hacer preguntas en las reuniones e incluso ocasionalmente decía: «Espero que no te importe que pregunte sobre estas cosas. Así es como aprendo». Tardó varios meses, pero con el tiempo Amara empezó a sentirse más cómoda al admitir que no estaba segura de algo o incluso cuando pedía una explicación a Kwame delante de los demás.

## Pídele que se detenga

Es posible que tu compañero de trabajo no sea consciente de lo que está haciendo y de cómo ello está afectando a las personas que le rodean. En una conversación privada cara a cara, podrías decir algo parecido a: «Siempre que debatimos decisiones, te impones con tanta fuerza que es difícil continuar la conversación. Me ayudaría saber que escuchas y tienes en cuenta mis opiniones, aunque no estés de acuerdo con ellas». Incluso puedes intentar utilizar el humor y decir algo como: «¡Gracias por explicarme algo que ya sé!».

Ten en cuenta que cuando el género entra en juego este enfoque puede entrañar riesgos adicionales. Las mujeres corren el riesgo de ser tachadas de excesivamente sensibles o de ser acusadas de «jugar la carta del género», y estas percepciones injustas pueden perjudicar tu reputación o tu carrera. Esto no quiere decir que no debas hablar, sino que has de tener en cuenta cómo pueden evolucionar las cosas. En el caso de que se produzcan reacciones tendenciosas, considera la posibilidad de plantear el problema a alguien que pueda (y quiera) abordarlo: tu jefe o incluso Recursos Humanos (RR. HH.). *Mansplaining* se ha convertido en un término de uso tan común que resulta cada vez más inocuo, pero recordemos que la condescendencia y el sesgo de género que lo impulsan pueden limitar a menudo las oportunidades y corroer la cultura del equipo. Lo ideal es que tu organización se tome en serio estas transgresiones. Recientemente ha cobrado impulso la idea de que las empresas sancionen formalmente el *mansplaining* y valoren la escucha y el respeto en las evaluaciones de rendimiento.[119]

• • •

Volvamos a Lucia, que temía las reuniones con su colega Ray porque este monopolizaba las conversaciones con sus pontificaciones. Su primer mecanismo de adaptación fue ignorarle y, si la reunión se alargaba, sacar su teléfono o su portátil y responder a los correos electrónicos. Pero también reconoció que el comportamiento de Ray era más que molesto. Con él ocupando tanto espacio, sus opiniones no eran escuchadas, ni por él ni por nadie. Y vio que otras personas eran silenciadas de forma similar.

De modo que, en lugar de ignorar a Ray, se comprometió con él. Al principio, esto significaba mostrar aprecio por lo que ofrecía —señalando aquellos momentos de sus monólogos en los que ofrecía un buen punto de vista—, pero estos elogios no sirvieron para calmar su ego. Al contrario, se diría que le incitaban a alargar sus intervenciones. Así que ella decidió emplear una táctica diferente: hacer preguntas aclaratorias sobre sus suposiciones. Cuando ella lo hacía, él no tardaba en darse cuenta de que no siempre tenía las respuestas y recurría a sus compañeros de equipo para responder. Esto tuvo dos beneficios: dio a los demás la oportunidad de mostrar su experiencia y le hizo sentirse más humilde. Según Lucia, una de las cosas más útiles para ella fue saber que no estaba sola. Ahora, cuando sus compañeros y ella intercambian miradas, no es solo para compadecerse, sino para decidir quién va a cortar respetuosamente a Ray, una responsabilidad que comparten.

---

119. Sarah Kaplan, «What Companies Should Do with the Office Mansplainer», *Fast Company*, 19 de julio de 2019, https://www.fastcompany.com/90378694 /what-men-and-companies-should-do-out-mansplaining.

Trabajar con un sabelotodo es, en el mejor de los casos, irritante y, en el peor, limitante para la carrera. Pero no tienes por qué quedarte sentado sufriendo. Al igual que hizo Lucia, puedes tomar medidas para frenar las fanfarronadas de tu colega, o al menos para reducir su impacto.

# TÁCTICAS PARA RECORDAR
## El sabelotodo

### SÍ:

- Evita las interrupciones de un sabelotodo diciendo cosas como: «Por favor, para cualquier comentario o pregunta espera hasta que termine» o «Las interrupciones me desconcentran, así que te agradecería que me dejaras terminar antes de intervenir».
- Pide fuentes o datos que respalden sus afirmaciones.
- Demuestra humildad y apertura de miras preguntando por otros puntos de vista.
- Consigue la ayuda de tus colegas para poner fin a las interrupciones y establece en tu equipo normas que disuadan a la gente de acaparar la palabra.
- Considera si tus propios prejuicios están entrando en juego al etiquetar a tu colega como sabelotodo.

### NO:

- No entres en una lucha de poder sobre quién tiene razón y quién no.
- No des por hecho que sabe que está haciendo *mansplaining* o que está siendo condescendiente.
- No intentes abordar todas las transgresiones: se pueden dejar pasar algunas cosas.
- No permitas que tu colega te haga sentir pequeño.

# 8
# El atormentador
## «He sufrido y tú también deberías hacerlo»

Julia recuerda que al llegar a casa después de su entrevista con Celeste, la jefa de hostelería de la cadena hotelera en la que aspiraba a ser directora de marketing, le dijo a su marido que Celeste no había sonreído ni una sola vez durante la entrevista. Supuso que su posible jefa no era una persona cálida. ¿Quizás era solo su estilo o incluso una cuestión cultural? «He trabajado con gente de diferentes países y he aprendido a no esperar que la gente se comporte como yo», explicó.

Sin embargo, después de ser contratada se dio cuenta de que Celeste era con ella un témpano de hielo. Julia no se reunió con Celeste en toda su primera semana. «Básicamente estuve haciendo un trabajo de detective, tratando de averiguar la información que necesitaba para hacer mi trabajo», dice. Y tenía claro que Celeste no se fiaba de ella. «Se apresuraba a rechazar mis ideas». Julia perseveró y al cabo de un año sintió que se había ganado el respeto de Celeste. Pero Celeste seguía exigiendo mucho y esperaba que Julia estuviera disponible en todo momento. «Me pidió que cancelara las vacaciones, que viniera a la oficina en mis días libres e incluso que trabajara durante mi luna de miel», me dijo. Cuando Julia se oponía a estas peticiones poco razonables, Celeste le decía: «Las cosas personales nunca deben impedirte hacer tu trabajo».

Celeste parecía enorgullecerse de su inquebrantable dedicación al trabajo. Se jactaba de la exigua licencia de maternidad que se había tomado tras el nacimiento de cada uno de sus hijos, y explicaba que en cada una de esas ocasiones había vuelto a trabajar nada más salir del hospital. Dejó claro que ella no lo había tenido fácil en su sector y que tampoco le iba a allanar el camino a Julia.

Julia trabajaba con un «atormentador»: una persona de rango superior (unas veces tu jefe y otras no) que se ha labrado su éxito, normalmente haciendo sacrificios por el camino, y que luego maltrata a quienes están por debajo.[120] Esta persona parece motivada por la idea de que, como ella ha sufrido, tú también deberías hacerlo. Su comportamiento es el equivalente en el lugar de trabajo a decirle a la gente: «En mis tiempos, tenía que ir a la escuela y volver caminando cuesta arriba en ambos sentidos, bajo una lluvia helada».

Aunque «atormentador» puede parecer un término extremo, resulta adecuado para aquellas personas de alto rango que esperamos que sean *mentores*[121] pero que acaban haciéndonos la vida imposible.

Estos son los comportamientos comúnmente asociados a los atormentadores:

- Acusarte —directa o indirectamente— de no estar lo suficientemente comprometido con el trabajo.
- Establecer normas casi imposibles.
- Asignarte trabajo innecesario o inapropiado, o lo que los académicos denominan «tareas ilegítimas».[122]
- Compartir con orgullo los sacrificios que han hecho en su carrera y creer que tú deberías emularlos.
- Menospreciar tus logros, especialmente en comparación con los suyos.
- Negar tiempo libre o flexibilidad para el cumplimiento de compromisos no laborales.
- Atribuir características negativas a una generación en particular («los *millennials* son perezosos y se creen con derechos exclusivos» o «los de la generación Z son tan frágiles; no pueden soportar ni una pizca de incomodidad»).

---

120. Este término me lo sugirió por primera vez Michael Gutman en LinkedIn, https://www.linkedin.com/in/gutmanmichael/. Mike es consultor y educador de trabajo a distancia, y sin duda un genio de las palabras y un colega generoso.
121. El original en inglés existe un juego de palabras entre *tormentor-mentor*, por ello el uso de la cursiva. (*N. del E.*)
122. Norbert K. Semmer *et al.*, «Illegitimate Tasks as a Source of Work Stress», *Work and Stress*, 29 (1) (marzo de 2015), pp. 32-56, https://www.ncbi.nlm.nih.gov /pmc/articles/PMC4396521/.

- Negar la existencia de barreras sistémicas, como los prejuicios de género o el racismo institucional («Yo pude hacerlo, no sé por qué tú no puedes»).
- Sostener que su maltrato es una especie de ejercicio de formación de carácter.

Si trabajas con alguien como Celeste, es decir, alguien que parece empeñado en complicarte la vida debido a lo que ha pasado, ¿cómo debes responder? ¿Deberías abordar su maltrato de manera frontal? ¿Es posible convertirla en tu aliada en lugar de en tu enemiga?

# EL TRASFONDO DE LA CONDUCTA ATORMENTADORA

Si estás tratando con una persona de un rango superior que cuestiona tu compromiso con el trabajo, te trata con dureza y te insiste en que sufras para ganarte los galones, es tentador atribuir su comportamiento a diferencias generacionales o incluso a un deseo de causar dolor, pero es probable que haya otros factores que contribuyan a ello. A continuación exploramos algunas de las razones por las que tu colega podría estar atormentándote en lugar de orientarte.

## Falta de empatía

Uno de mis antiguos compañeros de trabajo se quedó sorprendido cuando fue padre por primera vez y su jefa, madre de tres hijos, mostró poca simpatía por el reto de conciliar el trabajo y una familia joven. La actitud de su jefa era que «ningún bebé debería impedirte presentarte en la oficina y hacer tu trabajo». Cuando mi colega decía que no podía venir porque su hijo estaba enfermo, su jefa le preguntaba: «¿No puedes conseguir una niñera?». Y cuando pedía salir antes para las tutorías escolares, ella insistía en que se tomara un día de vacaciones en su lugar.

Hay investigaciones que explican este modo de pensar. Un equipo de profesores de la Kellogg School of Management y de la Wharton School descubrió que a menudo nos resulta más difícil empatizar con alguien que se encuentra en una situación complicada en la que hemos estado antes.[123] Sus conclusiones sugieren que las personas que se han enfrentado a retos importantes —por ejemplo, pasar por un divorcio, trabajar al tiempo que tienes hijos pequeños o perder un empleo— son menos propensas a mostrar compasión por otras personas que sufren las mismas dificultades. ¿Por qué? Los autores ofrecen dos explicaciones. En primer lugar, aunque recordemos lo difícil que fue una determinada experiencia en términos generales, tendemos a subestimar el nivel de dolor y estrés que padecimos en aquel momento. En segundo lugar, suponemos que, puesto que fuimos capaces de superar la situación —encontramos otro trabajo, criamos a los niños mientras sobresalíamos en el trabajo, superamos un divorcio—, los demás deberían ser capaces de hacer lo mismo.

Es posible que un atormentador no recuerde con exactitud las penurias pasadas, o que tal vez las recuerde de forma demasiado vívida como para creer que debas librarte fácilmente. Así es como Julia interpretó el comportamiento de su jefa Celeste. Las anécdotas de Celeste sobre el abreviado permiso de maternidad o el trabajo a cualquier hora de la noche eran celebraciones de los sacrificios que había hecho. Aunque Julia sentía que Celeste era innecesariamente dura con ella, parecía que también intentaba mostrarle lo que se necesitaba para triunfar en la hostelería y, en concreto, en su empresa, donde las mujeres solían ocupar puestos de nivel básico (y hacían la mayor parte del trabajo pesado) pero rara vez llegaban a los puestos superiores.

## Envidia

El maltrato de tu colega también puede estar motivado por la envidia. Muchas de las personas a las que entrevisté para este libro sospechaban que el superior las menospreciaba simplemente por envidia. Las investigaciones lo confirman.[124] Cuando un subalterno tiene algo que alguien

123. Rachel Ruttan, Mary-Hunter McDonnell y Loran Nordgren, «It's Harder to Empathize with People If You've Been in Their Shoes», *Harvard Business Review*, 20 de octubre de 2015, https://hbr.org/2015/10/its-harder-to-empathize -with-people-if-youve-been-in-their-shoes.
124. Pilar González-Navarro *et al.*, «Envy and Counterproductive Work Behavior: The Moderation Role of Leadership in Public and Private Organizations», *International Journal of Environmental Research and Public Health*, 15 (5) (julio de 2018), pp. 1455, https://www.ncbi.nlm.nih.gov/pmc/articles/PMC6068656/.

más veterano desea —ya sean fuertes habilidades sociales, relaciones estrechas con sus compañeros, ideas interesantes o aptitudes técnicas específicas—, puede provocar en el líder lo que los académicos llaman «envidia descendente» o «envidia generacional».[125] Temen que los subalternos puedan tener mayores cualificaciones, revelar sus propias limitaciones o incluso acabar quitándoles el puesto. Michelle Duffy, una investigadora que estudia este tema, me dijo: «La percepción de que careces de algo, de que eres menos que otro, o de que ellos tienen algo que tú no tienes, puede provocar una baja autoestima e incluso hacerte sentir amenazado».[126] Cuando los atormentadores se sienten vulnerables, actúan poniendo obstáculos en tu camino, consciente o inconscientemente.

He aquí lo que le ocurrió a Orlando cuando se encontraba a las órdenes de Patrick. Orlando llevaba un tiempo trabajando para la agencia estatal dirigida por Patrick y se sentía preparado para un ascenso. Optó a varias vacantes en la agencia y no las consiguió. En cada ocasión, Patrick le dijo que no tenía la «experiencia adecuada», aunque, sobre el papel, Orlando tenía las cualificaciones necesarias. Orlando se tomó este tipo de comentarios como algo personal y empezó a preguntarse si tenía lo necesario para triunfar en su campo.

El académico Araya Baker afirma que decidir una y otra vez que un colega subalterno no está preparado para ascender es una táctica común entre quienes experimentan la envidia descendente. Escribe: «Los más experimentados pueden mover constantemente el poste o elevar el listón, exigiéndoles un nivel siempre cambiante. Nunca están lo suficientemente "preparados" porque ninguna mejora es suficiente. Mientras tanto, se les niega la mentoría y se los tacha de impacientes por preguntar cuándo podrán cambiar las cosas».[127] (Véase el apartado «¿Qué hacer con las diferencias generacionales?»).

125. Lingtao Yu, Michelle K. Duffy y Bennett J. Tepper, «Why Supervisors Envy Their Employees», *Harvard Business Review*, 13 de septiembre de 2018, https://hbr.org/2018/09/why-supervisors-envy-their-employees; Manfred F. R. Kets de Vries, *The Leadership Mystique: Leading Behavior in the Human Enterprise* (Hoboken, NJ: Prentice Hall, 2009).
126. Entrevista de la autora con Michelle Duffy, 14 de enero de 2021.
127. Araya Baker, «10 Signs of Generational Envy», *Psychology Today*, 22 de julio de 2021, https://www.psychologytoday.com/us/blog/beyond-cultural-competence/202107/10-signs-generational-envy.

## Qué hacer con las diferencias generacionales

Ten cuidado cuando atribuyas el comportamiento de un agresor a las diferencias generacionales. Por supuesto, es común que las personas, a medida que envejecen y adquieren veteranía en sus carreras, se lamenten ocasionalmente de cómo han cambiado las cosas. Algunos expertos llaman a esto el efecto «niños de hoy en día».[128] Pero, aunque los medios de comunicación han hecho mucho hincapié en los estereotipos generacionales («los *baby-boomers* son arrogantes»; «los miembros de la generación X son escépticos y no están comprometidos»; «los *millennials* se creen con derechos exclusivos»), hay pocas pruebas de que personas de distintas generaciones se comporten de forma muy distinta en el trabajo o quieran cosas muy distintas. Las personas que tienen veinticinco años se preocupan de las mismas cosas de las que se preocupaban las personas que ahora tienen cincuenta años cuando tenían veinticinco. Y las personas que ahora tienen veinticinco años probablemente se preocuparán de cosas similares cuando tengan cincuenta.[129] De modo que, aunque el atormentador haga generalizaciones sobre «la gente de tu edad», resístete a hacer lo propio con respecto a él.

## Amenaza a la identidad social

También es posible que tu curtido colega esté intentando distanciarse de ti, sobre todo si ambos pertenecéis a un grupo tradicionalmente infravalorado en el trabajo, o si hay poca gente como vosotros dos en

128. John Protzko y Jonathan Schooler, «Kids These Days: Why the Youth of Today Seem Lacking», *Science Advances*, 5 (10) (octubre de 2019), https://www.researchgate.net/publication/336596902_Kids_these_days_Why_the_youth_of_today_seem_lacking.
129. Rebecca Knight, «When Your Boss Is Younger Than You», *Harvard Business Review*, 9 de octubre de 2015, https://hbr.org/2015/10/when-your-boss-is-younger-than-you.

vuestro sector o campo (por ejemplo, mujeres ingenieras o académicos negros).

Los investigadores llaman a esto «amenaza a la identidad social»: la creencia de que ser asociado a un grupo devaluado te perjudicará. Las mujeres de alto rango, poco representadas en los escalones más altos de la jerarquía organizacional, por ejemplo, pueden ver su género como un lastre. Como me dijo una entrevistada: «Soy culpable de no haber apoyado a otras mujeres, y mi comportamiento estaba alimentado por la idea inconsciente de que el éxito de otra mujer me arrebataba el mío». Dada la persistente falta de mujeres en puestos de liderazgo, esta mentalidad relacionada con la escasez tiene sentido, especialmente en lugares donde la competencia por los puestos más altos es feroz. Una compañera de trabajo puede distanciarse de otras mujeres como forma de aumentar sus posibilidades de salir adelante. (Este comportamiento ha dado lugar a la consagración de la metáfora de la «abeja reina»; para más información, véase el recuadro «La metáfora de la "abeja reina"»).

No solo las mujeres se desvinculan de esta manera. La misma inclinación se ha observado en estudios sobre hombres homosexuales, adultos en edad madura preocupados por ser considerados fuera de onda y minorías étnicas y raciales.[130] Al fin y al cabo, desligarte de un grupo infravalorado o estereotipado negativamente y asociarte a un grupo dominante que goza de más ventajas es una táctica de supervivencia comprensible en contextos en los que la gente como tú rara vez tiene éxito.

Por desgracia, la preocupación ante la posibilidad de ser identificado con un grupo infrarrepresentado no es infundada. Un conjunto de estudios demostró que las mujeres y las personas de color que llevaban a cabo iniciativas para promover la diversidad en sus empresas recibían peores calificaciones de sus jefes tanto en términos de competencia como de rendimiento. Según sugieren las conclusiones de tales estudios, «es arriesgado para los miembros de grupos de bajo estatus ayudar a otros como ellos. Y esto puede llevar a que las mujeres y las minorías decidan no abogar por otras mujeres y minorías una vez que alcanzan puestos de

---

130. Belle Derks, Colette Van Laar y Naomi Ellemers, «The Queen Bee Phenomenon: Why Women Leaders Distance Themselves from Junior Women», *The Leadership Quarterly*, 27 (3) (junio de 2016), pp. 456-69, https://doi.org /10.1016/j.leaqua.2015.12.007.

poder, ya que no quieren ser percibidas como incompetentes e improductivas».[131]

Otros investigadores creen que la reticencia de algunas personas a
ayudar a otras como ellas proviene de lo que se denomina «amenaza de
favoritismo»: el miedo a que el apoyo a alguien similar sea considerado
un sesgo positivo injusto.[132] Rosalind Chow, profesora de la Carnegie
Mellon que estudia las jerarquías sociales en el trabajo, cita otra preocupación que afecta a algunas líderes femeninas: «Las mujeres pueden
temer que otras mujeres vayan a rendir menos y, por tanto, refuercen el
estereotipo según el cual las mujeres no son tan competentes como los
hombres, perjudicando sus propias posibilidades de éxito y dificultando
el camino a la promoción a todas las mujeres en el futuro».[133] Aunque
esto no justifica un comportamiento cruel, tal vez tu colega sea duro contigo porque quiere mantener el listón alto y demostrar que, a pesar de los
prejuicios, la gente como tú puede tener éxito en tu empresa.

## Un error básico en la concepción del liderazgo

Hay otra posible explicación para el comportamiento de tu colega que
merece la pena mencionar: una idea equivocada de lo que es el liderazgo
eficaz. La creencia errónea de que los líderes deben ser dominantes, exigentes y poco comprensivos ha azotado a los lugares de trabajo durante
décadas. Se ha demostrado que este enfoque de «ordeno y mando» tiene
una eficacia limitada cuando se trata de producir un alto rendimiento a
largo plazo, y no solo es malo para los empleados, sino también para el
líder que lleva a cabo el maltrato.[134] Tal vez tu colega no se haya puesto al
día y por ello se aferra a la concepción anticuada de que para tener éxito

131. Stefanie K. Johnson y David R. Hekman, «Women and Minorities Are
Penalized for Promoting Diversity», *Harvard Business Review*, 23 de marzo de
2016, https://hbr.org/2016/03/women-and-minorities-are-penalized-for
-promoting-diversity.
132. Michelle Duguid, «Female Tokens in High-Prestige Work Groups: Catalysts or
Inhibitors of Group Diversification?», *Organizational Behavior and Human Decision
Processes*, 116 (1) (septiembre de 2011), pp. 104-15, https://www.sciencedirect.com
/science/article/abs/pii/S0749597811000720.
133. Entrevista de la autora con Rosalind Chow, 18 de febrero de 2021.
134. Zhenyu Liao, «Intimidating Bosses Can Change – They Just Need a Nudge»,
*Harvard Business Review*, 31 de agosto de 2020, https://hbr.org/2020/08
/intimidating-bosses-can-change-they-just-need-a-nudge.

como líder —y ganarse el respeto de los demás— debe actuar como un matón, sometiendo a quienes están por debajo de él.

## LOS COSTES DE TRABAJAR CON UN ATORMENTADOR

Ser objeto de desprecio por parte de alguien situado en una posición de poder es doloroso. A estas alturas, ya conocemos los costes de las faltas de respeto, tanto para el blanco de estas como para quienes las observan y para la organización en general.

El hecho de tener un supervisor abusivo se ha relacionado con la falta de compromiso en el trabajo, con una mayor conflictividad entre la vida laboral y personal y con el malestar psicológico.[135]

El acoso dentro del grupo tiene consecuencias similares. Por ejemplo, las investigaciones demuestran que cuando las mujeres sufren maltrato por parte de otras mujeres ello repercute en su bienestar en forma de menor satisfacción laboral, niveles más bajos de vitalidad y un mayor deseo de abandonar.[136] Si una persona de alto rango, sobre todo si es tu supervisora directa, toma distancia contigo, es probable que tus perspectivas profesionales también se vean afectadas. Esto es especialmente cierto si te critica delante de otros o en las evaluaciones de rendimiento. Es probable que aquellas personas que comparten marcadores de identidad sean vistas como más objetivas y menos parciales que otras que expresan preocupaciones similares sobre tu trabajo, por lo que sus evaluaciones —incluso si son injustas— pueden ser consideradas más creíbles.[137]

Las organizaciones también sufren. Se calcula que la supervisión abusiva cuesta a las empresas millones de dólares cada año en forma de pérdida de productividad, rotación de personal y litigios.[138]

---

135. Bennett J. Tepper, «Consequences of Abusive Supervision», *The Academy of Management Journal*, 43 (2) (abril de 2000), pp. 178-90, https://www.jstor.org /stable/1556375.
136. Gabriel, Butts y Sliter, «Women Experience More Incivility at Work».
137. Derks, Van Laar y Ellemers, «The Queen Bee Phenomenon».
138. Shannon G. Taylor *et al.*, «Does Having a Bad Boss Make You More Likely to Be One Yourself?», *Harvard Business Review*, 23 de enero de 2019, https://hbr.org/2019/01/does-having-a-bad-boss-make-you-more-likely-to -be-one-yourself.

# La metáfora de la «abeja reina»

Existe el estereotipo según el cual las mujeres mayores suelen intentar obstaculizar las carreras de las más jóvenes que vienen detrás. Esta idea está tan extendida que se le ha asignado una etiqueta —el fenómeno de la «abeja reina»— y ha sido estudiada por los académicos.

También es claramente una experiencia compartida por muchas. En mis entrevistas para este libro escuché muchas historias de mujeres que, como Julia, eran maltratadas por otras mujeres. Y sabemos por las investigaciones que las mujeres reconocen experimentar más faltas de respeto en el trabajo que los hombres.[139] Una serie de tres estudios, en los que participaron grandes muestras de entre cuatrocientos y seiscientos empleadores estadounidenses, descubrieron que las mujeres declaraban ser maltratadas —ignoradas, interrumpidas, burladas u objeto de otras formas de faltas de respeto— por otras mujeres con más frecuencia que por sus compañeros de trabajo.[140]

Si te las tienes que ver con una compañera de trabajo que se ajusta al estereotipo de la abeja reina, muchos de los consejos de este capítulo te serán útiles.

Sin embargo, quiero subrayar que la percepción de la mujer como abeja reina suele estar influida por prejuicios de género. No hay duda de que los comportamientos asociados al atormentador son perjudiciales e inexcusables: nadie, pertenezca al género que pertenezca, debería maltratar a sus compañeros. Sin embargo, a las mujeres se las suele someter a un nivel de exigencia diferente. Las condenamos más duramente por su competitividad, su falta de caridad hacia los demás y otros rasgos que celebramos o simplemente ignoramos en los hombres.

---

139. Lilia M. Cortina *et al.*, «Selective Incivility as Modern Discrimination in Organizations: Evidence and Impact», *Journal of Management*, 39 (6) (septiembre de 2013), pp. 1579-1605, https://doi.org/10.1177/0149206311418835.
140. Allison S. Gabriel, Marcus M. Butts y Michael T. Sliter, «Women Experience More Incivility at Work – Especially from Other Women», *Harvard Business Review*, 28 de marzo de 2018, https://hbr.org/2018/03/women-experience-more-incivility-at-work-especially-from-other-women.

Analicemos la competencia, por ejemplo. Las investigaciones han demostrado que la competencia puede estimular la creatividad, la innovación y la productividad.[141] Y cuando los hombres participan en ella, podemos considerarla despiadada o justificable en un entorno laboral despiadado, o incluso impulsora de un rendimiento excepcional. Pero cuando observamos la competencia —incluso la rivalidad sana— entre mujeres, la calificamos de «pelea de gatas» o «poco profesional». Las investigaciones de los profesores Leah Sheppard y Karl Aquino muestran que a menudo dramatizamos en exceso los conflictos laborales entre mujeres en comparación con los conflictos entre mujer y hombre o entre hombres. Y esto tiene consecuencias en la percepción que se tiene de las mujeres. Si las personas que observan su interacciones deciden que las mujeres no trabajan bien juntas o que intentan perjudicar la carrera de las demás, ello implica que las mujeres son menos capaces de ser colegas productivas.[142]

La idea de que las mujeres deben ser generosas entre sí, en lugar de competir entre ellas, se basa en gran medida en los estereotipos preceptivos de la comunalidad femenina. Y alimenta la expectativa de que las mujeres deben hacer un trabajo extra para cuidar de otras mujeres que ascienden en el escalafón: que se encarguen de las aprendices, que dirijan el grupo de recursos para las empleadas y que sean defensoras incansables de la diversidad de género.[143] Y si una mujer veterana decide no asumir estas funciones, se arriesga a que le pongan la etiqueta de abeja reina.

Del mismo modo, dado que esperamos que las mujeres sean cariñosas y solidarias en el trabajo, ser maltratado por una mujer

141. Anna Steinhage, Dan Cable y Duncan Wardley, «The Pros and Cons of Competition Among Employees», *Harvard Business Review*, 20 de marzo de 2017, https://hbr.org/2017/03/the-pros-and-cons-of-competition-among-employees.
142. Leah D. Sheppard y Karl Aquino, «Sisters at Arms: A Theory of Female Same-Sex Conflict and Its Problematization in Organizations», *Journal of Management*, 43 (3) (junio de 2014), pp. 691-715, https://journals.sagepub.com/doi/10.1177/0149206314539348.
143. Isabel Fernandez-Mateo y Sarah Kaplan, «The Immortal – and False – Myth of the Workplace Queen Bee», *The Conversation*, 9 de enero de 2020, https://theconversation.com/the-immortal-and-false-myth-of-the-workplace-queen-bee-129680.

puede resultar especialmente hiriente. La gente tiende a ser menos receptiva a los comentarios constructivos de las mujeres en comparación con los de los hombres. En un estudio realizado en 2019, se contrató a 2.700 personas para un trabajo de transcripción y se les asignó al azar un jefe ficticio, ya fuera hombre o mujer. Los empleados que recibieron comentarios negativos sobre su desempeño por parte de una supervisora se sintieron menos satisfechos con su trabajo y menos comprometidos con las tareas que se les asignaron, aunque la redacción de los comentarios fuera idéntica a la del supervisor masculino ficticio.[144]

Este estereotipo no parece aplicarse universalmente. Es importante señalar que las investigaciones sobre el fenómeno de la abeja reina —y sobre los prejuicios de género en general— se han realizado sobre todo con mujeres blancas, por lo que no está claro con qué frecuencia se acusa a las mujeres de color del mismo comportamiento menoscabador. Según algunas investigaciones, las mujeres negras, por ejemplo, pueden tener más margen para ser asertivas y directas porque no las asociamos tan fuertemente con las expectativas «femeninas» tradicionales.[145] Para ser claros, existen numerosos estereotipos perjudiciales que afectan a las mujeres negras en el trabajo, pero puede que este no sea uno de ellos.[146]

Si sientes que trabajas con una abeja reina, es importante que te preguntes si tus propios prejuicios han dado forma a tu interpretación del comportamiento de tu colega. No estoy sugiriendo que estés imaginando el maltrato, pero ¿podrías estar atribuyéndolo injustamente al género de tu colega? ¿Podrías estar magnificando la dureza de tu colega por su condición femenina? ¿O estás cayen-

144. Martin Abel, «Do Workers Discriminate Against Female Bosses?», IZA Institute of Labor Economics Discussion Paper n.º 12611 (septiembre de 2019), https://www.iza.org/publications/dp/12611/do-workers-discriminate -against-female-bosses.
145. Robert W. Livingston, Ashleigh Shelby Rosette y Ella F. Washington, «Can an Agentic Black Woman Get Ahead? The Impact of Race and Interpersonal Dominance on Perceptions of Female Leaders», Psychological Science, 23 (4) (marzo de 2012), pp. 354-58, https://doi.org/10.1177/0956797611428079.
146. Valerie Purdie Greenaway, «Are There Black "Queen Bees"?», The Atlantic, 11 de agosto de 2017, https://www.theatlantic.com/business/archive/2017/08 /black-queen-bees-women-khazan/536391/.

do en la trampa de esperar que todas las mujeres sean cuidadosas, amables y abnegadas jugadoras de equipo? Cuando pienso en los jefes para los que he trabajado a lo largo de mi carrera, veo que la mayoría eran mujeres, y todas menos una eran fantásticas directoras: apoyaban mis objetivos profesionales, apoyaban mi trabajo, me aconsejaban sobre cómo salir adelante y se preocupaban por mí como persona. Las investigaciones respaldan mi experiencia. Cuando las mujeres trabajan con un mayor porcentaje de mujeres, experimentan menos discriminación y acoso por razón de género.[147] Como escribe la profesora de la Universidad de Stanford Marianne Cooper, «cuando las mujeres tienen supervisoras, afirman recibir más apoyo familiar y organizativo que cuando tienen supervisores masculinos».[148] Y en aquellos lugares de trabajo supervisados por mujeres existe una menor diferencia salarial por razón de género que en los dirigidos por hombres.[149]

Si eres hombre, podrías desempeñar un papel especialmente importante en la tarea de romper con el estereotipo de abeja reina y el prejuicio de género que lo alimenta. Los estudios demuestran que los hombres tienen más influencia a la hora de abordar estas cuestiones porque no son considerados parte interesada en la

147. Alison M. Konrad, Kathleen Cannings y Caren B. Goldberg, «Asymmetrical Demography Effects on Psychological Climate for Gender Diversity: Differential Effects of Leader Gender and Work Unit Gender Composition among Swedish Doctors», *Human Relations*, 63 (11) (agosto de 2010), pp. 1661-85, https://doi.org /10.1177/0018726710369397.
148. Marianne Cooper, «Why Women (Sometimes) Don't Help Other Women», *The Atlantic*, 23 de junio de 2016, https://www.theatlantic.com/business /archive/2016/06/queen-bee/488144/; Sharon Foley et al., «The Impact of Gender Similarity, Racial Similarity, and Work Culture on Family-Supportive Supervision», *Group & Organization Management*, 31 (4) (agosto de 2006), pp. 420-41, https://doi.org/10.1177/1059601106286884; Lynn Pasquerella y Caroline S. Clauss-Ehlers, «Glass Cliffs, Queen Bees, and the Snow-Woman Effect: Persistent Barriers to Women's Leadership in the Academy» *Liberal Education*, 103 (2) (primavera de 2017), https://eric.ed.gov/?id=EJ1150808.
149. Taekjin Shin, «The Gender Gap in Executive Compensation: The Role of Female Directors and Chief Executive Officers», *The ANNALS of the American Academy of Political and Social Science*, 639 (1) (diciembre de 2011), pp. 258-78, https://doi. org/10.1177/0002716211421119.

igualdad de género.[150] «Cuando se trata de sexismo, los hombres tienden a ser más persuasivos que otras mujeres cuando se trata de enfrentarse a un mal comportamiento», dice Joan Williams, autora de *Bias Interrupted*. «Les concedemos más credibilidad porque no es su "juego"».[151]

Independientemente de tu sexo, contrarresta de forma proactiva el falso discurso de las abejas reina hablando de las mujeres que te han apoyado a ti y a tu carrera. Una ejecutiva con la que mantuve una conversación sobre su trabajo para una jefa vengativa me dijo que la experiencia la había inspirado a «ser una aliada y mentora de las mujeres más jóvenes de mi círculo y a encontrar formas de elevarlas y ayudarlas a crecer». Céntrate en crear experiencias positivas, para tu propio bienestar pero también para disipar el mito de que las mujeres tienden a menospreciar a otras en el trabajo.

Para mí, una de las consecuencias más terribles de trabajar con un atormentador es el daño que puede causar en tu confianza. Si esperas que alguien actúe en tu beneficio, es más probable que atribuyas sus comentarios negativos o su maltrato a tus propios defectos.[152]

Araya Baker explica que la envidia descendente, por muy errada que sea, puede tener graves consecuencias. Los líderes de alto rango que se muestran celosos de sus cargos pueden obstaculizar los ascensos, someter a los más jóvenes a un nivel de exigencia imposible e insistir en que su posición elevada les da siempre la razón. Estas expresiones de celos

150. Heather M. Rasinski y Alexander M. Czopp, «The Effect of Target Status on Witnesses' Reactions to Confrontations of Bias», *Basic and Applied Social Psychology*, 32 (1) (febrero de 2010), pp. 8-16, https://doi.org/10.1080/01973530903539754.

151. Amy Gallo, «How to Respond to an Offensive Comment at Work», *Harvard Business Review*, 8 de febrero de 2017, https://hbr.org/2017/02/how-to-respond-to-an-offensive-comment-at-work.

152. Robin J. Ely, «The Effects of Organizational Demographics and Social Identity on Relationships among Professional Women», *Administrative Science Quarterly*, 39 (2) (junio de 1994), pp. 203-38, https://www.jstor.org/stable/2393234?seq=1.

refuerzan las jerarquías y el *statu quo*, validando esas estructuras que previamente pusieron a los altos cargos abusivos en el poder.[153]

¿Qué hacer si te enfrentas a un colega que se interpone en tu camino, que compite innecesariamente contigo, que es demasiado exigente o hipercrítico, o que trabaja activamente contra tu éxito? Como siempre, empieza por reflexionar sobre la situación.

# PREGUNTAS PARA HACERTE A TI MISMO

Me doy cuenta de que es mucho esperar que alguien que está sufriendo a manos de un atormentador sienta empatía por esa persona. En lugar de pensar en las siguientes preguntas como una forma de ser generoso con tu colega, considéralas como una evaluación estratégica: ponte en su lugar y así estarás mejor preparado para afrontar su comportamiento.

### ¿Qué más sucede con tu colega?

No te sorprenderá saber que hay un montón de investigaciones sobre la supervisión abusiva. La gente quiere entender por qué las personas de alto rango deciden maltratar a quienes están por debajo de ellas. La explicación más atractiva podría ser que tu atormentador es un ser humano singularmente defectuoso. No obstante, y muy al contrario, las investigaciones en este campo han demostrado que, en las condiciones adecuadas, la mayoría de las personas pueden convertirse en jefes abusivos.[154] Sobre todo si tenemos en cuenta que muchos de los rasgos distintivos que definen su comportamiento —acusarte de que no estás suficientemente comprometido o criticarte delante de los demás, por ejemplo— pueden ser reacciones impulsivas al estrés.

Todos sabemos que ser compasivo y amable con las personas que diriges es lo correcto, pero es fácil patinar cuando tus recursos emocionales y cognitivos están agotados. Así que pregúntate: ¿qué le pasa a esta persona? ¿Está bajo presión porque tiene que alcanzar objetivos poco razo-

---

153. Baker, «10 Signs of Generational Envy».
154. Mary Wawritz *et al.*, «We're All Capable of Being an Abusive Boss», *Harvard Business Review*, 14 de octubre de 2016, https://hbr.org/2016/10/were-all-capable-of-being-an-abusive-boss.

nables? ¿Es posible que esté falto de sueño? [155] ¿Podría tener problemas en su vida familiar?[156] Nada de esto excusa el comportamiento tóxico, pero puede darte una mejor comprensión de lo que lo está causando.

## ¿Tu organización fomenta este tipo de comportamiento?

La cultura organizacional de tu lugar de trabajo también puede estar dando a tu colega un permiso tácito para maltratar a los demás.

Esto es lo que vio Manuela Priesemuth, profesora de la Universidad Villanova, en su trabajo sobre el liderazgo destructivo y la agresión en el lugar de trabajo.[157] Escribe:

> El comportamiento abusivo, especialmente cuando lo expresan los líderes, puede extenderse por toda la organización, creando climas enteros de abuso. Como los empleados observan y aprenden de los directivos, llegan a entender que este tipo de maltrato interpersonal es un comportamiento aceptable en la empresa. Básicamente, los empleados empiezan a pensar que «así es como se hace por aquí», y esta creencia se manifiesta en un entorno tóxico que tolera los actos abusivos. Es más, los estudios han demostrado incluso que los empleados que experimentan el maltrato de un supervisor son también más propensos a «pasar» este tipo de trato en un efecto dominó.[158]

155. Christopher M. Barnes *et al.*, «"You Wouldn't Like Me When I'm Sleepy": Leaders' Sleep, Daily Abusive Supervision, and Work Unit Engagement», *The Academy of Management Journal*, 58 (5) (noviembre de 2014), 1419-37, https://doi.org/10.5465/amj.2013.1063.
156. Stephen H. Courtright *et al.*, «My Family Made Me Do It: A Cross-Domain, Self-Regulatory Perspective on Antecedents to Abusive Supervision», *The Academy of Management Journal*, 59 (5) (mayo de 2015), pp. 1630-52, https://doi.org/10.5465/amj.2013.1009.
157. Manuela Priesemuth *et al.*, «Abusive Supervision Climate: A Multiple-Mediation Model of Its Impact on Group Outcomes», *The Academy of Management Journal*, 57 (5) (octubre de 2013), pp. 1513-34, https://journals.aom.org/doi/10.5465/amj.2011.0237.
158. Manuela Priesemuth, «Time's Up for Toxic Workplaces», *Harvard Business Review*, 19 de junio de 2020, https://hbr.org/2020/06/times-up-for-toxic-work-places.

Tal vez tu atormentador esté actuando de acuerdo con normas que han sido establecidas por otros en tu organización, en lugar de estar llevando a cabo una venganza personal contra ti. Si ese es el caso, también podrías plantearte si se trata del tipo de lugar en el que quieres trabajar.

## ¿Cree tu colega que está ayudando? ¿Está ayudando?

Es posible que tu atormentador no tenga intenciones maliciosas, y que su forma agresiva de actuar o sus expectativas inflexibles no tengan como objetivo destruir a la competencia, conseguir que te despidan o hacerte la vida imposible. Piensa en lo que podría estar intentando conseguir.

A pesar de lo mal que Celeste hacía sentir a Julia, esta creía que su jefa en realidad intentaba ayudarla. «Era dura con todos en la oficina, pero especialmente con las mujeres, empujándonos a demostrar que estábamos dispuestas a trabajar tanto como ella. Al presionarnos tanto, creo que intentaba ayudarnos a lograr cosas de las que no sabíamos que fuéramos capaces», me dijo.

Quizás tú, como Julia, te des cuenta de que los objetivos de tu colega son nobles, incluso aunque sus tácticas estén equivocadas y sean hirientes. ¿Sus acciones producen algún resultado positivo? Por ejemplo, ¿sus altas expectativas te han hecho mejorar en tu trabajo?

Algunas investigaciones han demostrado que trabajar con un líder intimidante que fija estándares exigentes tiene beneficios. Sus seguidores suelen aprender, a través de la observación, a tomar decisiones rápidas en situaciones de gran presión y a esforzarse por tener éxito.[159]

Una vez que hayas tomado en consideración las preguntas anteriores, es hora de planificar tu enfoque para llevarte bien.

# TÁCTICAS PARA PROBAR

La competitividad extrema o las expectativas inalcanzables de tu compañero de trabajo pueden estar influidas por el estrés al que está some-

159. Roderick M. Kramer, «The Great Intimidators», *Harvard Business Review*, febrero de 2006, https://hbr.org/2006/02/the-great-intimidators.

tido o por una cultura tóxica. Aun así, si sus acciones son mezquinas o perjudiciales, hay que abordarlas. Prueba con alguna de las siguientes estrategias.

## Fomenta su empatía

Es más probable que empaticemos con las personas si nos identificamos con ellas de alguna manera. En lugar de tratar de distanciarte de tu verdugo, busca formas de demostrarle que os parecéis más de lo que piensa. Pregúntale cómo fue su ascenso en el sector, o las batallas que tuvo que librar al principio de su carrera, o los obstáculos que tuvo que superar. A continuación, escucha. Mostrar interés hacia aquello por lo que han pasado puede desarmarlos. Asimismo, busca oportunidades para hablar de los sacrificios que has hecho o para destacar tu pasión y tu empuje.

Rosalind Chow sugiere que le pidas consejo. Acercarse a él en calidad de mentor o experto dará un buen empujón a su ego y, según Chow, «si puede verse a sí mismo en ti, es más probable que te trate mejor» y que quiera que tengas éxito.[160] Si tus impactantes logros individuales o de equipo repercuten positivamente en su capacidad de liderazgo, aún mejor.

Este enfoque puede ser especialmente eficaz con las mujeres de alto rango en campos dominados por hombres. Belle Derks, psicóloga y estudiosa del género y el fenómeno de la «abeja reina», afirma que las mujeres que encajan en ese estereotipo «se distancian no de las mujeres en general, sino más específicamente de las mujeres que (todavía) no han hecho los sacrificios necesarios para sobrevivir en organizaciones dominadas por hombres».[161] Como me relató Derks, «puede que te resulte más fácil trabajar con una superior exigente si le demuestras que eres igual de ambiciosa o estás dispuesta a hacer un esfuerzo extra».[162]

160. Entrevista de la autora con Rosalind Chow, 18 de febrero de 2021.
161. Derks, B., Van Laar, C., & Ellemers, N. (2016). «The queen bee phenomenon: Why women leaders distance themselves from junior women». *The Leadership Quarterly, 27*(3), 456-469. https://doi.org/10.1016/j.leaqua.2015.12.007.
162. Entrevista de la autora con Belle Derks, 15 de febrero de 2021.

## Céntrate en un objetivo compartido

En el mismo sentido, considera si puedes alinearte con tu colega de forma que os centréis en el mismo objetivo. Unir fuerzas podría ayudar a canalizar conjuntamente vuestros talentos y vuestra energía de forma positiva. ¿Hay algún proyecto que podáis abordar juntos? ¿O un problema que le puedas ayudar a resolver? Por supuesto, formar un equipo puede resultar poco atractivo. ¿Quién querría ponerse directamente en la línea de fuego? Pero tener un objetivo compartido puede ayudar a aliviar la tensión y hacer que caminéis en la misma dirección.

Incluso puedes emplear esta táctica a pequeña escala, haciendo hincapié en los objetivos compartidos en vuestras interacciones cotidianas:

«Sé que ambos queremos terminar este proyecto a tiempo».

«Ambos nos preocupamos de que nuestro equipo obtenga los recursos que necesita».

«Todos queremos trabajar en un lugar justo y equitativo».

Utilizar la palabra «nosotros» en las comunicaciones puede disminuir el grado en que tu colega siente que sois competidores y puede poneros, metafóricamente, en el mismo lado de la mesa.

## No cedas a la competencia insana

Si percibes que un colega se siente amenazado por ti, puedes tener la tentación de subir la apuesta y demostrarle que no te vas a echar atrás. No caigas en ella.

Después de reflexionar un poco, Orlando se dio cuenta de que el comportamiento de Patrick probablemente no tenía que ver con él, sino con su propia inseguridad por el hecho de que Orlando había llegado a la agencia estatal con más credenciales. «La idea subyacente de nuestras comunicaciones era: "Soy mejor que tú", y daba la impresión de estar menospreciándome como forma de sentirse mejor», me dijo Orlando. Se dio cuenta de que cuanto más se defendía, más lo maltrataba Patrick. Así que decidió dejar de discutir con él.

«Una vez que dejé de luchar por el ascenso, descendió en gran parte la tensión entre nosotros», dice Patrick. Pero no renunció a sus objetivos profesionales. Empezó a buscar trabajo en otros lugares. «Me dije que no dejaría este puesto hasta que tuviera algo mejor», me confesó. Y mientras tanto, centró sus esfuerzos en las tareas que le interesaban. «Decidí no preocuparme tanto por el título y centrarme en el trabajo», dice. Se encargó de proyectos especiales que requerían una interacción mínima con Patrick y encontró la satisfacción de ayudar a la agencia a cumplir su misión de hacer más accesible la educación.

En lugar de embarcarte en un tira y afloja con tu atormentador, reserva tu energía para llevar a cabo acciones constructivas, como buscar proyectos interesantes, trabajar con personas que puedan enseñarte algo, consagrarte a la misión de la empresa o incluso hacer voluntariado fuera del trabajo.

## Cambia el equilibrio de poder

Otra táctica que puedes probar es la de cambiar el equilibrio de poder entre el atormentador y tú. Parte de lo que hace que su comportamiento sea tan doloroso —y tan costoso para ti— es que tiene más autoridad, pero el hecho de que tenga un rango superior no significa que debas aceptar sus insultos o novatadas. Las investigaciones demuestran que puedes atenuar su trato negativo aumentando su dependencia de ti.[163]

Por supuesto, hacer eso puede parecer difícil. Al fin y al cabo, es probable que dependas de él, al menos en parte, para los aumentos de sueldo, los ascensos, el acceso a los recursos o la asignación de proyectos. Aun así, las dinámicas de poder no son fijas y puedes inclinar las cosas a tu favor demostrando tu valor, especialmente en relación con lo que más le importa. Supongamos que uno de los objetivos de tu colega es asegurarse de que tu equipo utiliza las últimas tecnologías para el seguimiento de las ventas. Partiendo de esa información, podrías investigar el panorama tecnológico y evaluar los desafíos de integrar diversas opciones en tu sistema actual. Tal vez empieces a seguir en las redes sociales a personas especializadas en una tecnología concreta o te pongas en contacto con compañeros de otras empresas que se esfuerzan por estar al tanto de los últimos avances. Así podrás compartir tus conocimientos y ayudar al atormentador a resolver ese problema de suma prioridad. La clave del

163. Hui Liao, Elijah Wee y Dong Liu, «Research: Shifting the Power Balance with an Abusive Boss», *Harvard Business Review*, 9 de octubre de 2017, https://hbr.org /2017/10/research-shifting-the-power-balance-with-an-abusive-boss.html.

éxito de esta táctica es que te centres en las habilidades y competencias que le resultaría difícil encontrar en otro lugar. El objetivo es enviar el mensaje: «Me necesitas más de lo que crees, así que cuídame más».[164]

## Sé directo

Afrontar directamente una dinámica problemática con un atormentador puede ser una buena opción. Si tu colega te está menospreciando, enfréntate a él con sinceridad pero con tacto. Di algo parecido a: «Puedo estar equivocado, pero tengo la sensación de que no estamos trabajando juntos tan bien como podríamos. Me gustaría tener una relación productiva contigo, así que, si he hecho algo que está afectando negativamente a nuestra capacidad de colaboración, me gustaría saberlo para poder cambiarlo». No digo que los encuentros sinceros no vayan a ser incómodos —probablemente lo serán—, pero lo ideal sería que iniciaras una conversación sobre cómo retomar el camino. Puede que tu colega responda con una negación («No creo que haya nada malo en nuestra forma de trabajar juntos») o a la defensiva («¿Por qué piensas eso?»), pero al menos habrás dejado clara tu intención de mantener una relación positiva.

## Refuerza tu confianza

Trabajar con alguien que es duro contigo puede poner a prueba tu autoestima. Es importante que te mantengas fuerte y no cedas al síndrome del impostor. Una mujer con la que mantuve una conversación, que tenía problemas con varios colegas que la excluían de los proyectos y socavaban sus contribuciones delante de los demás, dijo que estaba dispuesta a abandonar. Pero entonces se inspiró en algo que le había dicho una amiga: «No te vayas hasta que te obliguen a salir». En lugar de abandonar un trabajo que le gustaba, redobló su decisión de quedarse. «Mi trabajo es duro y competitivo, y aunque los demás me consideren un caso perdido, tengo que reconocer mi valía y mis méritos. Aunque ciertas personas de alto rango no me ayuden a salir adelante, y quizás incluso intenten sabotearme, puedo ayudarme a mí misma», me dijo.

No fue fácil, pero se centró en aquello que podía hacer para avanzar en su carrera y para confiar en sus propias capacidades, en lugar de en las

---

164. Liao, Wee y Liu, «Shifting the Power Balance with an Abusive Boss».

Ya sea que decidas desembarazarte de la competencia malsana con tu colega o abordar su maltrato directamente, he aquí algunas frases que te ayudarán a comenzar.

**Empatiza con sus sacrificios**

«Valoro lo que te ha costado alcanzar este nivel de éxito. Imagino que no fue fácil».

«Reconozco que las cosas son probablemente más fáciles para mí ahora que para ti cuando estabas en mi lugar».

«Sé que muchas personas que han llegado a tu nivel en nuestro campo han tenido que hacer sacrificios. ¿Ha sido así en tu caso?».

**Afronta la tensión directamente**

«Me preocupa que hayamos empezado con mal pie».

«Me gustaría hablar de la dinámica entre nosotros. A veces parece improductiva y me pregunto qué puedo hacer para cambiarla».

«Me encantaría que tuviéramos una relación más sólida. ¿Hay algo que pueda hacer para que eso ocurra?».

**Céntrate en un objetivo compartido**

«Sé que a los dos nos importa que este proyecto se finalice a tiempo. ¿Podemos hablar de cómo podemos trabajar juntos para lograrlo?».

«Ambos podemos hacer que nuestro equipo [o departamento] funcione bien aquí».

«Creo que lo haríamos bien si nos encargamos de esto juntos».

de los demás. Según ella, esto reportó beneficios más allá de su autoestima. «Una vez que empecé a confiar en mí misma, comencé a encontrar mentores que entendían lo que intentaba hacer y me apoyaban», dijo. Establecer relaciones sanas con otras personas es siempre una buena forma de proteger y fomentar tu confianza, así como tus perspectivas profesionales.

• • •

Volvamos a los problemas de Julia con su jefa, Celeste. Le resultaba más fácil lidiar con las exigencias de Celeste cuando pensaba que intentaba ayudarla, pero había unas cuantas líneas que Julia debía trazar en la arena. Por ejemplo, no quería trabajar durante las vacaciones ni acortar su permiso de maternidad. Así que adoptó un enfoque directo, no sin antes mostrar su agradecimiento a Celeste y a los sacrificios que había hecho. En cierta ocasión en que terminaron una reunión antes de tiempo, Julia aprovechó para decirle a Celeste lo impresionada que estaba por su dedicación a su carrera. «Le reconocí que su generación disponía de mucha menos flexibilidad y margen de maniobra que nosotros ahora», le dijo. Esto hizo que Celeste compartiera con ella por qué había enfocado su carrera de la forma en que lo había hecho, explicando lo difícil que era para una mujer salir adelante en el sector de la gestión hostelera. Esto le dio a Julia la oportunidad de decir que, ahora que las cosas habían cambiado, estaba agradecida por no haber tenido que hacer los sacrificios que Celeste no había tenido más remedio que hacer: trabajar durante las vacaciones, estar disponible todo el tiempo, ponerse siempre en último lugar. Esta conversación suavizó la tensión entre Julia y su jefa, y ahora, cuando ella se opone a algunas de las exigencias de Celeste, esta se muestra más flexible y comprensiva.

## TÁCTICAS PARA RECORDAR
El atormentador

**SÍ:**

- Encuentra un objetivo compartido y céntrate en él en lugar de en la dinámica negativa entre vosotros.
- Pregunta directamente qué podrías hacer para mejorar vuestra relación.
- Reconoce los sacrificios que ha realizado o las dificultades que ha experimentado a lo largo de su carrera.
- Intenta demostrar que tienes un valor que los demás no tienen para poder cambiar el equilibrio de poder, aunque sea ligeramente.

- Examina cómo los prejuicios y estereotipos pueden estar influyendo en tu interpretación del comportamiento de tu colega, especialmente si es una mujer.

## NO:

- No olvides que la mayoría de las personas actúan de forma agresiva en el trabajo porque se sienten amenazadas.
- No intentes subir la apuesta con un colega muy competitivo; quizás puedas desarmarlo más eficazmente si te niegas a entrar en un tira y afloja.
- No permitas que un atormentador haga que te cuestiones a ti mismo.
- No asumas que el maltrato de tu colega es el resultado de un defecto de carácter; en lugar de eso, considera qué más puede estar sucediendo.

# 9
# El tendencioso

## «¿Por qué eres tan sensible?»

---

Durante los siete años que Aliyah trabajó en una gran multinacional de medios de comunicación, tuvo seis o siete jefes diferentes. «Sinceramente, en algún momento perdí la cuenta», me dijo. La mayoría de esos jefes estaban «muy bien» y algunos apoyaban a Aliyah y sus aspiraciones de convertirse en directora de desarrollo de ventas. Pero hubo un jefe, Ted, que le resultó especialmente difícil. Desde el principio se dio cuenta de que Ted no se sentía del todo cómodo con ella. «Era como si siempre tratara de elegir sus palabras con cuidado, lo cual resulta irónico porque decía muchas cosas estúpidas», apunta.

Uno de los estribillos constantes de Ted era: «Deberías sonreír más». Cuando Aliyah señaló que eso probablemente no se lo decía a sus colegas masculinos, Ted la describió como «difícil de leer». Ella trataba de ignorar sus comentarios, pero cuanto más los dejaba pasar, más se esforzaba Ted. Llegó a decir —en un fingido tono confesional— que se sentía intimidado por ella. «Intentaba hacer creer que se debía a mis logros, pero para mí era obvio que también aludía al hecho de que soy una mujer negra», me dijo.

Los comentarios de Ted eran tendenciosos. Hacían que Aliyah se cuestionara la manera en que la percibían los demás. Esto se revelaba especialmente perjudicial cuando los prejuicios de Ted surgían delante de los demás, y cuando empezaron a aparecer en sus evaluaciones formales de rendimiento.

Quizás te hayas encontrado en una situación como la de Aliyah. Tu colega dice algo que te hace sentir inmediatamente incómodo. Tal vez piense que está siendo gracioso o haciendo un cumplido, pero el comentario es inapropiado, tal vez incluso sexista, transfóbico, discriminatorio por razón de edad o racista.

Todos somos culpables de exhibir prejuicios a veces. Puede que no tengamos intención de hacer daño. Pero eso no significa que un comportamiento como el de Ted —que hizo que Aliyah se sintiera señalada, incomprendida y obstaculizada— esté bien.

He aquí algunos ejemplos de afirmaciones tendenciosas que puedes haber escuchado:

«Eres tan elocuente».

«Todo el mundo puede llegar aquí si se esfuerza lo suficiente y hace bien su trabajo».

«¿Conoces a Fulano?». (Cuando Fulano es la única persona de un grupo infrarrepresentado en tu lugar de trabajo).

«Me confunden todos los pronombres diferentes. Cuando yo crecí solo había dos géneros».

«Para mí el color no es un problema».

«Cuando llamo a algo *gay*, no me refiero a la orientación sexual».

«Tu pelo parece diferente hoy. ¿Es tu *look* casual?».

«¿De dónde eres?»

«No pareces lo suficientemente mayor para ser... [un profesor, un gerente, un médico]».

Decidir si, cuándo y cómo enfrentarse a la discriminación es complejo, sobre todo porque puedes temer que te sancionen en función de cómo manejes la situación. Esto es lo que hace que los prejuicios en el lugar de trabajo sean especialmente corrosivos. Y la responsabilidad de hacer frente a los prejuicios no debería recaer en quienes, como Aliyah, están en el extremo receptor. Sin embargo, a veces lo correcto es ofrecer retroalimentación, sobre todo si tienes que trabajar regularmente con un compañero de trabajo tendencioso.

¿Qué deberías decir o hacer si te encuentras en una situación como la de Aliyah, trabajando con alguien que hace comentarios insensibles o directamente ofensivos? ¿En qué debe diferir tu enfoque si eres el blanco de los comentarios tendenciosos o un observador de los mismos?

Una nota antes de entrar en el trasfondo del comportamiento tendencioso: mi identidad como mujer blanca y heterosexual implica que, aunque he sido objeto de comentarios inapropiados en el trabajo y de sexismo a lo largo de mi carrera, no tengo experiencia de primera mano con el racismo, la homofobia y otras formas de opresión. Por ello, he recurrido a los conocimientos de académicos y profesionales con experiencia directa en esas injusticias para fundamentar mi comprensión y los consejos que aquí ofrezco. Verás sus trabajos reflejados y citados a lo largo de este capítulo.

# EL TRASFONDO DEL COMPORTAMIENTO TENDENCIOSO

Los prejuicios pueden expresarse de forma explícita e implícita. Si Ted le hubiera dicho a Aliyah: «No me gusta trabajar contigo porque eres una mujer negra», ello habría constituido un ejemplo obvio de prejuicio (y probablemente una violación de la política de la empresa y puede que de la ley, dependiendo del país o estado en el que trabajaran). En lugar de eso, Ted señaló indirectamente que se sentía incómodo trabajando con Aliyah, y ella se quedó pensando si sería por su raza o por su género, por ambas cosas o por algo que no tenía nada que ver.

En este capítulo voy a hablar de las formas sutiles que adoptan los prejuicios y que suelen afectar a nuestras interacciones interpersonales en el trabajo. Pueden ser especialmente dolorosas de experimentar y problemáticas de afrontar por su carácter ambiguo o por estar disfrazadas de comentarios aparentemente positivos.

Veamos este ejemplo del profesor de la Universidad de Stanford Claude Steele. En una entrevista de *podcast*, compartió dos experiencias personales relacionadas con el racismo y ocurridas décadas atrás. En primer lugar, recordó un momento de su infancia en el que los empleados de un campo de golf les dijeron a él y a sus amigos, utilizando un insulto racial, que nunca conseguirían trabajo como *caddies* allí por ser negros. Más tarde, como estudiante de posgrado, nunca supo a qué atenerse con sus colegas y profesores blancos, es decir, si su maltrato tenía o no una motivación racial. Steele explicó que su respuesta al primer incidente fue una «justa indignación», pero que los prejuicios más ambiguos que encontró en la escuela de posgrado le hicieron sentirse pequeño y cuestionarse a sí mismo.[165]

---

165. Shankar Vedantam, presentador, «How They See Us», *Hidden Brain*, podcast, 8 de febrero de 2021, https://hiddenbrain.org/podcast/how-they-see-us/.

## «Actos sutiles de exclusión»

Los casos de prejuicios encubiertos suelen denominarse «microagresiones», una palabra que se ha generalizado en los últimos años pero que ya en 1970 aparecía en documentos académicos. El profesor de la Universidad de Columbia Derald Wing Sue escribió uno de los libros más importantes sobre este tema. Define las microagresiones como «los desprecios, desaires o insultos cotidianos, verbales, no verbales y ambientales, ya sean intencionados o no, que comunican mensajes hostiles, despectivos o negativos a las personas destinatarias basándose únicamente en su pertenencia a un grupo marginado».[166]

Los expertos en diversidad, equidad e inclusión (DEI, por sus siglas en inglés) Tiffany Jana y Michael Baran ofrecen una expresión diferente para describir estas acciones: «actos sutiles de exclusión» (que es también el título de su libro de 2020).[167] Lo que me gusta de su denominación es que se centra en el impacto —la exclusión— y no en la intención. Puede que tu compañero de trabajo tendencioso no piense que está siendo agresivo o prejuicioso cuando pregunta: «¿De dónde eres realmente?», pero implícitamente está transmitiendo: «No perteneces». Además, el «micro» de «microagresión» implica que el comentario no es verdaderamente importante cuando, en la mayoría de los casos, sí lo es. En este capítulo utilizo ambas expresiones, ya que «microagresión» es la más familiar para la mayor parte de la gente.

He aquí algunas de las formas más comunes que adoptan estos sutiles actos de exclusión (véase la tabla 9-1):

- *Atribución de inteligencia.* Los comentarios de esta categoría, como el clásico «eres tan elocuente», transmiten sorpresa cuando una persona de un grupo concreto posee una habilidad o un rasgo normalmente positivo. Estas afirmaciones parecen alentadoras a

---

166. Derald Wing Sue, *Microaggressions in Everyday Life: Race, Gender, and Sexual Orientation* (Hoboken, NJ: Wiley, 2010); Derald Wing Sue et al., «Racial Microaggressions in Everyday Life: Implications for Clinical Practice», *American Psychologist*, 62 (4) (mayo-junio de 2007), pp. 271-86, https://gim.uw.edu /sites/gim.uw.edu/files/fdp/Microaggressions%20File.pdf.
167. Tiffany Jana y Michael Baran, *Subtle Acts of Exclusion: How to Understand, Identify, and Stop Microaggressions* (Oakland, CA: Berrett-Koehler Publishers, 2020).

## Tabla 9-1

## Formas sutiles de exclusión

| Tipo de prejuicio | Definición | Ejemplos |
|---|---|---|
| Atribución de inteligencia | Comentar un atributo que te sorprende que la persona posea. | «Eres tan elocuente». «Hablas muy bien inglés». |
| Etiquetado erróneo | Etiquetar un comportamiento considerado aceptable por la mayoría de los miembros del grupo como negativo o poco profesional. | «Puede que quieras suavizar el tono de tu ira». «La gente dice que eres demasiado mandona». |
| Prejuicio «benévolo» | Suponer que alguien no es capaz de (o no está interesado en) algo debido a su identidad y que necesita protección. | «Dudo que quiera trabajar en ese proyecto. Son muchos viajes y tiene una familia en la que pensar».* |
| Exceso de familiaridad | Utilizar frases o palabras denigrantes o que denoten una falsa sensación de familiaridad o cercanía. | Llamar a una mujer «cariño» o a un colega negro «hermano». |
| Suposiciones (basadas en una identidad aparente) | Hacer suposiciones basadas en estereotipos o negar a alguien su identidad individual. | «No pareces lo suficientemente mayor para ser... [un profesor, un gerente, un médico]». |
| Mito de la meritocracia | Actuar como si los prejuicios o la discriminación no existieran. | «Para mí el color no es un problema». «Tenemos suerte de trabajar en una meritocracia». |

* Comentarios como este suelen estar relacionados con lo que Williams denomina «muro materno», según el cual las mujeres con hijos ven cuestionados su compromiso y competencia o se enfrentan a la reprobación por dar prioridad a sus carreras. Véase Joan C. Williams, «The Maternal Wall», *Harvard Business Review*, octubre de 2004, https://hbr.org/2004/10/the-maternal-wall.

primera vista, pero insinúan que has superado ciertas expectativas que eran bajas por tu condición de mujer, de miembro de una minoría religiosa, de inmigrante, de hablante de un segundo idioma, de persona con discapacidad, etc. Muchos investigadores, como

Joan Williams, coautora de *Bias Interrupted*, han demostrado que las personas de grupos subestimados tienen que demostrar una y otra vez que son competentes, mientras que los hombres blancos y otras personas con poder no.[168]

- *Etiquetado erróneo.* Williams también habla de la «cuerda floja» sobre la que muchas mujeres y minorías tienen que caminar porque la gama de comportamientos que se consideran aceptables para ellas es más reducida. Tomemos, por ejemplo, la idea de que los líderes deben ser asertivos y seguros de sí mismos, y sin embargo las mujeres suelen ser penalizadas por demostrar tales rasgos. Del mismo modo, muchos profesionales negros han hablado de cómo sus emociones son tachadas de «enfadadas» incluso cuando expresan entusiasmo o desilusión.

- *Prejuicio «benévolo».* Esta variedad de prejuicio implica que alguien «cuide» de ti cuando en realidad te está frenando. Pensemos en un jefe que ofrece una retroalimentación vaga a su subordinada directa porque no cree que pueda soportar una crítica constructiva, o porque tiene miedo de que parezca que no apoya a las mujeres de color. Este prejuicio benévolo se dirige con frecuencia a las personas con discapacidad cuando un jefe asume que no pueden manejar ciertas exigencias de su trabajo.

  Cuando era nueva en el área de la consultoría de gestión, una consultora experimentada me dijo, en un ascensor camino de reunirme con un cliente: «Me he dado cuenta de que me toman más en serio cuando me maquillo». Miré mi rostro completamente al natural en las paredes de espejo. En ese momento de mi vida, solo me había maquillado una vez (para mi baile de graduación). No dudo de que mi colega intentara ayudarme, pero en lugar de eso erosionó mi confianza justo antes de una importante reunión con un cliente y me transmitió que, para tener éxito, tendría que adherirme a una norma de género con la que no me sentía cómoda.

- *Exceso de familiaridad.* A veces, al dirigirse o describir a un colega, la gente utiliza palabras que son denigrantes o connotan una cercanía que no existe. Llamar a una compañera «cariño» o a un

---

168. Molly McDonough, «4 Common Patterns of Bias That Women Face at Work- and How You Can Correct Them», *ABA Journal*, 1 de abril de 2016, https://www.abajournal.com/magazine/article/4_common_patterns_of_bias_that_women_face_at_work_and_how_you_can_correct_t.

colega negro «hermano» entra en esta categoría. Este exceso de familiaridad está bien documentado. Por ejemplo, una investigación realizada por las profesoras Ella Bell Smith y Stella Nkomo para su libro *Our Separate Ways* mostró que las mujeres blancas a menudo se sentían más cercanas a sus colegas negros que sus colegas negros a ellas.[169] Esta supuesta familiaridad devalúa la verdadera conexión, permitiendo a las personas reclamar una cercanía que no se han ganado.

- *Suposiciones (basadas en una identidad aparente).* Los comentarios de esta categoría incluyen confundir el género de un colega trans, suponer que un colega asiático no ha crecido hablando inglés o que una mujer de aspecto joven es una asistente: suposiciones basadas en estereotipos que niegan a las personas su identidad individual. Yo he cometido este tipo de microagresiones, probablemente más veces de las que me doy cuenta. Por ejemplo, hace poco pregunté a una colega latina si venía de una familia numerosa. En cuanto vi el sutil gesto de su ceño, me di cuenta de que había hecho una suposición ofensiva basada en su origen. Probablemente no le habría hecho la misma pregunta a una compañera de trabajo blanca.

- *Mito de la meritocracia.* La última categoría de microagresiones es la negación sutil de la existencia de prejuicios en general o más concretamente en tu organización o en tu equipo. Tal vez tu colega se queje de que la gente se centra demasiado en la raza o el género o en la «política de identidad». Tal vez defienda el uso de nombres de equipos deportivos estereotipados o peyorativos. Igualmente, puede admitir que la discriminación se produce en otros lugares pero no en su empresa, con comentarios tales como: «Me alegro de que trabajemos en una meritocracia» o «Tenemos suerte de que aquí no ocurran cosas así».

¿Qué hace que alguien caiga en estos patrones de discriminación?

---

169. Ella L. J. Edmondson Bell y Stella M. Nkomo, *Our Separate Ways* (Boston: Harvard Business Review Press, 2003).

## La motivación de tu colega tendencioso

En otros capítulos he explorado las posibles motivaciones que subyacen al comportamiento de tu colega difícil. Sin embargo, en el caso de este arquetipo no hay explicaciones fáciles. Al igual que sucede con otros tipos de prejuicio, la pereza cognitiva tiene parte de la culpa. Si confundo a uno de mis colegas indios con otro, aunque no se parezcan en nada, mi cerebro toma un atajo mental para conservar energía. Pero es más complejo que eso, y en ningún caso inocuo. Ese atajo se basa en fuerzas sociales, sociológicas e históricas, como la supremacía blanca y el racismo sistémico. (Si quieres saber más sobre el racismo en el trabajo, hay numerosos artículos, libros y expertos a los que seguir, muchos de los cuales han influido en mi propia comprensión; puedes consultar una pequeña muestra más abajo en la sección «Lecturas sobre el racismo en el trabajo»).

A medida que los prejuicios manifiestos se han ido volviendo (afortunadamente) más inaceptables socialmente en muchos lugares de trabajo, las microagresiones y otras formas de prejuicios sutiles se han convertido en las principales válvulas de escape de la tendenciosidad de la gente. La profesora de psicología Lilia Cortina ha planteado que los comportamientos incívicos, como interrumpir a un compañero o utilizar un tono condescendiente, pueden justificarse fácilmente. Es fácil que el acosador alegue un descuido o atribuya el desaire a su personalidad «brusca», en lugar de relacionarlo con la etnia, el género o la apariencia de la otra persona. La gente suele salirse con la suya en la discriminación encubierta creyendo que es imparcial.[170]

De igual modo, se ven más comportamientos tendenciosos en entornos de trabajo a distancia, donde la gente rara vez interactúa cara a cara. Aunque hay menos interacciones casuales en los pasillos o en las cafeterías, hay muchos espacios, como los canales de Slack o los textos de grupo, donde la gente puede hacer —y hace— comentarios inapropiados. Debido a un fenómeno denominado «efecto de desinhibición en línea», la gente tiende a ser más audaz cuando puede esconderse detrás

---

170. Lilia M. Cortina, «Unseen Injustice: Incivility as Modern Discrimination in Organizations», *The Academy of Management Review*, 33 (1) (enero de 2008), pp. 55-75, https://journals.aom.org/doi/10.5465/amr.2008.27745097; Lilia M. Cortina *et al.*, «Selective Incivility as Modern Discrimination in Organizations: Evidence and Impact», *Journal of Management*, 39 (6 (septiembre de 2013), pp. 1579-1605, https://doi.org/10.1177/0149206311418835.

## Lecturas sobre el racismo en el trabajo

Si quieres saber más sobre el racismo en el lugar de trabajo y lo que podemos hacer para abordarlo, hay varios libros de los que personalmente he aprendido mucho y que te recomiendo:

- *Race, Work, and Leadership: New Perspectives on the Black Experience*, por Laura Morgan Roberts, Anthony J. Mayo y David A. Thomas.
- *Erasing Institutional Bias: How to Create Systemic Change for Organizational Inclusion*, por Tiffany Jana y Ashley Diaz Mejias.
- *How to Be an Antiracist*, por Ibram X. Kendi.
- *So You Want to Talk About Race*, por Ijeoma Oluo.
- *White Fragility: Why It's So Hard for White People to Talk About Racism*, por Robin J. DiAngelo.
- *The Person You Mean to Be: How Good People Fight Bias*, por Dolly Chugh.
- *A More Just Future: Psychological Tools for Reckoning with Our Past and Driving Social Change*, por Dolly Chugh.
- *Inclusion on Purpose: An Intersectional Approach to Creating a Culture of Belonging at Work*, por Ruchika Tulshyan.

Periódicamente se publican nuevos artículos y libros sobre este tema, de modo que no dejes de pedir recomendaciones y buscar las últimas novedades.

de un teclado.[171] Nos sentimos menos contenidos cuando interactuamos en línea y más seguros expresando cosas que no diríamos a la cara.[172]

---

171. John Suler, «The Online Disinhibition Effect», *Cyberpsychology & Behavior: The Impact of the Internet, Multimedia and Virtual Reality on Behavior and Society*, 7 (3) (junio de 2004), pp. 321-26, https://pubmed.ncbi.nlm.nih.gov/15257832/.
172. Nellie Bowles, «How to Keep Internet Trolls Out of Remote Workplaces», *New York Times*, 24 de enero de 2021, https://www.nytimes.com/2021/01/24/business/remote-work-culture-online.html.

A veces es difícil recordar hasta qué punto las ideas racistas —y otros sistemas de pensamiento opresivos— impregnan nuestros lugares de trabajo. Poco después del asesinato de George Floyd a manos del policía de Minneapolis Derek Chauvin, el académico Ibram X. Kendi ofreció una metáfora útil. Al vivir en Estados Unidos (aunque esto se aplica también a otros lugares), nos «llueven» constantemente las ideas racistas. Como explica Kendi, «no tienes paraguas, y ni siquiera sabes que estás mojado por esas ideas racistas, porque las propias ideas te hacen creer que estás seco».[173] Solo cuando alguien te da un paraguas —la conciencia de tu privilegio— te das cuenta de que has estado empapado todo el tiempo.[174]

Comparto esta metáfora no para excusar el comportamiento tendencioso de tu colega, sino para mostrar lo profundamente arraigadas que pueden estar las creencias que dan forma a dichos comportamientos. Todo el mundo tiene prejuicios, y son difíciles de reconocer en uno mismo, lo que dificulta la adopción de medidas para contrarrestarlos y puede explicar por qué tu colega tiene dificultades para ver el daño que está causando.

# LOS COSTES DE LAS MICROAGRESIONES

Las investigaciones han demostrado que estar en el extremo receptor de actos sutiles de exclusión conlleva una gran cantidad de consecuencias psicológicas y fisiológicas. Como escriben las profesoras Ella Washington, Alison Hall Birch y Laura Morgan Roberts: «Las microagresiones parecen pequeñas, pero si se acumulan a lo largo del tiempo pueden tener un impacto nocivo en la experiencia, la salud física y el bienestar psico-

---

173. Escuché por primera vez a Kendi compartir esta metáfora en el podcast de Brené Brown: Brené Brown, presentadora, «How to Be an Antiracist», *Unlocking Us*, podcast, 3 de junio de 2020, https://brenebrown.com/podcast/brene-with-ibram-x-kendi-on-how-to-be-an-antiracist/.
174. Si aún no estás familiarizado con el término *privilegio*, me gusta la forma en la que Dolly Chugh habla de lo que ella llama «privilegio ordinario» como la capacidad de olvidar aspectos de lo que eres porque representan la demografía mayoritaria de tu país u organización. Puedes encontrar más información en su libro *The Person You Mean to Be*.

lógico de un empleado».[175] Existen numerosos estudios sobre la relación entre las microagresiones y las consecuencias negativas para la salud mental.[176] Las personas que sufren discriminación en el trabajo tienen más probabilidades de presentar síntomas de depresión y ansiedad, por ejemplo.[177] La obesidad y la hipertensión causadas por el estrés son solo algunas de las repercusiones físicas documentadas.[178]

También hay costes potenciales para tu medio de vida. Como me dijo Ruchika Tulshyan, autora de *Inclusion on Purpose*, los comentarios que excluyen a las personas «tienen un impacto más allá de los sentimientos. Cuando se refuerzan y perpetúan los estereotipos, el impacto también se da en tu carrera: cuánto te pagan, cuáles son tus oportunidades de ascenso, quién piensa que tienes potencial de liderazgo».[179]

Las investigaciones demuestran que los prejuicios sutiles pueden causar más daño que la discriminación flagrante.[180] Existen varias razones para ello. En primer lugar, procesar una afirmación ambigua como «Eres tan elocuente» consume recursos cognitivos en el intento de dilucidar si se trata o no de un cumplido o de una pulla a tu identidad. En segundo lugar, las microagresiones son mucho más comunes que la discriminación flagrante (en la mayoría de los lugares de trabajo), por lo que es más probable que las sufras. El impacto de muchos pequeños desaires puede acumularse con el tiempo. En tercer lugar, suele haber pocos recursos a

175. Ella F. Washington, Alison Hall Birch y Laura Morgan Roberts, «When and How to Respond to Microaggressions», *Harvard Business Review*, 3 de julio de 2020, https://hbr.org/2020/07/when-and-how-to-respond-to-microaggressions.

176. Monnica T. Williams, «Microaggressions: Clarification, Evidence, and Impact», *Perspectives on Psychological Science*, 15 (1) (enero de 2020), pp. 3-26, https://doi.org/10.1177%2F1745691619827499.

177. Adwoa Bagalini, «5 Ways Racism Is Bad for Business – and What We Can Do About It», *Foro Económico Mundial*, 14 de julio de 2020, https://www.weforum.org/agenda/2020/07/racism-bad-for-business-equality-diversity/.

178. Stephen Ashe y James Nazroo, «Why It's Time to Address Workplace Racism as a Matter of Health and Safety», *Manchester Policy Blogs*, Universidad de Manchester, 19 de abril de 2018, http://blog.policy.manchester.ac.uk/posts/2018/04/why-its-time-to-address-workplace-racism-as-a-matter-of-health-and-safety/.

179. Entrevista de la autora con Ruchika Tulshyan, 9 de febrero de 2021.

180. Kristen P. Jones *et al.*, «Not So Subtle: A Meta-Analytic Investigation of the Correlates of Subtle and Overt Discrimination», *Journal of Management*, 42 (6) (septiembre de 2016), pp. 1588-1613, https://doi.org/10.1177/0149206313506466.

tu disposición. Es difícil denunciar, y mucho más demandar, a alguien por una microagresión, así que tienes que averiguar cómo manejar la situación por tu cuenta.[181]

Los costes se multiplican si se te hace sentir que la microagresión es producto de tu imaginación. Al tratar con un colega tendencioso, es posible que hayas escuchado cosas tales como:

> «No lo dice en serio».
> «Ella es de una generación diferente».
> «Es simplemente odioso».
> «¿No puedes aceptar una broma?».

Caracterizar a las víctimas de microagresiones como excesivamente sensibles o demasiado políticamente correctas fomenta el daño, o da lugar a la «luz de gas», haciendo que las personas se cuestionen si lo que experimentaron realmente sucedió o si su reacción es apropiada.

Además de las posibles consecuencias para ti, tu salud y tu carrera, los comentarios tendenciosos de un colega también tienen un impacto negativo en tu organización, dado que erosionan el sentido de pertenencia y la seguridad psicológica y refuerzan la exclusión. Esto, por supuesto, conduce a la desvinculación, a la disminución de la productividad y a una menor retención de los empleados.[182] Todo ello hace que los equipos de dirección sigan siendo muy blancos y muy masculinos, ya que las personas que sienten que pertenecen a la empresa tienen más probabilidades de ascender en el escalafón.

Conociendo el daño que pueden causar los prejuicios encubiertos, es importante interrumpir estos actos cuando se producen. Pero enfrentarse a un compañero de trabajo que incurre en este arquetipo no siempre es sencillo. Veamos algunas de las preguntas que debes formularte para decidir si debes responder y cómo hacerlo.

---

181. Eden King y Kristen Jones, «Why Subtle Bias Is So Often Worse Than Blatant Discrimination», *Harvard Business Review*, 13 de julio de 2016, https://hbr.org /2016/07/why-subtle-bias-is-so-often-worse-than-blatant-discrimination.
182. Bagalini, «5 Ways Racism Is Bad for Business».

# PREGUNTAS PARA HACERTE A TI MISMO

Normalmente, esta sección te ayuda a examinar el papel que estás desempeñando en la dinámica entre tu compañero de trabajo difícil y tú. Pero cuando se trata de cuestiones como el racismo y el sexismo, no estás haciendo nada para causar el problema. En realidad, haces un favor a tu colega si le ayudas a corregir sus prejuicios. De modo que aquí me centro en las preguntas que te darán información sobre cuál de las siguientes tácticas es la adecuada para tu situación.

## ¿Has sido objeto de discriminación? ¿O bien testigo?

La carga de advertir y denunciar las microagresiones suele recaer en las personas pertenecientes a grupos infrarrepresentados. Y no debería ser así. Como explica Aneeta Rattan, experta en mentalidad y prejuicios en la London Business School, «lo que vemos en muchas investigaciones es que los aliados no son tan rápidos o no están tan preparados para reconocer los prejuicios. Pueden pasarlos por alto o no darse cuenta en absoluto».[183] Es importante que todos estemos atentos a los prejuicios y que creamos a las personas cuando los identifiquen.

Si una microagresión se dirige a ti, es decisión tuya si vale la pena el riesgo de hablar (véase más sobre esa estimación en la siguiente sección, «¿Cuáles son los riesgos?»). Sin embargo, si eres testigo del incidente, tienes una mayor responsabilidad de hablar. Rattan dice: «Los aliados y defensores tienen que entender que cualquier riesgo que haya para ti se agrava en el caso del miembro de ese grupo o el receptor de ese comentario».

Las investigaciones destacan por qué es tan imperativo que los testigos hablen. Si compartes un marcador de identidad con el agresor, como la etnia, el género o la función en la empresa, es más probable que resultes convincente y menos probable que se desestime tu testimonio. En un estudio, las personas de etnia blanca daban más crédito al testimonio cuando la persona que describía el comentario racista era también blanca.

---

183. Entrevista de la autora con Aneeta Rattan, 12 de febrero de 2021.

Asimismo, era más probable que la calificaran de grosera si la persona que efectuaba el comentario era negra.[184]

Tengamos en cuenta que experimentar incomodidad no es lo mismo que sentirse inseguro. Como testigo, solo debes optar por ignorar un comentario tendencioso cuando tu seguridad —o la de la persona objeto del ataque— esté en juego. Todos tenemos la obligación moral de alzar la voz, especialmente si nuestra identidad nos confiere privilegios de los que no goza la persona o personas agredidas.

## ¿Cuáles son los riesgos?

Se da una interesante paradoja en muchas organizaciones. Con el creciente reconocimiento de los prejuicios sistémicos, las empresas están dedicando más recursos que nunca a la creación de fuerzas de trabajo diversas e inclusivas, y, sin embargo, para muchos empleados suele ser peligroso hablar de racismo, sexismo u otros tipos de prejuicios. Estas conversaciones pueden parecer campos de minas, lo que hace que la discriminación sea más difícil de denunciar que otras formas de incivilidad.

Es útil pensar en lo que podría salir mal si te enfrentas a tu compañero de trabajo tendencioso, ya que existen riesgos materiales. Pero te sugiero que también consideres los riesgos de no hablar.

## *¿Cuáles son los riesgos de hablar?*

Abordar abiertamente los prejuicios desafía el *statu quo* y puede afectar a tus relaciones y a tu posición con respecto a tus compañeros de trabajo o tu jefe, a tus evaluaciones de rendimiento, a las asignaciones de trabajo o incluso a la conservación de tu empleo. Como resultado, puedes sentir la presión social de ser respetuoso y no responder.[185]

---

184. Heather M. Rasinski y Alexander M. Czopp, «The Effect of Target Status on Witnesses' Reactions to Confrontations of Bias», *Basic and Applied Social Psychology*, 32 (1) (febrero de 2010), pp. 8-16, https://doi.org/10.1080/01973530903539754.
185. Linn Van Dyne y Jeffrey A. LePine, «Helping and Voice Extra-Role Behaviors: Evidence of Construct and Predictive Validity», *The Academy of Management Journal*, 41 (1) (febrero de 1998), pp. 108-19, https://www.jstor.org/stable/256902?seq=1; Janet Swim y Lauri L. Hyers, «Excuse Me—What Did You Just Say?!: Women's Public and Private Responses to Sexist Remarks», *Journal of Experimental Social Psychology*, 35 (1), pp. 68-88, https://doi.org/10.1006/jesp.1998.1370.

Piensa más concretamente en cómo podría reaccionar tu compañero de trabajo tendencioso. ¿Se mostrará despectivo («Estás exagerando. Solo era una broma») o se pondrá a la defensiva («¿De qué me acusas?»). Pregúntate a ti mismo: ¿cómo suele responder esta persona cuando se la cuestiona? ¿Qué grado de autoconciencia tiene? ¿Está abierta a la retroalimentación? ¿Tiene autoridad para influir en las decisiones sobre tus aumentos de salario, ascensos o primas? ¿Es probable que hable mal de ti a los líderes influyentes? ¿Puede bloquear tus ideas o retrasar tu proyecto? ¿Cómo puede perjudicar tus perspectivas profesionales o tu reputación? Es importante que desarrolles una imagen realista del peligro al que te enfrentas.

## ¿Cuáles son los riesgos de no hablar?

Al mismo tiempo, pregúntate sobre las consecuencias de permanecer en silencio. Tal vez no afrontar una afirmación tendenciosa podría violar tus valores personales. Puede que apruebes involuntariamente el comportamiento si lo dejas pasar sin comentarlo. O que pierdas la oportunidad de educar a tu compañero de trabajo. Las investigaciones han demostrado que la confrontación directa de los comentarios ofensivos puede ser eficaz de cara a evitarlos en el futuro.[186]

¿Estás en una posición de influencia? Si es así, los riesgos del silencio son mayores. Los líderes tienen la responsabilidad última (en algunos casos, legal) de asegurarse de que nadie se sienta amenazado en el trabajo. Tulshyan afirma que quienes están «en posición de crear un entorno de trabajo mejor y más inclusivo, en el que la gente pueda aportar todo su ser al trabajo, deberían utilizar su poder siempre que sea posible».[187] Si una persona acude a ti enfadada o molesta por un comentario dirigido a ella o a otra persona, no desestimes su testimonio. Escucha. Y luego, piensa en la mejor manera de afrontar la situación.

En última instancia, si te encuentras en el extremo receptor, la decisión de decir algo o dejarlo pasar es tuya y debes decidir lo que es mejor para ti en cada circunstancia particular.

186. A. M. Czopp y Leslie Ashburn-Nardo, «Interpersonal Confrontations of Prejudice», The Psychology of Prejudice: Interdisciplinary Perspectives on Contemporary Issues (enero de 2012), pp. 175-202, https://www.researchgate.net /publication/285966720_Interpersonal_confrontations_of_prejudice.
187. Entrevista de la autora con Ruchika Tulshyan, 9 de febrero de 2021.

## ¿Es importante que responda inmediatamente?

El tiempo es otro factor importante que debemos considerar. ¿Esa ofensa es algo que necesitas abordar de inmediato? Una buena regla general es dar prioridad a tu seguridad y bienestar. Tulshyan me contó una experiencia que tuvo con un conductor de Uber que hizo comentarios inapropiados sobre su aspecto. Ella deseaba decirle que dejara de hacerlo, pero consideró el hecho de que estaba atrapada en un coche con él y que al final del viaje él sabría dónde vivía, de modo que decidió ignorar los comentarios para preservar su seguridad. Solo actuó, realizando comentarios en la aplicación, una vez que estuvo a salvo fuera del coche.

Como dicen Washington *et al.*: «No te sientas presionado por responder a cada incidente; más bien, siéntete capacitado para hacerlo cuando decidas que debes hacerlo... Tú controlas lo que este incidente significará para tu vida y tu trabajo: lo que sacarás de la interacción y lo que permitirás que esta saque de ti».[188]

Cuando seas testigo de una microagresión, es importante que la abordes cuanto antes. No debes permitir tácitamente el comportamiento. Enfrentarse al agresor tras los hechos sigue valiendo la pena, pero no es infalible: las personas que escucharon como testigos la interacción inicial pueden no ser conscientes de tu respuesta y sentirse inseguras como resultado.

## ¿La cultura de mi empresa fomenta la expresión de opiniones?

Por supuesto, es mucho más fácil abordar con franqueza el comportamiento tendencioso de un colega si se trabaja en un lugar donde se anima a la gente a hablar. Muchas organizaciones, especialmente en 2020 tras el asesinato de George Floyd, se comprometieron públicamente a luchar contra el racismo. Una declaración de la compañía no necesariamente hace que todo el mundo esté seguro, pero considera si los líderes de la compañía están apoyando activa y coherentemente la diversidad y la inclusión. ¿Has visto a la gente desafiar los prejuicios antes?

Una de las grandes ventajas de alzar la voz es que contribuirás a establecer normas sanas e inclusivas, mostrando que denunciar los prejuicios

188. Washington, Birch y Roberts, «When and How to Respond to Micro-aggressions».

es aceptable y preferible y haciendo que sea más seguro y cómodo para otros señalar los prejuicios en el futuro.

## ¿Debo informar del incidente?

Desgraciadamente, muchos lugares de trabajo no reconocen las microagresiones como violaciones de sus políticas contra el acoso o DEI. Aun así, puede ser útil informar del incidente a tu jefe o a RR. HH., dependiendo de su gravedad y de si crees que elevar el asunto a una instancia superior dará lugar a una acción productiva. Antes de informar de la discriminación, Dolly Chugh, profesora de la Universidad de Nueva York y autora de *The Person You Mean to Be: How Good People Fight Bias*, sugiere que nos formulemos preguntas tales como: ¿se trata de un incidente aislado o de un patrón de comportamiento? ¿Elevar el incidente a una instancia superior mejorará o empeorará las cosas? ¿Ese comportamiento te impide hacer tu trabajo o el de otra persona? «Si ello incrementa tus ganas de consultar páginas web de empleo y de actualizar tu currículum, entonces hay algo en riesgo y probablemente merezca la pena hablar de ello con tu jefe», dice Chugh.[189] ¿Puedes argumentar que tu compañero de trabajo está contribuyendo a crear un entorno laboral hostil? Si es así, puede que haya opciones legales, especialmente en Estados Unidos.

Pregúntate también: ¿cuentas con algún oído amigo que te pueda escuchar? ¿Hay alguien en un puesto superior que quiera ayudar y tenga poder para hacerlo? También podrías analizar la situación con una persona de confianza y pedirle consejo sobre los pros y los contras de elevar el incidente.

Después de reflexionar sobre estas preguntas, si decides hablar, las tácticas de la siguiente sección te ayudarán a navegar en tales conversaciones.

# TÁCTICAS PARA PROBAR

Las estrategias antitendenciosas que utilices serán diferentes en función de si te encuentras en el extremo receptor de los prejuicios o si los

---

189. Entrevista de la autora con Dolly Chugh, 22 de abril de 2021.

observas. A lo largo de esta sección señalaré el escenario al que se aplica cada táctica.

## Fomentar una mentalidad de crecimiento

Sería completamente natural, en respuesta a los prejuicios, pensar: «Está claro que esta mujer odia a los gais» o «No me puedo creer que tenga que trabajar con una persona tan racista». Pensar en términos absolutos —que las personas son fundamentalmente intolerantes, en lugar de que tienen opiniones tendenciosas que podrían modificarse— es una respuesta comprensible cuando nos sentimos deshumanizados. Sin embargo, las investigaciones de Aneeta Rattan demuestran que tener una mentalidad de crecimiento, o creer en la capacidad de las personas para aprender y cambiar, aumenta nuestra motivación para afrontar la discriminación. En sus estudios, las mujeres y las minorías que tenían una mentalidad de crecimiento y denunciaban los prejuicios también tenían una perspectiva menos negativa y, por tanto, eran más capaces de conservar un sentimiento de satisfacción y pertenencia en el lugar de trabajo que aquellas que tenían una mentalidad fija y no denunciaban. Una forma de recordar que todo el mundo es capaz de crecer, sugiere Rattan, es mantener la curiosidad diciéndote a ti mismo: «Quiero entender por qué cree que está bien decir esto», o «Quiero entender cómo llegó a creer esto».[190] La curiosidad nos ayuda a reservarnos el juicio hasta que hayamos reunido más información.

Esta es la mentalidad que Daniel, copropietario de una empresa de búsqueda de ejecutivos, acabó adoptando con su clienta Carol, fundadora de una organización educativa para jóvenes. A menudo le sorprendían los comentarios y peticiones de Carol. En cierta ocasión, esta pidió al equipo de Daniel que buscara fotos de los candidatos a un puesto de trabajo para poder ver su aspecto. También solicitó la edad de un candidato, comentó que otra entrevistada «vestía como si fuera *amish*» y expresó su preocupación por que el color de la piel de una mujer negra pudiera impedir que la gente la tomara en serio como líder. Daniel y su equipo se sintieron molestos por estos comentarios. Pero en lugar de asumir que Carol era una causa perdida, trató de centrarse en el hecho de que ella necesitaba aprender y que podía cambiar. «No quise hacer suposiciones

---

190. Entrevista de la autora con Aneeta Rattan, 12 de febrero de 2021.

sobre sus intenciones o su carácter moral. Mis padres a veces hacen comentarios similares, así que he estado expuesto a gente buena que dice cosas inapropiadas», me dijo. De modo que utilizó esa mentalidad para llamar la atención sobre lo inapropiado de sus comentarios (más adelante hablaré de ello).

## Acepta tu respuesta emocional

Es normal sentirse molesto o confundido cuando se es objeto de un acto o comentario ofensivo. «Cuando alguien hace algo que viola tu identidad o niega tu humanidad, enfadarse es una respuesta natural», dice Tina Opie, profesora del Babson College y coautora de *Shared Sisterhood*. Opie aconseja disminuir la velocidad y reflexionar sobre lo sucedido. Date tiempo para investigar tu respuesta emocional antes de decidir qué hacer.[191] Y no te castigues. Como escriben Washington *et al.*: «Permítete sentir lo que sientes, ya sea ira, decepción, frustración, irritación, confusión, vergüenza, agotamiento o cualquier otra cosa. Cualquier emoción es legítima y debe influir en tu decisión sobre si debes responder, cómo y cuándo».[192]

## Ten preparadas respuestas establecidas

La mayoría de nosotros asumimos que hablaremos cuando nos topemos con prejuicios. Pero las investigaciones demuestran que no siempre es así. Es fácil, en el momento, sentirse incapaz de responder o encontrar un montón de razones para no decir nada: «No quiero causar revuelo». «No es para tanto». «Suele ser buena persona». Para contrarrestar esos instintos de autoprotección, ayuda ensayar lo que se va a decir con antelación y tener algunas frases en el bolsillo, como: «No estoy seguro de que realmente quieras decir eso» o «Eso es un estereotipo injusto». Tener preparadas las respuestas puede marcar la diferencia entre hablar y callar.

191. Amy Gallo, «How to Respond to an Offensive Comment at Work», *Harvard Business Review*, 8 de febrero de 2017, https://hbr.org/2017/02/how-to -respond-to-an-offensive-comment-at-work.
192. Washington, Birch y Roberts, «When and How to Respond to Micro-aggressions».

## Haz una pregunta

Puede ser eficaz responder con una pregunta, por ejemplo: «¿Qué has querido decir con eso?» o «¿En qué información te basas?». Incluso puedes pedirle al colega tendencioso que simplemente repita lo que ha dicho, lo que puede llevarle a pensar en lo que quería decir y en cómo podrían sonar sus palabras para los demás. Esto debería ayudarte a discernir sus verdaderas intenciones.

Dolly Chugh se refiere a este tipo de preguntas como «no tener la menor idea» y afirma que este enfoque anima a la gente a explicarse, lo que hace más difícil que se escondan detrás de prejuicios velados.[193] Por ejemplo, si un nuevo cliente se presenta a tu equipo y uno de tus compañeros hace un comentario sobre su apellido: «Escobar, ¡como el señor de la droga!», puedes preguntarle: «¿Qué te ha hecho asociar su apellido con un narcotraficante?». Si dice: «Porque es el mismo apellido», puedes señalar que mucha gente lo tiene. Chugh sugiere hacer preguntas con auténtica curiosidad y empezar con *qué* en lugar de *por qué*, ya que suena menos desafiante. «¿Qué te ha llevado a decir eso?» es más fácil de escuchar que «¿Por qué has dicho eso?», que puede sonar como una acusación. Haz que tu pregunta sea breve. «Cuantas más palabras incluyas, más empezará a sonar como una declaración o un ataque antes que como una pregunta», dice.

## Llámalo por lo que es

A menudo, las personas no se dan cuenta de que se han equivocado, así que puedes dejar claro que su comentario fue inapropiado explicando por qué o compartiendo el efecto que tuvo en ti. Utiliza frases que empiecen por *yo*, que le digan a tu colega cómo te sientes y le inviten a considerar tu perspectiva, o por *es*, que puede establecer un límite que no está bien cruzar. Por ejemplo: «Es una falta de respeto llamar niña a una mujer adulta» o «Ese comentario fue ofensivo para los musulmanes». Evita las frases con *tú* que acusan a la persona de ser intolerante. Cuando las personas se sienten avergonzadas, atacadas o mal etiquetadas, es menos probable que te escuchen o que cambien su comportamiento.

---

193. Entrevista de la autora con Dolly Chugh, 22 de abril de 2021.

Así es como Aliyah se dirigió a su jefe, Ted, que no dejaba de animarla a sonreír más. Ella le dijo: «Cuando me dices eso, me hace sentir que tengo que fingir para que estés cómodo». Estaba convencida de que él estaba siendo racista o sexista (o ambas cosas), pero sabía que si utilizaba esos términos, él se cerraría en banda.

Sé explícito sobre tus intenciones. Por ejemplo, puedes decir: «Planteo esto porque me siento cómodo contigo y quiero que seamos capaces de comunicarnos, incluso sobre temas delicados». También puede ayudar reconocer que algunas microagresiones se cometen sin intención, dando a tu colega el beneficio de la duda. Esto reduce la vergüenza que pueda sentir, lo que, a su vez, debería atenuar su actitud defensiva.

Planificar con antelación aumenta las posibilidades de transmitir el mensaje con tacto. El modelo de retroalimentación situación-comportamiento-impacto proporciona un marco útil:

- Señala cuándo y dónde ocurrió un comportamiento específico *(la situación)*: «Durante nuestra reunión de Zoom del lunes, cuando estábamos terminando...».
- A continuación, explica detalladamente lo que observaste, siendo lo más específico posible *(el comportamiento)*: «Te oí decir que te preocupaba que nuestro nuevo cliente no tomara en serio a Alan...».
- Describe las consecuencias del comportamiento *(el impacto)*: «... y me hizo sentir incómodo porque supuse que estabas insinuando que, como Alan es mayor, se le percibirá como alguien desfasado».

## Compartir información

Si un colega no entiende cómo ha podido resultar ofensivo, ofrécele información que cuestione sus suposiciones. Por ejemplo, si sugiere que una compañera de trabajo está holgazaneando por salir del trabajo antes de tiempo, puedes decir algo como: «El otro día leí un estudio muy interesante en el que se revelaba que, cuando las madres trabajadoras salen de la oficina, suponemos que van a cuidar de sus hijos. Pero cuando los padres trabajadores salen de la oficina, ni siquiera nos damos cuenta. ¿Crees que podríamos estar ante el mismo caso?». (Por cierto, se trata de un estudio real). Es importante evitar parecer pasivo-agresivo. Cuanto más genuino seas a la hora de compartir información —en lugar de intentar atrapar a alguien en un acto de parcialidad—, más probable será que esa persona se cuestione su lógica.

Eso es lo que hizo Daniel con Carol. «Sentía la necesidad de ir con cuidado, ya que era una clienta, pero tampoco podía dejar pasar su insensibilidad», dijo. En lugar de eso, fue directo y honesto con ella y se centró en explicarle por qué su comportamiento resultaba problemático. Por ejemplo, cuando le pidió información inapropiada sobre los candidatos, le respondió: «No solicitamos esa información porque no vamos a tomar una decisión basada en eso. Nos centramos en las competencias». En otras ocasiones, respondió con más firmeza. Cuando Carol le pidió las fotos de los candidatos, él le dijo: «Por favor, no nos lo pida de nuevo. No está bien».

## Anticiparse a la actitud defensiva

En el mejor de los casos, tu colega te escuchará y te agradecerá tus comentarios. Según mi experiencia, es más probable que se ponga a la defensiva, al menos en un principio. Esa fue la reacción que tuvo Carol cuando Daniel le llamó la atención. En esas ocasiones negaba que hubiera sido ofensiva y decía: «Debes de haberme entendido mal».

Tu compañero de trabajo tendencioso podría responder de forma similar, desestimando lo que dices o afirmando que le has malinterpretado a él y a sus intenciones. Sin embargo, desde el momento en que se causa dolor, ya no importa si el autor tenía buenas intenciones o no.

Si te acusa de ser demasiado sensible o se defiende diciendo que no tenía mala intención, aclárale cómo te ha sentado su afirmación o su pregunta. Por ejemplo, puedes decir: «Tu comentario, sea cual sea tu intención, me hizo sentir que no me valoras como compañero de trabajo».

Si el comportamiento que estás denunciando no va dirigido a ti, es especialmente importante que insistas aunque tu colega tendencioso responda a la defensiva. Daniel dice que sus interacciones con Carol eran incómodas, sobre todo cuando ella negaba haber actuado mal. Pero con el tiempo sus puntualizaciones parecieron ayudar. «Ahora dice menos cosas ofensivas», me dijo. «La cosa ha mejorado mucho».

## Forma una coalición

Muchos expertos sugieren trabajar con otros para combatir los comportamientos tendenciosos. Une fuerzas con personas de tu equipo o de tu empresa y haced un pacto explícito para responder a las microagresiones. Cuando ocurra algo problemático pero ambiguo, todos los miembros del grupo tendrán una caja de resonancia para ayudar a determinar si merece la pena actuar.

Se trata de una táctica que varias mujeres que trabajaban en la Casa Blanca de Obama utilizaron cuando se vieron superadas en número por los hombres en las reuniones. Para asegurarse de que sus ideas no se vieran ahogadas o ignoradas (o se las apropiaran los hombres), acordaron utilizar una estrategia de amplificación. Cuando una mujer exponía un punto importante, otra lo repetía y lo atribuía a la mujer que había sugerido originalmente la idea. Esto obligaba a todos los presentes a reconocer la contribución y evitaba que otros se adjudicaran el mérito.[194]

Los estudios han demostrado que hablar de las injusticias en grupo es más eficaz porque los responsables de estas no pueden desestimar las quejas como si fueran de «un solo empleado descontento».[195] También puedes sentirte más seguro al plantear un problema si otros te apoyan. Así que ponte en contacto con personas que puedan estar igualmente molestas por las acciones de tu colega. Si no eres el objetivo de los comentarios tendenciosos, puedes ofrecerte a formar una coalición con los que sí lo son. De este modo, los compañeros de trabajo objeto de infravaloración podrán recurrir a ti cuando observen un prejuicio que tú podrías haber pasado por alto.

194. Juliet Eilperin, «White House Women Want to Be in the Room Where It Happens», *Washington Post*, 13 de septiembre de 2016, https://www.washingtonpost.com /news/powerpost/wp/2016/09/13/white-house-women-are-now-in-the-room -where-it-happens/.
195. James R. Detert y Ethan Burris, «When It's Tough to Speak Up, Get Help from Your Coworkers», *Harvard Business Review*, 4 de marzo de 2016, https://hbr.org /2016/03/when-its-tough-to-speak-up-get-help-from-your-coworkers.

## Denuncia los prejuicios incluso en privado

Algunas microagresiones y otros actos tendenciosos ocurren a espaldas de la gente. Puede tratarse de un comentario sexista de otro hombre, o de un cumplido equívoco durante un debate sobre el rendimiento con un compañero de la dirección. No dejes pasar estos incidentes solo porque sean privados. Es igualmente importante hacer frente a los prejuicios cuando la persona a la que se dirigen no está presente o no ha oído los comentarios ofensivos. Si, en una reunión, alguien dice: «Tenemos suerte de contar con una mujer mayor en el equipo para mantenernos a raya», puedes rebatirlo destacando sus logros y habilidades: «Bueno, su edad y su género no parecen relevantes, lo que sí sé es que, desde que las dirige, sus líneas de productos han aumentado sus beneficios en un 20%».

Depende de cada uno de nosotros crear un entorno de trabajo más inclusivo y solidario cada vez que tengamos la oportunidad, y no solo

**Sé directo**

«Es una falta de respeto decir...».

«Ese comentario se basa en un estereotipo».

«Preferiría que no volvieras a decir eso delante de mí».

«Eso no me parece bien, y te respeto lo suficiente como para hacértelo saber».

«No me parece bien».

«Eso no es gracioso».

«¿Oyes cómo suenas?».

**Educa a tu colega**

«Sé que lo has dicho como un cumplido, pero desgraciadamente remite a una historia más amplia de gente que se sorprende de que [los asiáticos, las mujeres, los discapacitados] no puedan [o no deban]...».

«Me he dado cuenta de que has dicho X [comentario tendencioso]. Yo también lo decía, pero luego aprendí...».

«Me pregunto si has considerado que [las mujeres, las personas de color, las personas *queer*] podrían experimentar esto de manera diferente».

cuando las personas potencialmente afectadas estén allí para presenciar la injusticia.

• • •

Aliyah por fin consiguió hablar con su jefe, Ted, pero no fue hasta que este cruzó otra línea. En una reunión en la que su equipo debatía acerca de cómo responder a las quejas de los clientes, Ted sintió que la gente estaba exagerando y, en un momento de frustración, dijo: «¿Qué nos preocupa? ¿Un linchamiento público?». Se produjo una incómoda pausa y Aliyah intercambió rápidamente miradas con la única persona negra que, aparte de ella, había en la sala. Me contó que estaba tratando de averiguar qué decir cuando Ted continuó como si no hubiera pasado nada. Afortunadamente, otra de sus compañeras tomó la palabra: «Me siento incómoda y creo que tenemos que hablar de lo que acaba de pasar».

Al principio, Ted intentó aclarar que no había querido decir nada con su comentario. Pero después de que los miembros del equipo de Aliyah le explicaran por qué aquello resultaba ofensivo, Ted respiró hondo y se disculpó por lo que había dicho. También se disculpó por tratar de disimularlo. Aquello puso punto final a la reunión, y varios colegas de Aliyah le enviaron un correo electrónico o se pasaron por su mesa para ver cómo estaba. Ted mantuvo distancias con ella durante unos días, pero finalmente le pidió que se reunieran. Le aseguró que ahora entendía que sus comentarios sobre que era difícil de leer y que no sonreía podían resultar hirientes. Le pidió que siguiera señalando aquellos momentos en los que se comportaba de manera tendenciosa y le dijo que se comprometía a aprender.

Aliyah se sorprendió. «Casi me había dado por vencida», me dijo. Admite no estar segura de que ese cambio se hubiera producido si sus colegas blancos no hubieran señalado su transgresión, pero piensa que quizás no importe qué es lo que provocó su cambio de perspectiva. «Se quitó de en medio y eso era lo que más me preocupaba», dijo. Otra ronda de cambios organizativos implicó poco después el traslado de Ted a otra división, con lo que Aliyah tuvo un nuevo jefe. Pero Ted se pondría en contacto con ella regularmente e incluso la recomendó para un ascenso, que consiguió.

## TÁCTICAS PARA RECORDAR
### El tendencioso

**SÍ:**

- Piensa detenidamente si quieres hablar, sopesando los pros y los contras de hacerlo.
- Reconoce que si estás en una posición de poder o privilegio, tienes la responsabilidad de abordar los comentarios ofensivos y crear un entorno de trabajo seguro e inclusivo.

- Haz preguntas que animen al compañero de trabajo tendencioso a reflexionar sobre lo que ha dicho y a aclarar cualquier malentendido.
- Ten preparadas unas cuantas frases que puedas utilizar si una microagresión te pilla desprevenido.

**NO:**

- No des por sentado que tu colega es incapaz de cambiar.
- No pienses en los costes políticos de denunciar una microagresión, especialmente si tú eres el objetivo.
- No asumas que esa persona sabe que está siendo ofensiva; es posible que no tenga ni idea.
- No lances acusaciones de racismo, sexismo o cualquier otro tipo de prejuicio; eso pondrá a la mayoría de la gente a la defensiva y es poco probable que cambien su comportamiento a largo plazo.

# 10
# El estratega político
## «Si no asciendes, te quedas atrás»

Owen pensaba que su colega Clarissa estaba de su lado. Tras el nacimiento de su segundo hijo, se tomó seis meses de permiso de paternidad como director del departamento de Inglés de una pequeña universidad, y Clarissa aceptó sustituirle temporalmente. Luego, a las pocas semanas de tomarse el permiso, se enteró por dos colegas diferentes de que Clarissa había dicho en una reunión que esperaba asumir la presidencia cuando Owen estuviera «listo para renunciar» o si «decidía no volver». Esto puso a Owen un poco nervioso (tenía toda la intención de regresar a su puesto), aunque se alegró de tener una sucesora competente en el caso de que él estuviera dispuesto a hacerse a un lado.

Entonces, dos semanas más tarde, Clarissa le llamó para decirle que el departamento tendría que finalizar un informe para la Comisión Evaluadora de la universidad que habían acordado posponer en un principio. «Estaba completamente estresada», recuerda Owen. Se trataba de una revisión de envergadura que determinaría la financiación del departamento y que pondría a Clarissa frente a varios altos cargos de la universidad. De modo que Owen estuvo horas al teléfono con ella explicándole lo que había que hacer y accediendo a ayudar. «En la llamada, me comprometí a hacer tres cuartas partes del trabajo, pero enseguida me di cuenta de que iba a haber problemas relacionados con quién iba a llevarse los méritos», explicó. Clarissa quería que todo pasara por ella y «ya lo llamaba "mi informe" y se lamentaba de "todo el trabajo que tengo que hacer"».

Owen sugirió que él y los demás que trabajaban en el informe se reunieran por videoconferencia para repasarlo antes de presentarlo a la Comisión Evaluadora. En la reunión, Clarissa empezó por «presentar el borrador como suyo». Cuando algunos de sus colegas se opusieron a ciertos puntos del informe, Clarissa respondió diciendo: «Como directora del departamento...». A Owen le molestó que ella no reconociera que era «directora en funciones» o que él había «hecho la mayor parte del trabajo», dice.

Owen perdió la confianza en Clarissa y sintió que ella estaba tramando maquinaciones políticas para avanzar en su propia carrera, a costa de él.

Por supuesto, todo el mundo tiene que participar en la política de la oficina en cierta medida. Competimos entre nosotros por los ascensos, los aumentos de sueldo, los puestos más deseados y la atención de los directivos. Tenemos que defender nuestras ideas y nuestros logros para conseguir apoyo y financiación. ¿Pero qué sucede cuando tu colega está obsesionado con ascender y adopta un enfoque de hacer prisioneros con tal de conseguirlo?

Estos son algunos de los comportamientos a los que podrías enfrentarte en el caso de un colega arribista:

- Alardear de sus éxitos.
- Atribuirse excesivos o inmerecidos méritos.
- Conseguir el favor de las personas con poder o de aquellas que están en posición de ayudarle en su carrera.
- Actuar como si estuviera al mando, incluso cuando no lo está.
- Chismorrear y difundir rumores, especialmente sobre los compañeros de trabajo que creen que se interponen en su camino.
- Promover su propia agenda, a menudo a expensas de los objetivos del equipo o de la empresa.
- Acumular información para parecer poderoso.
- Socavarte a propósito, por ejemplo dejando de invitarte a una reunión o de compartir contigo detalles fundamentales que afectan a tu trabajo.

Dwight Schrute, el personaje de la serie de televisión *The Office*, suele venirme a la mente cuando pienso en este arquetipo. Se hallaba embarcado en una interminable (e infructuosa) competición con su compañero de ventas Jim. Insistía en que era el «vicedirector regional», no el «ayudante del director regional». Y constantemente le hacía la pelota a su jefe, Michael Scott. Cuando a Dwight le otorgaban algún tipo de poder (como elegir la política sanitaria de la empresa, en uno de mis episodios favoritos), se deleitaba y trataba con prepotencia a sus compañeros. Aunque el personaje de Dwight constituía una buena fuente de entretenimiento, es difícil imaginar que alguien disfrute trabajando con él en el día a día.

Entonces, ¿cómo reaccionar ante un colega hipercompetitivo que ve el trabajo como una competición en la que el ganador se lo lleva todo? ¿Se puede confiar en él? ¿Cómo evitar caer en su juego? ¿Y hay alguna lección que podamos aprender de su forma de actuar?

Existe cierto solapamiento entre este arquetipo y algunos de los anteriormente descritos, en particular el pasivo-agresivo (capítulo 6), el jefe inseguro (capítulo 3) y el sabelotodo (capítulo 7). Es posible que quieras revisar esos capítulos para obtener más información y consejos sobre cómo tratar con un estratega político.

Veamos ahora qué es lo que motiva a un arribista a ser tan calculador y, a veces, tan poco sincero.

# EL TRASFONDO DEL POLITIQUEO

Dejémoslo claro desde el principio: en todas las oficinas hay intrigas políticas. El trabajo implica tratar con seres humanos que se mueven principalmente llevados por las emociones y no por la lógica. Tenemos deseos y necesidades contradictorias, así como prejuicios e inseguridades subyacentes (a menudo inconscientes). Trabajar con otras personas significa negociar con motivaciones contrapuestas y, a menudo, llegar a compromisos.[196] Además, nuestro trabajo depende cada vez más de los demás. Los investigadores han descubierto que, en las dos décadas transcurridas desde el año 2000, el tiempo que los directivos y los empleados dedican a las actividades de colaboración ha aumentado en un 50% o más.[197]

La mayoría de nosotros reconoce la necesidad de hacer política en mayor o menor medida. Una encuesta de Accountemps de 2016 mostraba que el 80% de las personas cree que las intrigas políticas existen en su oficina, y el 55% afirmó que participaba en ellas. Más de una cuarta parte

196. Tomas Chamorro-Premuzic, «The Underlying Psychology of Office Politics», *Harvard Business Review*, 25 de diciembre de 2014, https://hbr.org/2014/12/the-underlying-psychology-of-office-politics.
197. Rob Cross, Reb Rebele y Adam Grant, «Collaborative Overload», *Harvard Business Review*, enero-febrero de 2016, https://hbr.org/2016/01/collaborative-overload.

de esos mismos encuestados consideraban que el «politiqueo» era esencial para salir adelante.[198] Las investigaciones los respaldan. Numerosos estudios demuestran que existe una conexión entre la habilidad política y el éxito profesional.[199]

Es importante que entiendas qué es lo que motiva a tus compañeros de trabajo (ciertamente he abogado por ello a lo largo de este libro), y la utilización de ese conocimiento para promover tus objetivos y los de la organización denota una inteligencia política.[200] Puedes aprovechar tu conocimiento de lo que les importa a tus colegas de marketing para convencerles de que apoyen tu proyecto o para presentar ideas al jefe de tu jefe de una forma que le haga más proclive a aprobarlas. Entender quién tiene poder e influencia y aprovechar tu red de contactos son habilidades necesarias, incluso aspiracionales, siempre que las utilices para algo más que para tu beneficio personal.

Pero probablemente esa no es la versión del quehacer político que tu colega está mostrando.

## El bueno y el mal quehacer político

No siempre es fácil distinguir entre las formas aceptables de hacer política en la oficina y las variedades más tóxicas. Para algunas personas, la idea de enviar flores a su jefa para felicitarla por un ascenso puede parecer servil; para otras, puede ser simplemente un gesto amable. Y otras pueden considerarlo un movimiento político inteligente, sabiendo que una relación positiva con tu jefe puede ayudarte en tu carrera.

Cuando quiero discernir lo que es apropiado de lo que no, me pregunto: ¿hay alguien que esté persiguiendo el éxito a costa de los demás? Si la respuesta es no, es probable que se trate de un enfoque astuto para avanzar en su carrera. Por ejemplo, hablar en una reunión para compartir lo que va bien en el proyecto de tu equipo es una buena manera de au-

198. Robert Half, «Game On! How to Navigate Office Politics to Win», *The Robert Half Blog*, 12 de octubre de 2016, https://www.roberthalf.com/blog/salaries-and-skills/game-on-how-to-navigate-office-politics-to-win.

199. Takuma Kimura, «A Review of Political Skill: Current Research Trend and Directions for Future Research», *International Journal of Management Reviews*, 17 (3) (julio de 2015), pp. 312-32, https://doi.org/10.1111/ijmr.12041.

200. Pamela L. Perrewé *et al.*, «Political Skill: Antidote for Workplace Stressors», *The Academy of Management Executive*, 14 (3) (agosto de 2000), pp. 115-23, https://www.jstor.org/stable/4165664?seq=1.

mentar tu visibilidad y mejorar tu reputación. Y mientras no interrumpas a los demás para hacerlo, ni hables mal de otro equipo, no debería haber ningún problema. Pero si tu colega acapara intencionadamente la mayor parte del tiempo de una reunión para que los demás no puedan presentar sus ideas, eso es otra historia.

Una persona con la que hablé mientras escribía este libro describía así a un compañero de trabajo «altamente manipulador»:

> Su agenda siempre es lo primero. Está orientado a los objetivos y a las finanzas. Quizá sea la mejor persona que puedas tener de tu lado porque conseguirá lo que quiere a cualquier precio. Pero cuando estéis en bandos opuestos, empezará la guerra. Dirá cosas para hacerte sentir inseguro y tratará de ponerte en contra de otros colegas. Siempre plantea su historia para que se ajuste a sus necesidades. Puede decir: «Te lo digo porque me caes bien y me importas», pero eso suele significar que está mirando por sí mismo y que te necesita de su lado.

¿Qué impulsa a la gente a comportarse de forma tan despiadada?

## Escasez, inseguridad y poder

Por supuesto, cada persona se mueve llevada por motivaciones diferentes, pero existen diversas razones habituales por las que tu colega se dedica a estas intrigas despiadadas, como la sensación de que los recursos son limitados y hay que luchar por ellos, la inseguridad o un sentimiento de amenaza y el deseo de poder o estatus.

Uno de los principales factores que impulsan la hipercompetitividad es la escasez, es decir, la idea de que no hay suficiente para todos. Si todo el mundo obtuviera exactamente lo que quiere en el trabajo —el sueldo soñado, el presupuesto para todos sus proyectos favoritos, la atención infinita de los superiores—, no habría necesidad de recurrir a las intrigas políticas. Pero los recursos son limitados y a menudo nos obligan a competir por ellos. Es posible que tu colega se centre en conseguir esos recursos para promover su propia agenda y reforzar su posición.

Las personas que se dedican intensamente a la intriga política a veces lo hacen porque son inseguras o se sienten amenazadas. Una amiga mía señaló una vez que la mayoría de los estrategas políticos de la empresa de medios de comunicación en la que trabajaba eran personas no especial-mente brillantes en los aspectos técnicos de su trabajo. Impulsadas por el miedo a que se pusiera de manifiesto su incompetencia, adoptaban tácti-cas turbias, como estar de acuerdo con todo lo que sugería su jefe de di-visión e intentar robar clientes a sus compañeros. (Puedes leer más sobre cómo la fanfarronería suele encubrir la incompetencia en el capítulo 3).

Por último, muchos arribistas se mueven simplemente por un de-seo de estatus o poder. Jon Maner, profesor de la Kellogg School of Management, se inspiró en las quejas de un amigo sobre un mal jefe para investigar por qué algunas personas sabotean a sus compañeros de trabajo. Maner, junto a un estudiante de doctorado, descubrió que los líderes so-cavan voluntariamente a los miembros de su propio equipo limitando la comunicación entre ellos o emparejando a personas que no colaboran bien para que los rivales parezcan incapaces de desempeñar un papel de liderazgo. Estos guerreros implacables cimentaban su estatus eliminando cualquier competencia. Los líderes ávidos de poder eran aún más pro-pensos a sabotear a su equipo si creían que su posición no era segura y la jerarquía no era estable.[201] En otras palabras, en un entorno de trabajo fuertemente impregnado de intriga política, en el que la gente lucha por la influencia, la inclinación natural de tu colega a hacer quedar mal a los demás puede intensificarse.

Mucha gente recurre a estos juegos porque les funciona. Conservan su puesto de jefe, ascienden o consiguen la financiación que desean. Pero la intriga política no funciona para todos de la misma manera.

## ¿Quién puede jugar?

Las mujeres son más propensas que los hombres a decir que no les gusta participar en intrigas políticas y más proclives a experimentar lo que los investigadores llaman «deficiencia de habilidades políticas».[202] Esto no

201. Emily Stone, «Why Bad Bosses Sabotage Their Teams», *Kellog Insight* (blog), 5 de enero de 2015, https://insight.kellogg.northwestern.edu/article /why-bad-bosses-sabotage-their-teams.
202. Kathryn Heath, «4 Strategies for Women Navigating Office Politics», *Harvard Business Review*, 14 de enero de 2015, https://hbr.org/2015/01/4-strategies -for-women-navigating-office-politics; Pamela L. Perrewé y Debra L. Nelson, «Gender and Career Success: The Facilitative Role of Political Skill», *Organizational Dynamics*, 33 (4) (diciembre de 2004), pp. 366-78, https://doi.org/10.1016 /j.orgdyn.2004.09.004.

quiere decir que las mujeres sean ingenuas desde el punto de vista político. Es posible que opten por no participar en el juego porque no obtienen los mismos beneficios. Hay pruebas de que las mujeres y las personas de otros grupos infrarrepresentados que adoptan comportamientos políticos idénticos a los de los hombres blancos no experimentan las ventajas profesionales que obtienen estos últimos.[203] En una encuesta, el 81% de las mujeres y el 66% de los hombres afirmaron que las mujeres son juzgadas con más dureza que los hombres cuando se las considera «involucradas en intrigas empresariales».[204]

Esto coloca a muchas mujeres y minorías raciales ante un particular dilema. Por un lado, reconocen que no es posible mantenerse totalmente al margen de las intrigas políticas y seguir siendo eficaces en su trabajo. Por otro, se sienten incómodas al participar en esas operaciones, a menudo como resultado de ver que otras personas como ellas sufren un castigo cuando lo hacen.

Debes tener en cuenta este doble vínculo al tratar con tu colega oportunista. Puede que tenga el privilegio y el margen de maniobra suficientes para hacer política debido a su género o raza, o puede que actúe porque se siente atrapado en el margen.

## ¿Qué ocurre en los entornos de trabajo virtuales?

El cambio al trabajo virtual, tan acelerado por la pandemia de la COVID-19, puede exacerbar la competitividad de tu colega. El hecho de que no sea posible controlar a todo el mundo ni observar quién se relaciona con quién o quién pasa tiempo con los altos cargos puede aumentar la inseguridad de tu compañero acerca de su posición. Y puede que haya recursos inusualmente limitados por los que todos deban competir debido a una economía más ajustada e incierta.

Trabajar a través del correo electrónico y del Zoom también hace que sea más difícil saber lo que un estratega político está tramando entre

203. Michelle King, David Denyer y Emma Parry, «Is Office Politics a White Man's Game?», *Harvard Business Review*, 12 de septiembre de 2018, https://hbr.org /2018/09/is-office-politics-a-white-mans-game.
204. Kathryn Heath, «3 Simple Ways for Women to Rethink Office Politics and Wield More Influence at Work», *Harvard Business Review*, 18 de diciembre de 2017, https://hbr.org/2017/12/3-simple-ways-for-women-to-rethink-office -politics-and-wield-more-influence-at-work.

bastidores para salir adelante. La consultora de liderazgo Nancy Halpern, que ha desarrollado una herramienta para medir la salud de la política de oficina en los equipos, me dijo: «Hay muchas conversaciones que tienen lugar fuera de la cámara, y no hay forma de saber si se dan y cuándo. A veces, un colega aparece en tu pantalla durante una reunión y no sabes quién le ha invitado o qué función se le ha pedido que desempeñe».[205] Sin duda, puedo decir que he tenido esta experiencia. Cuando he utilizado el chat privado durante una reunión para saludar a un compañero de trabajo al que hacía tiempo que no veía o para felicitar a alguien por su jersey, me he preguntado quién más estaría manteniendo conversaciones paralelas y qué estaría diciendo.

No obstante, en algunos casos la ignorancia es una bendición. No tener que presenciar cómo tu compañero de trabajo adula al jefe o habla de la gente a sus espaldas puede hacer que te sea más fácil llevarte bien con él.

## Una nota sobre el chismorreo

El chismorreo es una de las armas más comunes de los arribistas. A menudo difunden intencionadamente rumores, extraen información y deciden estratégicamente si se la guardan para sí mismos o la transmiten, a menudo a cambio de jugosos detalles pertenecientes a otros. Ser el objetivo de tales maquinaciones es, en el mejor de los casos, frustrante y, en el peor, dañino para tu carrera.

Pero el chismorreo es uno de esos comportamientos en los que todos nos vemos involucrados de vez en cuando, y aunque te parezca desagradable en tu excesivamente maquinador colega, no siempre es prudente evitarlo por completo. Si sigues el principio general de mantenerte al margen de las conversaciones sobre otras personas, por ejemplo, puedes estar perdiéndote algo. Escuchar el cotorreo típico de la oficina es una estupenda forma de enterarse de lo que ocurre en la empresa: qué grupo ha cerrado recientemente un gran negocio o qué iniciativas es probable que apruebe el director general, por ejemplo.[206]

205. Entrevista de la autora con Nancy Halpern, 16 de febrero de 2021.
206. Giuseppe «Joe» Labianca, «Defend Your Research: It's Not "Unprofessional" to Gossip at Work», *Harvard Business Review*, septiembre de 2020, https://hbr.org/2010/09/defend-your-research-its-not-unprofessional-to-gossip-at-work.

Pero hay costes, especialmente cuando el chismorreo se enfoca en lo personal (hablar del divorcio de alguien, por ejemplo) o lo negativo (cuestionar la capacidad de un colega para hacer su trabajo). Los estudios han demostrado que los chismorreos negativos pueden provocar pérdida de productividad, erosión de la confianza y división, por no hablar de los resquemores.[207] Te sugiero que te hagas la misma pregunta sobre los chismorreos que sobre otros comportamientos políticos: ¿tu colega los difunde a costa de alguien?

Esto te ayudará a decidir si tomas medidas o no. Hay otras preguntas que deberías hacerte antes de optar por un enfoque a la hora de lidiar con un luchador despiadado en el trabajo.

# PREGUNTAS PARA HACERTE A TI MISMO

Al igual que con cualquiera de los demás arquetipos, es importante que empieces por reconocer cuáles son las debilidades de tu colega ávido de poder que está causando problemas.

## ¿Qué comportamientos son problemáticos? ¿Y cuán problemáticos son?

No hay que juzgar ni castigar injustamente la ambición. Si alguien está intensamente centrado en su carrera —y tú no—, no pasa nada. No supongas que esconde malas intenciones. En lugar de eso, considera qué es lo que está haciendo tu colega que te está molestando. ¿Su estilo de «vamos a por ellos» es simplemente irritante? ¿O esta persona representa una amenaza real para la organización, el equipo o tu carrera? ¿Se atribuye injustamente los méritos? ¿Miente? ¿Difunde rumores? ¿Deja a otros en la estacada? ¿Cuál es el impacto negativo de sus acciones? ¿Cómo has sufrido tú o los demás a causa de su comportamiento?

La frecuencia con que se manifiestan sus intrigas políticas también es importante. Nancy Halpern tiene una buena regla a seguir: «Si hacen algo una vez, olvídalo y déjalo pasar. Si lo hacen dos veces, toma nota.

207. Nancy B. Kurland y Lisa Hope Pelled, «Passing the Word: Toward a Model of Gossip and Power in the Workplace», *The Academy of Management Review*, 25 (2) (abril de 2000), pp. 428-39, https://doi.org/10.5465/amr.2000.3312928.

Y cuando lo hagan una tercera vez, ya hay un patrón».[208] Por ejemplo, si pillas a tu colega en una mentira menor, que no tiene consecuencias graves, puedes ignorarlo. Pero si se repite o causa daño, entonces es el momento de tomar medidas.

## ¿Qué le preocupa a la gente en el poder?

La cultura organizacional influye mucho en que los empleados participen o no en las intrigas políticas, y en que se les recompense por ello. Si trabajas en un entorno competitivo, es posible que el comportamiento de tu colega no se considere anormal, especialmente si las personas encargadas de decidir quién triunfa tienen egos sensibles o son actores políticos. Fíjate en quiénes obtienen ascensos y reconocimientos. ¿Son personas como tu colega las que intentan manipular el sistema?

## ¿Deberías participar más en las intrigas políticas?

Una reflexión un tanto contradictoria es si tú mismo podrías beneficiarte de la participación en esas intrigas. ¿Ayudarías a tu equipo si mejoraras tu capacidad de persuasión o establecieras nuevas conexiones con líderes influyentes? ¿O una inyección de esa confianza en sí mismo típica del arribista te ayudaría a pedir el ascenso que te mereces o a buscar una misión que pueda aumentar tu visibilidad? Por supuesto, todos queremos que nuestro trabajo hable por sí mismo, pero no es así como funcionan la mayoría de las oficinas. De modo que considera lo que podrías aprender de tu colega. Por supuesto, no debes cruzar las líneas éticas ni adaptar tácticas que te parezcan despreciables, pero observa cómo se ganan el favor de los responsables de la toma de decisiones y averigua qué estrategias merece la pena emular.

Una vez contestadas estas preguntas, puedes decidir qué tácticas tienen más posibilidades de mejorar tus relaciones.

---

208. Entrevista de la autora con Nancy Halpern, 16 de febrero de 2021.

# TÁCTICAS PARA PROBAR

Ten en cuenta que puede resultar difícil pedir cuentas a un estratega político, precisamente porque tiene importantes conexiones en el trabajo y sabe cómo quedar bien. Además, tiene pocos incentivos para cambiar su forma de actuar porque el exceso de confianza (como aprendimos en el capítulo 7) suele verse recompensado. Así que, en lugar de intentar bajarle los humos a tu colega, algo que probablemente no sea realista, empieza por apartarte del enredo.

## No te dejes arrastrar

Si tienes una pequeña vena competitiva (yo sé que la tengo), es probable que te sientas tentado a intentar ganar a tu colega en su propio juego. Por ejemplo, cuando él difunde rumores sobre ti, es posible que quieras darte la vuelta y hacer lo mismo. No lo hagas. Verte envuelto en una competencia malsana o en chismorreos, incluso con respecto a un chismoso, afectará a tu reputación. No querrás parecer mezquino ni hacer algo que no esté alineado con tus valores.

El jefe de Akila, Rajeev, se preocupaba mucho por cómo era percibido en su organización y a menudo buscaba el protagonismo. Akila se sentía especialmente frustrada cuando Rajeev adquiría compromisos excesivos solo para quedar bien y luego presionaba al equipo para que cumpliera los objetivos poco realistas que había fijado. Akila admite que en ocasiones cedía a la tentación de contraatacar. «A veces, por despecho, intentaba "vengarme" de él dejando de responderle durante días», me dijo. «Pero el tiro me salía por la culata y me hacía quedar como una irresponsable». Y cuando Rajeev perdía la calma porque el equipo no era capaz de cumplir las promesas que había hecho a los ejecutivos de la empresa, Akila, como es lógico, se esforzaba por mantener la calma. «Si me encontraba en el extremo receptor de uno de sus ataques de gritos, intentaba justificarme inmediatamente, pero eso solo lo ponía aún más nervioso». Así que Akila se centró en poner distancia emocional entre ella y Rajeev. «Cuando las cosas se torcían y él era grosero conmigo, me iba a un lugar tranquilo para desahogar mis emociones con lágrimas o rezos. Eso no cambiaba la situación a corto plazo, pero me ayudaba a sentirme mejor».

## Da a conocer tu buen hacer

Como descubrió Akila, las intrigas políticas de tu colega pueden afectar negativamente a tu reputación o a tu carrera, por lo que debes buscar formas productivas —y éticas— de asegurarte de que las personas adecuadas conocen tus logros. Esto puede incluir mantener a tu jefe al día de tus proyectos y de cómo estás contribuyendo con tu tiempo, ideas y esfuerzo a otros equipos, u ofrecerte para compartir una visión general de la iniciativa que estás liderando en una reunión de todo el personal.

En cierta época en la que me encontraba echando una mano como asesora informal en un proyecto que no me habían asignado oficialmente, de vez en cuando se lo mencionaba a mi jefe, diciéndole algo así como: «He tenido la suerte de participar en las decisiones hasta ahora». Y cuando el equipo asistía a una reunión de la división, yo hacía una pregunta que demostraba a los presentes que había participado. Estas formas sutiles de aumentar mi visibilidad también me han ayudado a evitar que algunos de mis colegas más «políticos» se apropien de mi trabajo.

Por supuesto, no siempre es fácil echarse flores, y los estudios demuestran que las mujeres, en particular, tienden a hacer menos autopromoción que los hombres porque a menudo se las penaliza por hacerlo.[209] De modo que busca a un compañero que entienda tus aportaciones y pueda hablar en tu nombre en una reunión o cuando tus proyectos salgan a relucir en una conversación. Puedes acercarte a un compañero de trabajo y decirle: «He trabajado mucho en este informe, pero a veces me cuesta promocionar mi propio trabajo. Te agradecería que me hicieras preguntas en la reunión para poder hablar de los puntos clave». Este tipo de promoción entre iguales beneficia a ambas partes. Tú obtienes crédito por tu trabajo, y tu colega recibe un espaldarazo en su reputación por ser curioso, comprometido y desinteresado.

Si tu colega arribista intenta arrebatarte el mérito de tus logros o restarle importancia a tu participación en iniciativas de alto perfil, también resulta de ayuda aportar testimonios de aquello en lo que estás trabajando,

---

209. Marc J. Lerchenmueller, Olav Sorenson y Anupam B. Jena, «Research: How Women Undersell Their Work», *Harvard Business Review*, 20 de diciembre de 2019, https://hbr.org/2019/12/research-how-women-undersell-their-work; Christine Exley y Judd Kessler, «Why Don't Women Self-Promote as Much as Men?», *Harvard Business Review*, 19 de diciembre de 2019, https://hbr.org /2019/12/why-dont-women-self-promote-as-much-as-men.

ya sea a través de correos electrónicos a tu jefe o por otros medios que hagan prueba fehaciente. Un rastro de documentos puede impedir que los arribistas te socaven.

## Ofrece ayuda

Ofrecer ayuda a un estratega político puede ser sorprendentemente desarmante. Están acostumbrados a ver a todo el mundo como competencia, y puede que no reciban mucha generosidad o apoyo. Puedes sugerirles trabajar juntos en un proyecto, ofrecerles una lluvia de ideas sobre una iniciativa que estén liderando o proporcionarles información o conocimientos que les resulten valiosos. Como la mayoría de las personas se inclinan por ayudar a quienes les ayudan a cambio —la ley de reciprocidad—, podrías ganarte su favor.

Una nota de precaución en relación con este enfoque: sé consciente de cómo perciben los demás a tu colega. En tus esfuerzos por alinearte con esta persona, no querrás que tus compañeros te vean también como un estratega político. Pero si tienes una reputación positiva, la gente puede apreciar tus esfuerzos por convertir a un notorio autopromotor en un colaborador.

## Pide consejo

Las investigaciones en el ámbito de la negociación apuntan a otra táctica contradictoria: pedir consejo a tu colega hipercompetitivo. Solicitarle consejo sobre cualquier cosa, desde cómo interpretar un correo electrónico complicado de un cliente hasta cómo persuadir a un alto dirigente para que apoye tu última propuesta, puede ayudarte a ganarte su confianza. Si sabe que valoras su opinión, es posible que empiece a verte como un aliado y no como un rival. Los estudios han demostrado que pedir consejo te hace parecer cooperativo, en lugar de competitivo, y puede hacerte ganar a alguien para tu causa, quizás incluso animándole a convertirse en un defensor de esta; si aceptas su consejo, es más probable que se sienta involucrado en tu éxito.[210]

---
210. Katie Liljenquist y Adam D. Galinsky, «Win Over an Opponent by Asking for Advice», *Harvard Business Review*, 27 de junio de 2014, https://hbr.org /2014/06/win-over-an-opponent-by-asking-for-advice.

La otra ventaja es que preguntar algo tan sencillo como «¿Qué harías tú si estuvieras en mi lugar?» impulsa a tu colega a ver las cosas desde tu perspectiva. Esto es lo que hizo Akila con Rajeev. Si preveía algún contratiempo en el proyecto en el que estaban trabajando, avisaba inmediatamente a Rajeev y le pedía su opinión. «Al involucrarlo, noté que se volvía un poco más amigable conmigo. Creo que eso le hizo sentir que yo no era su "enemiga" después de todo», me dijo Akila.

## Desconfía de un cambio de actitud

Procede con cuidado si un arribista empieza a tomar confianza contigo. Es probable que sientas un alivio al estar alineado con él en lugar de estar en desacuerdo, pero mantén los ojos bien abiertos. Puede que te esté utilizando para su propio beneficio, quizás dándote información sobre otras personas con la esperanza de que la difundas o intentando quedar bien al «jugar limpio» con los demás. Desconfía de sus intenciones y considera la posibilidad de preguntar directamente: «Estoy un poco confundido. ¿Qué esperas que haga con esta información?» o «¿Cuál es tu intención al decirme esto?». Planteadas con humildad y auténtica curiosidad, estas preguntas no parecerán acusaciones.

## Saca a relucir lo que te preocupa

Dado que los colegas ávidos de poder rara vez son sinceros, ser explícito puede pillarles desprevenidos. Y, como ocurre con muchos de los demás arquetipos, un estratega político puede no ser consciente del impacto que produce en los demás. Si se le muestra un espejo, puede darse cuenta de cómo es percibido y animarse a cambiar. En la conversación, mantén un lenguaje neutro y desprovisto de emociones o juicios.

Por supuesto, puede negar que esté haciendo política tóxica. Eso está bien. Al menos sabrá que eres consciente de lo que ocurre y que no eres un blanco fácil.

Si te preocupa que tu colega utilice esa conversación en tu contra, tal vez para alimentar la rumorología, omite esta táctica y emplea una de las otras.

Kirk, que trabajaba para RR. HH. en una unidad militar de infantería, se dio cuenta, mientras revisaba las autoevaluaciones de su división, de que uno de sus colegas, Bernard, se había atribuido el mérito de una idea que se le había ocurrido a él. Se trataba de un informe que ahorraba tiempo a los equipos a la hora de documentar su trabajo, un informe que «nos ayudaba a evitar la duplicidad de esfuerzos», me explicó Kirk. Pero Bernard había incluido el informe como uno de sus logros en el periodo bajo revisión.

Kirk decidió dirigirse directamente a Bernard y le preguntó por qué había dicho que había sido él quien había implementado el cambio en el tipo de informe. Bernard se mostró un poco sorprendido, pero sobre todo «se mostró indiferente y actuó como si no importara quién se llevara el mérito», dice. A Kirk le pareció extraña la respuesta, ya que Bernard era el tipo de persona que «se apresuraba a asegurarse de que la gente supiera lo que hacía [y] se irritaba bastante si no recibía reconocimiento por sus esfuerzos».

A partir de ese momento, Kirk se aseguró de poner en copia a otros cada vez respondía a las peticiones de información de Bernard. «Y si se trataba de un proyecto que incluía a unidades más allá de la mía, copiaba a ciegas a los superiores que conocía en la cadena de mando», explica. «Tenía que proteger mis aportaciones». Esto cortó el comportamiento de raíz porque Bernard ya no podía atribuirse el mérito en la medida en que otros tenían más conocimiento de la situación.

## Adapta tu enfoque a la estrategia política

Hay tres tácticas concretas que los estrategas políticos suelen emplear y que quiero abordar aquí: mentir, chismorrear y atribuirse el mérito ajeno. Veamos cómo puedes responder a cada una.

### *Si te enfrentas a la mentira*

Enfrentarse a un profesional que miente con frecuencia puede convertirse rápidamente en una batalla sobre quién dice la verdad. Si es posible señalar con tacto las falsedades y presentar pruebas en contra, hazlo. Al principio, intenta hacerlo en privado. Por ejemplo, puedes enviar un correo electrónico (que más adelante también servirá como prueba de tus esfuerzos de buena fe) que diga algo así como: «Estoy confundido acerca de por qué dijiste que tu equipo no estaba al tanto de la puesta en marcha de la nueva herramienta, cuando, como puedes ver en la cadena de correo electrónico que te incluyo a continuación, lo debatimos en septiembre».

Es comprensible que los intentos de tu colega por salir adelante a cualquier precio te dejen con la lengua fuera. El hecho de que esperes un mal comportamiento por parte de alguien no significa que no te vaya a molestar. Aquí tienes algunas frases que puedes probar mientras analizas las tácticas.

**Haz hincapié en la colaboración u ofrece ayuda**

«Estamos en el mismo equipo».

«Me encantaría hablar de cómo podemos ayudarnos mutuamente y al equipo [o empresa]».

«No sé si te das cuenta de la impresión que transmites en esas reuniones. A veces parece que lo único que te importa es tu proyecto y tu equipo, más que el colectivo».

**Gestiona la mentira**

«Recuerdo esta situación de forma diferente. ¿Podemos volver a mirar nuestros correos electrónicos [notas de reuniones o mensajes de Slack] para asegurarnos de que todos estamos en el mismo punto?».

«Estoy confundido acerca de por qué dijiste que tu equipo había liderado el lanzamiento de nuestra nueva herramienta, cuando, como puedes ver en el correo electrónico de abajo, fue mi equipo el que estuvo a cargo».

Esto puede desenmascarar sutilmente el engaño y dejarle claro que no permitirás que se salga con la suya en el futuro. Si no responde positivamente (o no responde en absoluto) a estas interacciones individuales, puedes acudir a tu jefe o corregir las mentiras de tu colega cuando se manifiesten delante de otros.

## Si se trata de chismorreos

Siempre que sea posible, interrumpe los chismes negativos cuando los oigas. Si un oportunista dice algo que puede dañar los sentimientos o la reputación de otra persona, habla. Esto requiere valor, por supuesto, pero hacerlo aunque sea escasas veces pondrá al estratega político sobre

**Gestiona los chismes**

«Esto suena a chismorreo. ¿Es eso lo que pretendías?».

«¿Saben que te sientes así?».

«Me he enterado de que tienes algunas dudas sobre el enfoque que estamos adoptando. Me gustaría escucharlas».

«La próxima vez, por favor, ven a mí directamente».

**Gestiona la atribución de méritos ajenos**

«He visto que mi nombre no está en esa presentación. Por favor, envíamela para que pueda añadirlo antes de compartirla con los demás».

«Me he dado cuenta de que cuando has hablado de nuestro proyecto has dicho "yo" en lugar de "nosotros". ¿Fue intencionado? ¿Por qué lo has presentado así?».

«No me queda clara la manera en que nuestros equipos están dividiendo y dominando este plan. ¿Podemos hablar de quién está haciendo qué antes de la próxima reunión?».

«¿Cómo podemos asegurarnos de que todos reciben el reconocimiento que merecen?».

---

aviso. Si intenta calentarte los cascos con otra persona del equipo, puedes responder con: «¿Le has dicho que te sientes así?». O ir un paso más allá y neutralizar los rumores aportando información en contra. Por ejemplo, si el arribista habla mal del rendimiento de un colega o pone los ojos en blanco cuando se menciona a otro compañero en la conversación, puedes citar una ocasión concreta en la que te impresionó su trabajo.

Si descubres que tu colega está difundiendo chismes perjudiciales sobre ti, hazle frente directamente. Sé preciso y no hagas acusaciones. Puedes decir: «He oído en varias ocasiones que te sientes incómodo con la forma en que dirijo estas reuniones. ¿Hay algo que quieras decirme?». De nuevo, puede que se haga el despistado, pero al menos le habrás demostrado que no vas a dejar que su comportamiento quede sin control.

## Si te enfrentas a una atribución de méritos ajenos

Si descubres que tu compañero arribista afirma que hizo todo el trabajo de un proyecto en el que apenas participó, empieza por hacerle preguntas, algo parecido a: «Me he dado cuenta de que, cuando hablabas del proyecto, decías "yo" en lugar de "nosotros". ¿Ha sido intencionado? ¿Por qué lo has presentado así?». Hacer preguntas desplaza la carga de la prueba a tu colega: tiene que explicar por qué se sintió legitimado para atribuirse el mérito.

A veces, la atribución de méritos ajenos se produce sin querer. Por ello, considera la posibilidad de que tu colega se dé cuenta y reconozca su error y, si lo hace, vuelve a centrar la conversación en cómo podéis arreglar las cosas juntos. Tal vez él pueda enviar un correo electrónico al grupo agradeciéndote tus aportaciones o ambos podáis hablar con vuestro jefe para aclarar las cosas.

Si tu colega tiene fama de intentar llevarse el crédito, sé proactivo para evitarlo. Acuerda de antemano cómo se asignará el crédito. ¿Quién presentará las ideas al equipo directivo? ¿Quién responderá a las preguntas? ¿Quién enviará el anuncio del lanzamiento de un nuevo producto al resto de la empresa? Puede ser útil escribir estos acuerdos y compartirlos con todos los participantes en el proyecto en un correo electrónico para que no haya lugar a malentendidos.

## Muestra generosidad

Como siempre, muestra el comportamiento que quieres ver en los demás. Reconoce el mérito con generosidad y habla bien de tus colegas en las reuniones. Esto no solo genera confianza y positividad en tu equipo, sino que también anima a los demás —incluido tu colega problemático— a seguir tu ejemplo. Alguien que es propenso a apuñalar por la espalda puede suavizarse si eres amable con él. Y, si no lo hace, al menos tendrás aliados que saldrán en tu defensa si tu colega intenta socavarte. Al mismo tiempo, no te excedas. Si das las gracias a todos los que han trabajado en una pequeña parte de un proyecto, por ejemplo, corres el riesgo de parecer poco sincero. Centra tu reconocimiento en las personas que realmente lo merecen.

• • •

Owen regresó de su permiso de paternidad y retomó su empleo de director de departamento. Clarissa seguía teniendo la vista puesta en ese puesto, pero él decidió no permitir que le sacara de quicio. Lo cierto es que ella era la mejor sucesora, así que Owen centró sus esfuerzos en asegurarse de que estuviera preparada para cuando llegara el momento. La incluía en las reuniones con la oficina del rector de la universidad y a menudo le pedía consejo de cara a las decisiones. El hecho de contar con ella como aliada demostraba que estaba interesado en su éxito y atenuaba su necesidad de competir con él.

Cuando pienso en qué enfoques funcionan mejor con un estratega político, me acuerdo de cómo Jim trataba a Dwight en *The Office*. Nunca se rebajaba al nivel de Dwight, sino que siempre abordaba su relación con sentido del humor y de forma lúdica. Por supuesto que se burlaba de Dwight, e incluso le gastaba bromas en alguna ocasión, pero se comportaba con ética, encontraba consuelo en otras personas, seguía haciendo bien su trabajo e incluso veía la humanidad que había detrás del comportamiento a veces absurdo de Dwight. Dwight a menudo solo miraba por sí mismo, pero Jim sabía que también se preocupaba de verdad por sus colegas. Tratar con alguien que parece estar siempre pendiente de sí mismo puede ser complicado, pero ayuda si puedes recordar que también es humano.

## TÁCTICAS PARA RECORDAR
### El estratega político

#### SÍ:

- Elige la colaboración en lugar de las represalias.
- Encuentra formas productivas —y éticas— de asegurarte de que la gente conozca tus logros.
- Crea un registro en papel de quién hizo qué en cada proyecto para que tu colega no pueda atribuirse un mérito que no le corresponde.

- Ofrécete a ayudar: sugiere la posibilidad de trabajar juntos en un proyecto, ofrécete a compartir ideas sobre alguna iniciativa que estéis liderando o proporciónale información o conocimientos que le resulten valiosos.

**NO:**

- No des por hecho que tu buen trabajo hablará por sí mismo, especialmente si tu colega habla mal de ti.
- No te pongas a su nivel e intentes ganarle en su propio juego político.
- No confíes siempre en él cuando intente alinearse contigo: procede con cautela.

# 11
# Nueve principios para llevarse bien con cualquiera

## El cambio es posible

He cometido mi buena dosis de errores en lo que se refiere a llevarme bien con los compañeros de trabajo. He lanzado pullas pasivo-agresivas en el calor del momento. He enviado correos electrónicos poco amables de los que me arrepiento. He puesto los ojos en blanco ante alguien que me parecía poco razonable. He sonreído a la cara de un colega mientras pensaba: «Te odio; no puedo creer que tenga que hacer esto. Me gustaría que te largaras de la empresa». Y, sí, he hablado a espaldas de compañeros de trabajo cuando mis intentos de mejorar las cosas no eran correspondidos.

Ninguno de nosotros es perfecto cuando se trata de navegar por la complejidad de las relaciones humanas. Pero he aprendido que hay ciertos puntos de contacto —conceptos clave para ayudarte a limpiar tu lado de la calle— a los que vuelvo una y otra vez, tanto si estoy tratando con alguien que encaja perfectamente en uno de los ocho arquetipos como si desafía la categorización.

Los siguientes principios deberían serte familiares: están entretejidos en los capítulos anteriores. Los extraigo y los amplío aquí porque, juntos, forman la base de mi concepción de la resiliencia interpersonal. Espero que estos principios refuercen tu determinación y aumenten tu eficacia frente al conflicto, independientemente de con quién estés en desacuerdo.

Te recomiendo que leas este capítulo antes de empezar a trazar los pasos que darás con tu compañero de trabajo difícil. Por ejemplo, si estás luchando con un compañero pasivo-agresivo, confeccionarás un plan utilizando las tácticas descritas en el capítulo 6. Sin embargo, antes de pasar a la acción, ten en cuenta también los consejos de este capítulo. (Una vez que te hayas familiarizado con los nueve principios, utiliza la tabla 11-1, ubicada al final de este capítulo, como referencia rápida para comprobar la solidez de tu estrategia).

Como aprendimos en el capítulo 2, nuestro cerebro suele trabajar en contra nuestra en aquellos momentos en los que tenemos problemas con un compañero. En esos instantes de estrés —cuando nos sentimos amenazados—, incluso los trabajadores más veteranos de entre nosotros operan motivados por objetivos a corto plazo: «Necesito quedar bien delante de mi equipo. ¡Sacadme de esta conversación! Tengo que ganar. Quiero gustar a todo el mundo». Y es fácil perder de vista la manera en que sabemos que debemos comportarnos.

Volver a estos principios en esos momentos —y prepararse reflexivamente y con cuidado para navegar en mares interpersonales agitados— te ayudará a alcanzar el objetivo a largo plazo de llevarse bien.

# LOS PRINCIPIOS

## Principio 1: Concéntrate en lo que puedes controlar

Paola se esforzaba por comunicarse con uno de sus subordinados directos, Franco, a quien consideraba increíblemente testarudo. Este se negaba a aceptar que cualquier otra persona del equipo tuviera experiencia o conocimientos que pudieran serle útiles en su función técnica (un clásico sabelotodo). Paola había señalado los comportamientos que molestaban a los compañeros de equipo de Franco y que perjudicaban su rendimiento, como el uso de un tono condescendiente y las interrupciones cuando los demás hablaban, y le pidió que dejara de hacerlo. Pero no lo hizo. Parecía que sus comentarios habían caído en saco roto.

Si hubiera una forma fácil de convencer a un compañero de trabajo molesto de que cambie su forma de actuar, este habría sido un libro muy corto. La realidad es que pocas personas modifican su comportamiento porque otra persona lo quiera. Lo hacen si y cuando ellos quieren.

Me he encontrado en muchas situaciones en las que he pensado: «Si puedo explicarle esto, seguro que lo entenderá». Todos hemos fantaseado con decir o hacer la cosa perfecta que obligue a un rival a ver la luz, a darse cuenta de su error y a jurar que se reformará por completo. Pero el profesor de Wharton Adam Grant, autor de *Think Again*, dice que compartir nuestra lógica no siempre funciona. Escribe: «Ya no creo que me corresponda hacer cambiar de opinión a nadie. Todo lo que puedo hacer es tratar de entender su forma de pensar y preguntarles si están abiertos a un replanteamiento. El resto depende de ellos».[211] ¡Eso es!

Incluso siendo la jefa de Franco, Paola no tenía el poder de hacerle cambiar. En lugar de eso, se centró en lo que ella podía hacer de forma diferente. Decidió darle a Franco una retroalimentación más frecuente, dedicando cinco minutos de sus reuniones semanales a señalar cómo su comportamiento afectaba al equipo y a su propia eficacia. Luego, simplemente tuvo que esperar que este ajuste en su enfoque lo motivara a modificar su actitud. Al final, él rebajó un poco su arrogancia y Paola se sintió mejor al saber que ella, por su parte, estaba haciendo lo correcto, aunque él no cediera tanto como ella esperaba.

A decir verdad, no estoy del todo de acuerdo con ese consejo que se da a menudo: «No puedes cambiar a otra persona». He visto cómo muchos profesionales conseguían persuadir a un compañero pasivo-agresivo para que fuera más directo o convencer a un colega que se hacía la víctima para que asumiera la responsabilidad de sus errores. Pero si llevarte bien con tu colega depende totalmente de tu capacidad para convencerle de que se convierta en una persona diferente, estás corriendo un gran riesgo. Es posible que no tenga la capacidad de cambiar, o que no quiera hacerlo. El único control que tienes realmente es sobre ti mismo.

## Principio 2: Tu perspectiva es solo una perspectiva

Hace varios años estuve trabajando con una colega a la que llamaré Cara. Estábamos debatiendo sobre la duración de un proyecto. Cuando nos pidieron nuestras estimaciones, me sorprendió que ella esperara una duración cuatro veces mayor que la que yo había supuesto. Pero en lugar de pensar: «Vaya, lo vemos de forma completamente distinta», pensé: «¡Está loca!». Empecé nuestras conversaciones convencida de que no

---

211. Adam Grant, «The Science of Reasoning with Unreasonable People», *New York Times*, 31 de enero de 2021, https://www.nytimes.com/2021/01/31/opinion/change-someones-mind.html.

había forma de que ella anduviera siquiera cerca de estar en lo correcto. Y quedó claro que ella pensaba lo mismo de mí. Nuestro juicio sobre la perspectiva de la otra era evidente, y las cosas se pusieron tensas.

Nos enfrentábamos a una de las realidades de las conversaciones difíciles: rara vez hay una verdad objetiva. Todos llegamos al lugar de trabajo con diferentes perspectivas y conjuntos de valores. Discrepamos en todo, desde si está bien llegar cinco minutos tarde a una reunión hasta si está justificado interrumpir a alguien que no para de hablar, pasando por las consecuencias adecuadas por cometer un error. No es realista pensar que vas a trabajar con personas que coinciden contigo todo el tiempo.

Hay un concepto de la psicología social llamado «realismo ingenuo» que explica lo diferentes que pueden ser nuestras perspectivas. El realismo ingenuo es la tendencia a creer que vemos el mundo que nos rodea de forma objetiva, y que si alguien no lo ve de la misma forma está desinformado, es irracional o tendencioso.[212] En un estudio sobre este tema se analizó lo que ocurría cuando se pedía a los participantes que marcaran el ritmo de una canción conocida, como *Happy Birthday*, y los oyentes intentaban adivinar la canción. Quienes marcaban el ritmo pensaban que los oyentes adivinarían la melodía alrededor del 50% de las veces, lo cual era una enorme sobreestimación, ya que solo acertaron el 2,5% de las veces.[213] Una vez que sabemos algo, como la melodía de una canción o la solución perfecta para el déficit presupuestario de este trimestre, nos resulta difícil imaginar que los demás no lo identifiquen también.

El realismo ingenuo está relacionado con otro sesgo cognitivo relevante: «el error de atribución fundamental». Se trata de la inclinación a observar el comportamiento de otra persona y asumir que tiene más que ver con su personalidad que con la situación en la que se encuentra. Así, si tu colega llega tarde a una reunión, puedes suponer que es porque es desorganizado o irrespetuoso, y no porque le haya pillado el tráfico o se encuentre en otra reunión que se le haya alargado. Pero hacemos lo contrario cuando se trata de nosotros mismos. Cuando te retrasas,

212. Lee Ross y Andrew Ward, «Naive Realism in Everyday Life: Implications for Social Conflict and Misunderstanding», en *Values and Knowledge*, eds. Edward S. Reed, Elliot Turiel y Terrance Brown (Mahwah, NJ: Lawrence Erlbaum Associates, 1996), pp. 103-35.
213. Elizabeth Louise Newton, *The Rocky Road from Actions to Intentions*, tesis doctoral, Universidad de Stanford, 1990, https://creatorsvancouver.com/wp-content/uploads/2016/06/rocky-road-from-actions-to-intentions.pdf.

probablemente te centras en todas las circunstancias que te han llevado a la tardanza, no en la idea de que tienes un defecto fatal.

Es importante que recuerdes estos dos conceptos en tu trato con tu compañero de trabajo. Es probable que estés haciendo suposiciones que no son necesariamente ciertas. La brecha entre tu perspectiva y la suya puede parecer insuperable, sobre todo si insistes en una visión única de lo que ha ocurrido y de quién es la culpa. Puedes pasarte horas debatiendo acerca de qué interpretación es la correcta, pero llegar a un acuerdo sobre los «hechos» es muy poco probable. En lugar de volver a hablar del pasado —una táctica que no suele conducir más que a los resentimientos y al estancamiento—, intenta centrarte en lo que debería ocurrir en el futuro.

No es necesario estar de acuerdo para llevarse bien. Solo hay que respetar la perspectiva del otro lo suficiente como para decidir el camino a seguir. En lugar de convencer a Cara de que estaba completamente equivocada (lo que había intentado), reconocí que su perspectiva —modelada por su propia experiencia— era igualmente válida. En el transcurso de nuestras conversaciones hizo varias observaciones que cambiaron mi forma de pensar. Y como demostré mi voluntad de cambiar de opinión, ella hizo lo mismo. Llegamos a un compromiso: un programa que ella consideraba algo ambicioso y yo pensaba que era más accesible, pero con el que ambas podíamos vivir. Lo que necesitábamos era un camino a seguir, no una visión compartida del mundo.

Para no malgastar energía tratando de convencer a mis colegas de que vean las cosas a mi manera u obsesionándome con tener la razón o con cuál es la «verdad», ahora dedico tiempo a cuestionar mi propia perspectiva:

- ¿Y si me estoy equivocando? ¿Cómo podría actuar de forma diferente?
- ¿Cómo sé que lo que creo es cierto? ¿Qué suposiciones he hecho?
- ¿Cómo vería las cosas alguien con valores y experiencias diferentes?

Las respuestas a las preguntas importan menos que el ejercicio de hacerlas. Son una forma importante de recordarme a mí misma que mi opinión es solo eso: *mi opinión*. Otros ven las cosas de forma diferente, y eso está bien.

## Principio 3: Sé consciente de tus prejuicios

Las interacciones con nuestros compañeros de trabajo no solo están influidas por nuestros valores y experiencias, sino también por nuestros prejuicios. Incluso nuestra definición de comportamiento «difícil» puede estar condicionada por los prejuicios que llevamos al lugar de trabajo.

Compartiré un ejemplo del que no estoy especialmente orgullosa. Cuando trabajaba como consultora, tenía una clienta, una mujer negra, a la que no me atrevía a rebatir porque me preocupaba que se enfadara. Una de sus subordinadas directas —una mujer blanca— me detuvo un día en el pasillo de sus oficinas y me comentó que parecía que me estaba conteniendo con su jefa. Fue amable y parecía sentir verdadera curiosidad por saber por qué yo estaba actuando de forma diferente a como lo había hecho en reuniones anteriores. No recuerdo exactamente lo que le dije, pero fue algo sobre el deseo de mantener al cliente contento. Recuerdo claramente su respuesta: «No te va a arrancar la cabeza».

Cuando me vi obligada a reflexionar, me di cuenta de que había visto a los subordinados directos de mi clienta desafiarla en múltiples ocasiones y ella se lo tomaba bien. Claro que decía lo que pensaba y no temía hacer preguntas difíciles, pero nunca la había visto enfadada. Estaba permitiendo que los estereotipos —especialmente la imagen de la «mujer negra enfadada»— influyeran en mi comportamiento. No solo le estaba haciendo un flaco favor al encasillarla, sino que también estaba dejando de hacer mi trabajo como consultora, que consistía en presentar nuevas ideas y desafiar el *statu quo*, a causa de una imaginaria reacción violenta.

En última instancia, mis dudas a la hora de hablar no tenían que ver con la clienta en absoluto. Se trataba de mí y de mis prejuicios.

Lo difícil de los prejuicios es que a menudo no somos conscientes de ellos. Como apunté en el capítulo 2, nuestro cerebro está programado para ahorrar recursos, por lo que toma atajos, clasificando rápidamente a las personas y las cosas en categorías y asignando a esas categorías atributos basados en construcciones sociales, sociológicas e históricas de etnia, género, orientación sexual o clase. Ciertos grupos son etiquetados como fáciles, otros como inteligentes y otros como amenazantes.

Hay dos tipos específicos de sesgos o prejuicios que son particularmente útiles de entender cuando se trata de navegar por las relaciones difíciles: el «sesgo de afinidad» y el «sesgo de confirmación».

El sesgo de afinidad es la tendencia inconsciente a llevarse bien con las personas que son como nosotros. En otras palabras, gravitamos hacia personas con apariencias, creencias y antecedentes similares. Cuando los compañeros no son como nosotros —tal vez en términos de género, etnia, educación, capacidades físicas, posición en la jerarquía laboral—, es menos probable que queramos trabajar con ellos. Por eso es fundamental que cuando tengamos problemas con un compañero de trabajo nos preguntemos: «¿Qué papel podría estar jugando el sesgo aquí? ¿Es posible que no esté viendo la situación con claridad porque somos diferentes en ciertos aspectos?».

Otra forma de prejuicio que a menudo se filtra en las relaciones laborales es el sesgo de confirmación. Se trata de la tendencia a interpretar los acontecimientos o las pruebas como una confirmación de las creencias existentes, y se manifiesta con los compañeros de trabajo problemáticos de dos maneras. En primer lugar, si tu opinión sobre un compañero es negativa, es más probable que interpretes sus acciones como una prueba más de tus creencias sobre él: no está a la altura de la tarea, es poco amable o solo se preocupa por sí mismo. En segundo lugar, si has empezado a creer que tu compañero de trabajo pertenece a uno de los ocho arquetipos —o a otra categoría diferente—, será cada vez más difícil que esa persona demuestre que estás equivocado. Estás preprogramado para ver un comportamiento «imbécil» en alguien que ya crees que es un imbécil.

Entonces, ¿cómo cortar estos prejuicios? Hay algunas cosas que puedes hacer:

- *Conoce tus prejuicios.* Un buen punto de partida es realizar un cuestionario en línea para conocer tu susceptibilidad a los prejuicios ocultos. Hay muchos para elegir. Me gusta el de Project Implicit, una organización sin ánimo de lucro creada por investigadores de Harvard, la Universidad de Washington y la Universidad de Virginia.
- *Explora diferentes perspectivas.* Hay muchos ejercicios que puedes hacer para ayudar a dilucidar las suposiciones implícitas. Escucha *podcasts* o lee artículos y libros escritos por personas que no sean como tú. Aprende sobre diferentes culturas haciendo tu propia investigación o asistiendo a eventos educativos en tu zona. Este tipo de prácticas también te ayudarán a entender tus privilegios, es decir, las ventajas que experimentas como resultado de tu género, etnia, sexualidad, religión, etc.

- *Pide ayuda.* Cuando te enfrentes a un conflicto con un compañero de trabajo, consulta a alguien de confianza —alguien que esté dispuesto a rebatirte— para reflexionar sobre las posibles arbitrariedades en las que podrías estar incurriendo al contemplar la situación. Incluso puedes ser explícito y preguntar: «¿Qué papel pueden estar jugando mis prejuicios aquí?».
- *Cuestiona tu interpretación.* Haz de abogado del diablo contigo mismo, preguntándote repetidamente si estás viendo una situación conflictiva de forma imparcial. Utiliza el enfoque de «darle la vuelta para comprobarlo» del que hablé en los capítulos 7 y 8: si tu colega fuera de otro género, etnia u orientación sexual, ¿harías las mismas suposiciones? ¿O estarías dispuesto a decir las mismas cosas o a tratarlos de la misma manera?

Utilicé esta última táctica cuando examiné mi reacción ante mi clienta. ¿Habría supuesto que iba a estar «enfadada» si se hubiera tratado de una mujer blanca, o un hombre blanco, o incluso un hombre negro? La respuesta era clara: no. Si la clienta hubiera sido un hombre, podría haber interpretado el mismo comportamiento como «apasionado» o «comprometido», o quizás «brusco» en el peor de los casos. Pero la ira no habría venido a mi mente. Fue un ejercicio importante para reconocer mi propia lógica errónea y superarla. Eso no quiere decir que mis prejuicios desaparecieran. Pero fui capaz de seguirlos más de cerca.

## Principio 4: No lo conviertas en un «yo contra ti»

En un desacuerdo es fácil pensar en términos de dos partes separadas, incluso de enemigos en guerra. Muchos de los consejos sobre cómo afrontar un conflicto utilizan la palabra «contraparte», que implica que hay alguien que se opone o trabaja en contra de uno. En mi último libro sobre los conflictos utilicé esta expresión, pero he llegado a pensar que esa forma de pensar es perjudicial.

Si es «yo contra ti», la situación se polariza. Hay alguien que está siendo difícil y alguien que no, alguien que tiene razón y alguien que está equivocado. Como expliqué en el capítulo 2, este tipo de narración forma parte de la respuesta natural de nuestro cerebro a emociones negativas tales como la ira, el miedo, el dolor o la autoprotección. El discurso «víctima contra villano» puede ser reconfortante, pero es raro que estemos libres de culpa.

Para llevarte bien con tu compañero de trabajo, necesitas un modelo mental diferente. En lugar de ver dos facciones opuestas, imagina que hay tres entidades en la situación: tu colega, tú y la dinámica entre vosotros. Puede que esa tercera entidad sea algo específico: una decisión que tenéis que tomar juntos o un plan perteneciente a un proyecto que tenéis que completar. O tal vez sea algo más general: una tensión constante entre vosotros o un mal rollo a causa de un proyecto que ha salido mal. En cualquier caso, este enfoque separa a las personas del problema, lo cual constituye un consejo que quizás hayas oído antes: se trata de uno de los principios básicos del Proyecto de Negociación de Harvard para manejar las conversaciones difíciles.[214]

Andre tenía problemas con una colega pesimista, Emilia. Sentía que cada vez que proponía una nueva idea, Emilia tenía una lista de razones por las que nunca podría funcionar. Durante mucho tiempo, según me dijo Andre, él contemplaba a los dos como adversarios y se imaginaba una nube oscura sobre la cabeza de ella y un sol brillante sobre la de él. Esta visualización reforzaba su visión de las cosas, pero no le ayudaba a llevarse bien con Emilia, sobre todo porque entraba en cada conversación preparándose para una batalla. De modo que trató de cambiar esa imagen, figurándose la dinámica entre ellos como un balancín en el que cada persona decidía subirse y equilibrarse cada vez que estaban en desacuerdo. Esto le ayudó a cambiar su actitud. Dejó de ver a Emilia como una adversaria y pensó en ella como una colaboradora.

Considera la posibilidad de elegir tu propia imagen para representar la dinámica problemática entre tu compañero de trabajo y tú. Por ejemplo, puedes visualizarte a ti mismo y a la otra persona en el mismo lado de la mesa, trabajando juntos en un problema —tu relación insana—. Nadie quiere una némesis en el trabajo. Así que aparta esa idea de tu mente y piensa en cómo embarcar a tu colega en la resolución de problemas, que es inherentemente colaborativa en lugar de combativa.

---

214. Katie Shonk, «Principled Negotiation: Focus on Interests to Create Value», *Harvard Law School Program on Negotiation*, blog, 27 de septiembre de 2021, https://www.pon.harvard.edu/daily/negotiation-skills-daily/principled-negotiation-focus-interests-create-value/.

## Principio 5: Apóyate en la empatía para ver las cosas de otra manera

«Intenta verlo desde su perspectiva» es un consejo que probablemente hayas escuchado antes. No sé tú, pero lo último que deseo hacer cuando trato con un jefe inseguro o un compañero demasiado «político» es pensar en sus sentimientos. Cuando las personas son pasivo-agresivas, conspiradoras o mezquinas, ¿por qué debería importarme cómo se sienten?

Para empezar, a menudo percibimos los desaires como algo peor de lo que en un principio pretenden ser. Esto es lo que descubrió Gabrielle Adams, profesora de la Universidad de Virginia, en su investigación. Las personas que se sienten agraviadas por un compañero de trabajo sobrestiman la intención del agraviante de perjudicarles.[215] Como me explicó Adams: «Impregnamos las acciones de los demás de mucha más intención de la que suele haber».[216]

Esto funciona en ambos sentidos. En otro estudio, Adams descubrió que tanto el «transgresor» como la «víctima» son propensos a suponer lo peor del otro. Según resume la autora, todos «hacemos atribuciones erróneas acerca de la intención del otro de hacernos daño, del grado de daño causado, de la gravedad del problema, de la culpabilidad de la otra persona, etc.».[217] Decirte a ti mismo que ese compañero implicado en intrigas políticas pretendía atribuirse el mérito de tu trabajo (y que, por lo tanto, no merece tu empatía) no solo es potencialmente injusto para tu colega, sino que te empuja a obsesionarte con ello, a vengarte o a otras respuestas improductivas en lugar de a buscar llevaros bien.

Es mucho mejor otorgar a tu compañero de trabajo el beneficio de la duda. Supón que hay alguna razón que subyace a su comportamiento enfadadizo (incluso si no estás de acuerdo con él). ¿Qué puede estar pensando? ¿Qué está tratando de conseguir? ¿Bajo qué presiones vive? ¿Qué otras cosas le están sucediendo, en el trabajo o en casa? Buscar

215. Phyllis Korkki, «Conflict at Work? Empathy Can Smooth Ruffled Feathers», *New York Times*, 8 de octubre de 2016, https://www.nytimes.com/2016/10/09/jobs/conflict-at-work-empathy-can-smooth-ruffled-feathers.html.
216. Entrevista de la autora con Gabrielle Adams, 12 de enero de 2021.
217. Gabrielle S. Adams y M. Ena Inesi, «Impediments to Forgiveness: Victim and Transgressor Attributions of Intent and Guilt», *Journal of Personality and Social Psychology*, 111 (6) (2016), pp. 866, https://pubmed.ncbi.nlm.nih.gov/27537273/.

explicaciones compasivas para las acciones hirientes (incluso si no son 100% ciertas) te dará el espacio —tras disminuir los sentimientos de amenaza— para responder de forma reflexiva.

Esta es una lección que aprendo una y otra vez de mi hija. Cuando tenía nueve años, íbamos conduciendo por la autopista no muy lejos de nuestra casa. Al reducir la velocidad debido al tráfico que teníamos delante, dos motociclistas pasaron a toda velocidad entre los carriles. Iban fácilmente a ciento cincuenta kilómetros por hora, tal vez incluso a ciento sesenta, y ninguno de los dos llevaba casco. Pensando que ese podía ser un momento de aprendizaje para mi hija, empecé a increparles: «¡No puedo creer lo rápido que vais, y sin casco! Es muy peligroso». Mi hija se sumó, también indignada. «¡Deberían saberlo, son adultos!» Sonreí, sintiéndome satisfecha de que hubiera aprendido algo sobre seguridad. Tras unos instantes de silencio, dijo: «Mami, quizás vayan a comprar cascos».

Ahora, estoy 99% segura de que esos motociclistas no iban a comprar cascos, pero su comentario fue un recordatorio perfecto de que hay que tratar de ver las situaciones tensas desde la perspectiva de la otra persona, con un espíritu generoso. Y, cierta o no, su observación suavizó la conversación y nuestra postura hacia esos seres humanos en sus motocicletas.

Una advertencia: ver una situación hostil desde la perspectiva de tu compañero de trabajo requiere abundantes recursos mentales, así que ten cuidado de no meterte tanto en la piel de otra persona que te olvides de considerar tus propias necesidades. Empieza por brindarte una dosis de autocompasión por lo que estás pasando antes de dirigir tu atención a tu colega. (Para más información sobre la importancia del autocuidado en medio del conflicto, véase el capítulo 14).

## Principio 6: Conoce tu objetivo

Siempre que intentes abordar una dinámica poco saludable entre un compañero de trabajo y tú, es importante que tengas claro lo que quieres. Identificar tu objetivo te ayudará a no dejarte arrastrar por ningún drama y a centrarte en tácticas constructivas.

¿Quieres hacer avanzar un proyecto estancado? ¿Completar la iniciativa en la que habéis estado trabajando juntos y seguir adelante? ¿Tener una relación de trabajo saludable que perdure en el futuro? ¿Sentirte menos enfadado o frustrado después de interactuar con él? ¿O quieres que tu colega deje de socavar tu éxito?

Te recomiendo que hagas una lista de los objetivos que te gustaría alcanzar (grandes y pequeños) y que rodees con un círculo el más importante. Tus intenciones determinarán —consciente y subconscientemente— tu forma de actuar. Por ejemplo, si tu objetivo es evitar enredarte en largas discusiones con tu colega pesimista, tomarás decisiones diferentes que si tu objetivo es ayudarle a tomar conciencia de que sus comentarios negativos están hundiendo al equipo.

Está bien ponerte el listón bajo. A menudo basta con centrarse en tener una relación funcional. Sería una gran victoria si pudieras llegar al punto de que no se te erice la piel cuando su nombre aparezca en tu bandeja de entrada, o de que no pierdas el sueño por la noche porque está en tu mente. Un objetivo mínimo como «no pensar en esta persona mientras ceno con mi familia» está más que bien.

Puedes tener varios objetivos. Por ejemplo, si estás peleando con tu jefe inseguro sobre qué métricas trasladarle al equipo de liderazgo sénior y él te ha enviado algunos correos electrónicos acalorados que cuestionan tu experiencia con el análisis web, tus objetivos podrían ser: (1) elaborar un conjunto de estadísticas con las que ambos podáis vivir, y (2) asegurarte de que el equipo directivo conoce tu dominio del área. También podrías fijarte el objetivo de tener menos intercambios acalorados justo antes de las reuniones importantes.

No dejes que tus agendas ocultas te desvíen del camino. Por ejemplo, al tratar con un colega excesivamente «político», puedes decir que tu objetivo es dejar de preocuparte de que te perjudique. Pero lo que realmente quieres es que lo pague: que le despidan, o que se sienta tan miserable como te ha hecho sentir a ti, o que todo el mundo en la organización le señale como el manipulador deshonesto que es. Los motivos ocultos suelen teñir tus interacciones, haciendo que utilices un lenguaje o un tono excesivamente crítico o condescendiente, lo que compromete tu capacidad para lograr el objetivo que te has propuesto. Es importante que seas consciente de tus motivaciones secretas (o no tan secretas), así que dilas en voz alta o regístralas, junto con tus otros objetivos. A continuación, intenta dejar de lado todas las malas intenciones (por muy justificadas que parezcan).

Cuando hayas decidido tus objetivos, escríbelos en un papel. Las investigaciones han demostrado que las personas que describen o imaginan vívidamente sus objetivos tienen entre 1,2 y 1,4 veces más probabilidades de alcanzarlos, y es más probable que consigas aquellos objetivos que anotas a mano.[218] Atente a tus objetivos antes de cualquier interacción con tu colega para no perder de vista tu destino.

## Principio 7: Evita el chismorreo, más que nada

«¿Soy yo, o Greta está especialmente malhumorada esta semana?».

Hay muchas razones por las que acudimos a los demás cuando algo no va bien en el trabajo. Puede ser para confirmar que no estás malinterpretando un correo electrónico poco claro. Puede ser para determinar quién tiene que darte el apoyo que necesitas para sacar adelante esa iniciativa interdepartamental estancada. O tal vez busques tranquilidad. Y cuando tu colega te dice: «Sí, Greta parece malhumorada. ¿Qué pasa con eso?», recibes una pequeña sacudida de alivio: «No soy solo yo».

Este tipo de conversación paralela, tanto si se produce en un contexto digital como en persona, puede resultar especialmente complicada cuando implica tratar con colegas difíciles. Y llamémoslo por su nombre: chismorreo.

En el capítulo 10 hablé de cómo manejar los chismorreos de tus colegas arribistas, y señalé que hay aspectos positivos en estar metido en la fábrica de rumores. Los chismorreos en el lugar de trabajo pueden desempeñar un papel importante en la creación de vínculos con los compañeros y en el intercambio de información. Cuando te enteras de que a Marina también le resulta difícil trabajar con Michael, de finanzas, se fomenta un sentimiento de conexión. Si te enteras de que no solo vosotros dos deseáis que Michael trabaje más en equipo (o que se busque otro trabajo), ese vínculo se hace aún más profundo. Básicamente has formado un grupo interno que tiene información que los demás, especialmente Michael, no tienen. Tu perspectiva también ha sido validada, por lo que obtienes el subidón de adrenalina y dopamina que supone sentir que tienes razón.

---

218. Mark Murphy, «Neuroscience Explains Why You Need to Write Down Your Goals If You Actually Want to Achieve Them», *Forbes*, 15 de abril de 2018, https://www.forbes.com/sites/markmurphy/2018/04/15/neuroscience -explains-why-you-need-to-write-down-your-goals-if-you-actually-want-to -achieve-them/.

He aquí un secreto sobre los chismorreos: los estudios han demostrado que pueden disuadir a las personas de comportarse de forma egoísta. Cuando un miembro del equipo sabe que los demás pueden hablar mal de él si no coopera o es grosero, ello puede evitar que se comporte mal desde un principio.[219] Yo diría que es mejor hablar directamente con alguien sobre lo que hace y a quién perjudica, pero las investigaciones han demostrado que chismorrear sobre las personas castiga a estas indirectamente y advierte a los demás de los peligros de trabajar con ellas.[220]

¿Significa eso que debes hablar a espaldas de tus compañeros de trabajo? Bueno, no tan rápido. También hay peligros. En primer lugar, esto podría hacerte más susceptible al sesgo de confirmación. Seguro que Michael puede ser exasperante a veces, pero una vez que tus amigos del trabajo y tú empezáis a hablar de ello es más probable que interpretes sus futuras acciones como negativas. Los errores ocasionales empiezan a pintarse como un rasgo inherente y la historia de «Michael es difícil» se convierte en una profecía autocumplida. Cuando los demás están involucrados en una historia particular sobre un colega, es potencialmente más difícil cambiar la narrativa. Además, los chismorreos suelen ser un mal reflejo del chismoso. Puedes obtener la validación inmediata que buscas, pero también puedes ganarte la reputación de ser poco profesional, o acabar etiquetado como el difícil.

Antes de empezar a difundir rumores sobre lo incompetente que es tu jefe o lo insoportable que es trabajar con el atormentador que dirige tu departamento, piensa en tu objetivo. Ya sea este mejorar vuestra relación, sentirte mejor o terminar de hacer tu trabajo a pesar de la resistencia, pregúntate si los chismes ayudarán o perjudicarán en esta situación.

Es perfectamente legítimo buscar ayuda para ordenar tus sentimientos o para comprobar que estás viendo las cosas con claridad en relación con otra persona. Pero elige con quién hablas (y lo que compartes) con cuidado: busca personas que sean constructivas, que tengan en cuenta tus intereses, que cuestionen tu perspectiva cuando no estén de acuerdo y que sean discretas.

---

219. Matthew Feinberg, Robb Willer y Michael Schultz, «Gossip and Ostracism Promote Cooperation in Groups», *Psychological Science*, 25 (3) (enero de 2014), pp. 656-64, https://doi.org/10.1177/0956797613510184.
220. Junhui Wu, Daniel Balliet y Paul A. M. Van Lange, «Gossip Versus Punishment: The Efficiency of Reputation to Promote and Maintain Cooperation», *Scientific Reports*, 6 (1) (abril de 2016), https://www.ncbi.nlm.nih.gov/pmc/articles /PMC4819221/.

## Principio 8: Experimenta para encontrar lo que funciona

No hay una respuesta correcta ni un camino probado que puedas seguir para conseguir que tu colega sabelotodo deje de ser condescendiente o que tu compañero pasivo-agresivo te trate de forma más directa. En este libro he compartido estrategias que han demostrado funcionar, pero cuáles debes probar y cómo debes aplicarlas es algo que dependerá del contexto: quién eres tú, quién es la otra persona, la naturaleza de vuestra relación, las normas y la cultura de tu lugar de trabajo, etc.

Mejorar una relación puede resultar abrumador; no es una tarea fácil. Pero te parecerá mucho más manejable si empiezas proponiendo dos o tres ideas que quieras poner a prueba. A menudo las pequeñas acciones pueden tener un gran impacto. Planifica el siguiente experimento: determina lo que vas a hacer de forma diferente, establece un periodo de tiempo durante el cual probarás tu enfoque y observa cómo funciona. Por ejemplo, si quieres mejorar la comunicación con un colega pasivo-agresivo, puedes decidir que durante dos semanas vas a ignorar su tono y a centrarte en el mensaje subyacente. En lugar de asumir que eso va a arreglar todo entre vosotros, considéralo como una prueba y reconoce que probablemente aprenderás algo, incluso si descubres que la táctica no funciona. Entonces, prepara otro experimento, modificando paulatinamente tu enfoque.

Sigue renovando los enfoques que pruebas y estate dispuesto a abandonar los que no dan resultado. Si has intentado solucionar la falta de definición de un colega enviándole un correo electrónico después de cada reunión para confirmarle lo que todos han acordado hacer, y esto no ha impedido que tu colega diga una cosa en las reuniones y haga otra más tarde, no repitas el experimento esperando resultados diferentes. Una situación así requiere lo que la experta en conflictos Jennifer Goldman-Wetzler llama una «acción constructiva que rompa el patrón», que es un sencillo acto «diseñado para interrumpir el patrón conflictivo del pasado».[221] En otras palabras, prueba algo que no hayas probado antes, incluso algo que la otra persona no se espere.

---

221. Jennifer Goldman-Wetzler, *Optimal Outcomes: Free Yourself from Conflict at Work, at Home, and in Life* (Nueva York: HarperCollins, 2020).

## Principio 9: Sé (y permanece) curioso

A la hora de enfrentarse a una dinámica negativa con un compañero de trabajo, es fácil decirse a uno mismo: «Esto siempre va a ser así» o «¿Por qué debería esperar que cambie?» o «Simplemente no nos llevamos bien». No te diré que vaya a ser divertido, ni siquiera agradable, hacer lo que tienes que hacer para salvar una relación problemática, pero la autocomplacencia y el pesimismo no te llevarán a ninguna parte. En lugar de eso, adopta una mentalidad curiosa.

Las investigaciones demuestran que ser curioso en el trabajo trae numerosos beneficios, los cuales facilitan la resolución de conflictos. Por ejemplo, se ha demostrado que la curiosidad nos ayuda a evitar caer en el sesgo de confirmación y nos impide estereotipar a las personas. También nos ayuda a mantenernos alejados del secuestro de la amígdala, ya que es más probable que abordemos las situaciones difíciles de forma creativa y seamos menos defensivos y agresivos.[222]

Adoptar una mentalidad curiosa también ayuda a desbaratar las historias que nos contamos a nosotros mismos, especialmente si podemos pasar de sacar conclusiones poco halagüeñas a plantear preguntas genuinas. Cuando tu colega Isabel empieza a criticar la propuesta de otro compañero, por ejemplo, en lugar de decirte a ti mismo: «Ya estamos otra vez con los comentarios negativos de Isabel. ¿No sabe hacer nada más?», podrías preguntarte: «¿Qué le sucede? Esto me resulta familiar, pero ¿qué me he perdido en el pasado? ¿Por qué actúa así?».

Debes partir del hecho de que tienes algo que aprender y has de creer que la dinámica negativa puede cambiar, aspectos ambos propios de la adopción de una mentalidad de crecimiento. Por supuesto, no siempre es fácil conseguir —o mantener— ese estado de ánimo cuando te sientes frustrado. Trata de sorprenderte a ti mismo en un patrón de pensamiento improductivo, da un paso atrás y cambia el encuadre. En lugar de pensar que «Isabel es...», intenta pensar: «Una visión de Isabel es que puede ser bastante negativa. ¿Qué otras opciones hay?». Piensa en las otras personas con las que trabaja. ¿Hay alguien que realmente disfrute trabajando con ella? Intenta ponerte en el lugar de esa compañera. Busca pruebas

222. Francesca Gino, «The Business Case for Curiosity», *Harvard Business Review*, septiembre-octubre de 2018, https://hbr.org/2018/09/the-business-case-for-curiosity.

que lo desmientan o casos en los que Isabel haga lo contrario de lo que esperas: adoptar una postura positiva o neutral, por ejemplo.

Otra forma de fomentar la mentalidad de crecimiento es recordar los momentos en los que tú o los demás habéis cambiado. Piensa en otros casos anteriores, en el trabajo o en cualquier otro lugar, en los que tú y otra persona no os llevasteis bien al principio o tuvisteis una mala racha pero fuisteis capaces de superarla. Apóyate en esas experiencias anteriores para cuestionar cualquier idea preconcebida sobre la inmutabilidad de las personas. ¿Cómo pudiste perseverar? ¿Qué te ayudó a alcanzar esa solución?

Concéntrate también en lo que puedes ganar si logras tus objetivos en la relación. Proyéctate en el futuro. Si consigues tus objetivos, ¿qué será diferente? ¿Cómo mejorará tu vida laboral? Considera la posibilidad de colgar los propósitos que escribiste anteriormente en este capítulo en algún lugar donde puedas verlos como recordatorio de cómo se percibe y qué apariencia tiene el éxito. No solo habrás resuelto tu problema actual, sino que habrás mejorado tu capacidad para desenvolverte en otras relaciones complicadas con las que te encuentres en el trabajo.

• • •

La resolución de conflictos puede ser un camino lleno de baches, y algunos de tus experimentos fracasarán estrepitosamente. Puede que incluso sientas que las cosas están empeorando. Pero no pierdas la esperanza: el cambio es posible y la dinámica no está grabada en piedra. Como decía el famoso terapeuta argentino Salvador Minuchin: «La certeza es el enemigo del cambio».[223] No puedes estar seguro de lo que os deparará el futuro a ti y a tu compañero, de modo que ten curiosidad. Eso te sacudirá la mentalidad fija que podría estar impidiéndote descubrir una solución inesperada a tu problema.

Independientemente del tipo de colega difícil con el que te enfrentes o de lo que decidas hacer a continuación, tener en cuenta estos nueve principios aumentará tus probabilidades de establecer relaciones más sólidas y satisfactorias en el trabajo.

---

223. Salvador Minuchin, Michael D. Reiter y Charmaine Borda, *The Craft of Family Therapy: Challenging Certainties* (Nueva York: Routledge, 2013).

# RESUMEN DE LOS NUEVE PRINCIPIOS

Una vez que estés preparado para tomar medidas que te permitan llevarte mejor con tu colega difícil, puedes utilizar la tabla 11-1 para comprobar que vas con la mentalidad correcta y que has seleccionado las tácticas que te conducirán al éxito.

**Tabla 11-1**

**Nueve principios para llevarse bien con cualquiera**

| | |
|---|---|
| **Principio 1: Concéntrate en lo que puedes controlar** | • No pierdas el tiempo intentando convencer a tu colega de que cambie; la gente cambia si quiere cambiar.<br>• Concéntrate, en cambio, en lo que puedes hacer de forma diferente. |
| **Principio 2: Tu perspectiva es solo una perspectiva** | • Reconoce que tu colega y tú no siempre estaréis de acuerdo.<br>• Olvídate del juego de la culpa; apoya la búsqueda de un camino hacia adelante.<br>• Pregúntate a ti mismo: «¿Y si me equivoco? ¿Qué suposiciones estoy haciendo?». |
| **Principio 3: Sé consciente de tus prejuicios** | • Conoce tus propios prejuicios para poder detectar cuándo afectan a tus interacciones o te hacen interpretar injustamente las acciones de tus colegas.<br>• Vigila cuándo puedes estar cayendo en el sesgo de afinidad, gravitando hacia personas con apariencias, creencias y antecedentes similares a los tuyos.<br>• Evita el sesgo de confirmación, es decir, la tendencia a interpretar los acontecimientos o las pruebas como una confirmación de tus creencias. |
| **Principio 4: No lo conviertas en un «yo contra ti»** | • Imagina que hay tres entidades en el conflicto: tu colega, tú y la dinámica entre vosotros.<br>• Utiliza visualizaciones positivas y colaborativas (como tu compañero de trabajo y tú sentados en el mismo lado de la mesa) en lugar de las combativas para mejorar las probabilidades de cambiar tu relación insana. |

| | |
|---|---|
| **Principio 5: Apóyate en la empatía para ver las cosas de otra manera** | • Otorga a tu compañero de trabajo el beneficio de la duda, preguntándote: «¿Cuál es la interpretación más generosa de su comportamiento?».<br>• Asume que hay alguna razón que subyace a su comportamiento enfadadizo (incluso si no estás de acuerdo con él). |
| **Principio 6: Conoce tu objetivo** | • Ten claro cuáles son tus objetivos para la relación.<br>• Anótalos y consúltalos con frecuencia.<br>• Ten cuidado con cualquier motivo oculto que pueda dañar vuestras posibilidades de llevaros bien. |
| **Principio 7: Evita el chismorreo, más que nada** | • Resiste el impulso de hablar a espaldas de tu compañero de trabajo.<br>• Escoge cuidadosamente con quién hablas de la situación; busca a alguien que sea constructivo, que tenga en cuenta tus intereses, que cuestione tu perspectiva y que sea discreto. |
| **Principio 8: Experimenta para encontrar lo que funciona** | • Piensa en dos o tres cosas que quieras probar; las pequeñas acciones pueden tener un gran impacto.<br>• Actualiza constantemente tus enfoques, basándote en lo que aprendas durante el camino, y estate dispuesto a abandonar aquellos que no produzcan resultados.<br>• Prueba algo que no hayas probado antes, incluso algo que la otra persona no se espere. |
| **Principio 9: Sé (y permanece) curioso** | • Adopta una mentalidad de crecimiento; convéncete de que tienes algo que aprender y que la dinámica puede cambiar.<br>• Céntrate en lo que puedes ganar si cumples tus objetivos de llevarte bien. |

# PARTE III

# PROTEGERSE
# A UNO MISMO

 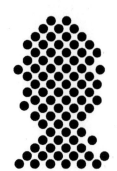 

# 12
# Cuando todo lo demás falla
## No te rindas... todavía

Voy a ser sincera contigo. A veces las tácticas que he expuesto en este libro no funcionan. No puedes convencer a un sabelotodo de que reconozca y cambie su actitud arrogante porque tu jefe valora su exceso de confianza. Tu colega tendencioso se niega a ver lo ofensivo de sus comentarios, a pesar de tus intentos de educarlo. El pesimista de tu equipo está tan atascado en sus formas negativas que resulta evidente que el cambio no es posible para él.

Si has tomado continuamente medidas para llevarte bien con tu compañero de trabajo, pero no ves progresos, hay algunas cosas que puedes hacer antes de tirar la toalla. Estas estrategias no cambiarán las cosas por arte de magia, pero te ayudarán a proteger tu carrera, tu reputación y tu capacidad para hacer tu trabajo sin volverte loco. En el próximo capítulo hablaremos de cómo evitar los errores más comunes para no empeorar las cosas. Y en el capítulo 14 compartiré consejos para preservar tu bienestar general y encontrar formas de prosperar pese a los conflictos.

Si no hay avances, puede ser el momento de probar una o más de las siguientes maniobras: establecer límites y restringir tu exposición; documentar las transgresiones de tu colega y tus éxitos; elevar el asunto a alguien con poder, y, si nada más funciona, seguir adelante. En primer lugar, hablemos de cómo puedes desvincularte.

## ESTABLECER LÍMITES

Hay un chiste malo que quizás hayas oído antes: un hombre va a ver a su médico quejándose de que le duele el codo. El médico le pregunta cuándo le duele, y el hombre responde: «Cuando lo doblo así». El médico le dice: «Entonces no lo doble así».

Del mismo modo, si interactuar con tu colega problemático es estresante, interactúa menos con él. Establecer límites claros con alguien con quien tienes que trabajar todos los días no siempre es fácil, sobre todo si hay una gran interdependencia entre vuestros trabajos. Pero no es imposible.

La autora y terapeuta Nedra Glover Tawwab dice, en su libro *Set Boundaries, Find Peace*, que «la gente te trata según tus límites», los cuales define como «las expectativas y necesidades que te ayudan a sentirte seguro y cómodo en tus relaciones».[224] ¿Qué aspecto tienen los límites saludables cuando tratas con un colega difícil?

Para empezar, busca formas de minimizar tu dependencia. Si tienes un conflicto recurrente con un cliente, puedes explicarle la situación a tu supervisor y proponer que uno de tus igualmente cualificados colegas te sustituya en el informe. Si tienes problemas con alguien del departamento financiero, podrías entablar una relación con un nuevo contacto de ese equipo. Si el problema es tu jefe, podrías solicitar puestos de trabajo en otros departamentos; empieza por cultivar una red más amplia en la organización y ponte en contacto con las personas de los equipos a los que quieras unirte.

La investigadora de la felicidad Michelle Gielan describe una táctica para limitar la interacción llamada «ejercicio de dos minutos». Sugiere que nos preguntemos a nosotros mismos: «¿Qué necesitas exactamente de ese colega que no coopera? ¿Una información? ¿Su acuerdo con respecto al plan de un proyecto? ¿Y qué es lo mínimo que tardarás en conseguir lo que necesitas de él? Si sabes que es probable que haga algo que te moleste, por ejemplo hablar mal de vuestro jefe en común, ¿puedes tener preparada una respuesta? ¿Cómo puedes mantener tus interacciones tan breves y positivas como sea posible?».[225]

Por ejemplo, si tu colega pesimista es propenso a pasarse por tu mesa o a atraparte en videollamadas para quejarse, ten unas cuantas frases en el bolsillo que puedas utilizar para salir de la conversación: «Tengo que prepararme para mi próxima reunión» o «Prometí que respondería a este correo electrónico lo antes posible».

224. Nedra Glover Tawwab, *Set Boundaries, Find Peace: A Guide to Reclaiming Yourself* (Nueva York: TarcherPerigee, 2021).
225. Michelle Gielan, *Broadcasting Happiness: The Science of Igniting and Sustaining Positive Change* (Nueva York: Gildan Media, 2015).

Esto es lo que hizo Sebastian, que trabajaba como ingeniero en una empresa tecnológica, al ver que su compañero de trabajo, Gabriel, le molestaba continuamente. Cada vez que se quedaban solos en el comedor, Gabriel se quejaba de otros ingenieros. Sebastian me dijo que, según Gabriel, «o alguien era completamente incompetente (el 95% de las veces) o fantástico (el 5% de las veces)». Incluso decía cosas como: «Esto nunca va a funcionar porque son todos unos imbéciles». Sebastian veía a menudo cómo Gabriel deprimía el estado de ánimo de todo un equipo con sus comentarios negativos durante las reuniones.

Sebastian intentó ayudar a Gabriel a ser más constructivo diciéndole cosas como: «Quizás esta vez funcione» o «Estoy seguro de que, en el contexto adecuado, Laurie puede contribuir». Pero la respuesta de Gabriel era siempre la misma: «No eres más que un idealista. Ya verás cómo sale lo de esta gente, y no me digas que no te lo advertí». Finalmente, Sebastian decidió disminuir la cantidad de tiempo que pasaban juntos. Evitaba trabajar en proyectos con Gabriel siempre que podía. «Le pedía consejo de vez en cuando porque tenía ideas valiosas y necesitaba que se sintiera incluido para que no se volviera contra mí. Pero cuando le pedía ayuda, me esforzaba por asegurarme de que ello no requiriera la colaboración de otros».

La estrategia que Sebastian emplea aquí se conoce como *job crafting*. Se trata de un proceso en el que rediseñas proactivamente el papel que desempeñas para hacerlo más significativo y menos agotador, y que, según las investigaciones, conduce a una mayor satisfacción laboral y a un mayor bienestar.[226] Esta estrategia puede adoptar varias formas: el *task crafting*, en el que se modifica el tipo, el alcance o el número de tareas que se asumen como parte del trabajo; el *cognitive crafting*, en el que se cambia la forma de interpretar o pensar en el trabajo que se realiza, y el *relational crafting*, en el que se modifica con quién se interactúa en el trabajo.[227] Aunque el *relational crafting* es el más relevante a la hora de

226. Justin M. Berg, Jane E. Dutton y Amy Wrzesniewski, «What Is Job Crafting and Why Does It Matter?», Universidad de Michigan, Stephen M. Ross School of Business, Center for Positive Organizational Scholarship, modificado por última vez el 1 de agosto de 2008, https://positiveorgs.bus.umich.edu/wp-content /uploads/What-is-Job-Crafting-and-Why-Does-it-Matter1.pdf.
227. Jane E. Dutton y Amy Wrzesniewski, «What Job Crafting Looks Like», *Harvard Business Review*, 12 de marzo de 2020, https://hbr.org/2020/03 /what-job-crafting-looks-like.

tratar con un colega molesto, los tres enfoques pueden ayudarte a desviar tu trabajo y tu atención de un compañero problemático. Para empezar, considera todas las formas en que podrías minimizar la cantidad de tiempo que pasas con ellos y aumentar la colaboración con personas que te dan energía, te inspiran y te apoyan.

Piensa también en las formas más efectivas de comunicarte con alguien que te da escalofríos. ¿Suelen ser más fáciles de tratar por correo electrónico? ¿O las cosas son menos complicadas cuando se hace una rápida llamada telefónica? Piensa qué es lo menos estresante para ti y mantén unos límites claros. A veces, un simple «prefiero que lo resolvamos por teléfono» es suficiente.

Si no hay forma de reducir tu exposición a un colega difícil, intenta aligerar el tono de vuestras interacciones. Busca formas de convertirlas en un juego. Por ejemplo, comprueba cuántas veces puedes conseguir que un pesimista implacable como Gabriel diga algo positivo o sonría. Cuando lo consigas, considéralo una modesta victoria. Esto te supondrá una pequeña forma de recuperar la sensación de control mientras mantienes la distancia emocional.

## DOCUMENTA SUS TRANSGRESIONES Y TUS ÉXITOS

Es útil tener un registro del mal comportamiento, sobre todo si debes argumentar ante quienes tienen el poder que tu colega está haciendo un daño real. Para cada infracción posible, anota la hora, el lugar, lo que se dijo o hizo, quién lo hizo y quién estaba presente en ese momento. Y no te limites a anotar las acciones de tu colega: anota también lo que dijiste e hiciste en respuesta. Los líderes estarán más dispuestos a intervenir si ven un patrón de comportamiento y saben que tú —y quizás otros— ya has tomado medidas para abordarlo. Puede ser laborioso, pero llevar un registro como este a lo largo del tiempo ayuda a demostrar que el maltrato es constante, destructivo y continuo.

Documenta también tus éxitos para que no se vean mermados por tu colega o por la tensión entre vosotros. Mantén una lista actualizada de aquello en lo que estás trabajando y de las ideas o propuestas que aportas. Comparte regularmente tus triunfos con tu jefe, incluso mediante un breve correo electrónico semanal. No pienses en esto como en un alarde: se trata de defender tu valor en la empresa. Esta estrategia es especialmente importante si tu colega es un sabelotodo que intenta robarte el protagonismo. Encuentra formas de dar a conocer tu buen trabajo a otros miembros de la organización. Preséntate a personas de otros departamentos o de niveles superiores de la empresa, quizás ofreciéndote como voluntario para una iniciativa multidisciplinar o uniéndote al proyecto favorito de un ejecutivo poderoso. Cultivar nuevas conexiones te dará la oportunidad de demostrar ampliamente tus talentos e, idealmente, desmentir cualquier información falsa que tu colega pueda estar difundiendo sobre ti.

Una amiga mía lleva inteligentemente un diario en el que anota el trabajo que realiza y sus logros notables. Empezó a hacerlo para sí misma, para contrarrestar la negatividad de un colega pesimista, pero dice que le resulta útil en el momento de la revisión para completar las autoevaluaciones y siempre que se reúne con altos ejecutivos y quiere poder hablar de sus logros.

## ASCIENDE HASTA ALGUIEN QUE TENGA EL PODER DE HACER ALGO

Siempre existe la opción de acudir a alguien de mayor rango en la organización, a tu jefe o a otro directivo que pueda aconsejarte, dar una respuesta directa al compañero de trabajo difícil o incluso reprenderle si su comportamiento está fuera de los límites.

Este es un movimiento complicado en cualquier situación, especialmente si el colega difícil es tu jefe, así que sopesa cuidadosamente las ventajas e inconvenientes. ¿Incrementar el problema te hará quedar mal? ¿Te arriesgas a dañar aún más tu relación con tu colega si descubre que has actuado a sus espaldas o que has traído refuerzos? ¿La persona a la que recurres te creerá o se pondrá de tu parte?

Si hablas con alguien sobre el comportamiento de tu colega, intenta evitar parecer un quejica. Deja claro que no estás actuando por celos o por venganza. Enfréntate al debate como un esfuerzo por crear una buena relación de trabajo con tu colega, no como una excusa para echarle en cara algo. Esto es especialmente importante si se trata de un estratega político que sabe gestionar y puede tener aliados poderosos. Además, prepárate para explicar lo que has hecho hasta ahora para resolver el problema.

Te ayudará si puedes relacionar los problemas con tu compañero de trabajo con resultados empresariales concretos. Expón cómo está perjudicando el rendimiento del equipo, de forma que los líderes se interesen por él y proporcionen muchas pruebas que respalden tus afirmaciones. (Aquí es donde la documentación detallada viene bien). Es más convincente si tu relato de los hechos puede ser corroborado, así que confirma que otras personas han sido testigos del comportamiento negativo y están dispuestas a apoyarte si es necesario.

También debes tener en cuenta a quién te diriges y qué poder o motivación tiene para hacerlo. ¿Quién es la persona o el departamento adecuado a los que acudir? ¿Estarán dispuestos a ayudarte? ¿Serán discretos? ¿Tienen la capacidad o la autoridad necesarias para dar una respuesta a tu colega difícil? ¿Están lo suficientemente motivados para actuar? Recurrir a otras personas no siempre funciona, sobre todo si no están preparadas para (o no quieren) abordar el comportamiento de tu colega. Además, si resuelven el problema por ti —quizás a puerta cerrada—, no desarrollarás las habilidades que necesitas para afrontar problemas similares en el futuro.

¿Y si acudimos a RR. HH.? Bob Sutton, autor de *The No Asshole Rule*, advierte que esperar que RR. HH. o incluso el departamento legal tomen medidas rápidas es un error. Y seamos realistas: es raro escuchar un relato de alguien que haya recurrido a RR. HH. para resolver una relación complicada con un compañero de trabajo y haya recibido una ayuda significativa (aunque sí ocurre). Como me dijo Sutton, «en la mayoría de las empresas, RR. HH. no está ahí para ser tu amigo. Está ahí para proteger a la institución».[228] Investiga con antelación para ver cómo ha manejado tu departamento de RR. HH. situaciones similares en el pasado. Si no han prestado ayuda, probablemente tendrás más suerte recurriendo a alguien que os conozca a ti y a la otra parte.

Antes de acercarte a un posible aliado, ya sea tu jefe, el jefe de tu jefe, un representante de RR. HH. o cualquier otra persona, piensa en cómo todos ellos han respondido a situaciones similares en el pasado. ¿Aconsejaron bien? ¿Cumplieron tras ofrecer ayuda? ¿Mejoraron las cosas o

---

228. Entrevista de la autora con Robert Sutton, 29 de enero de 2021.

quizás las empeoraron? Las respuestas a estas preguntas te ayudarán a decidir si elevar el asunto es una buena idea o no.

## ¿DEBERÍAS RENUNCIAR?

Dejar el trabajo por un conflicto con alguien es obviamente una respuesta extrema, y es una táctica que no recomiendo a la ligera. Pero a veces está justificada.

Aproximadamente una de cada ocho personas que declaran haber sido tratadas mal deja su trabajo a causa de la incivilidad.[229] Tengo dos opiniones sobre la renuncia al puesto. Por un lado, me doy cuenta de que no es una posibilidad para todos. Por razones económicas o logísticas, puede que no sea factible, por muy disfuncionales que se hayan vuelto tus interacciones con un compañero de trabajo. Puede que tengas una hipoteca que pagar o miembros de la familia que dependen de tus prestaciones y tu salario, o quizás trabajes en un sector en el que hay pocas vacantes.

Si te sientes abatido pero crees que no puedes renunciar todavía, establece algunos parámetros sobre el tiempo que vas a permanecer. Ver una luz al final del túnel hará más soportable el tiempo restante hasta que puedas dejarlo. Puedes decirte a ti mismo: «Aguantaré cuatro meses y, si estas tres cosas no cambian mientras tanto, empezaré a enviar mi currículum». La clave es evitar la sensación de estar atascado, que solo empeorará tu tristeza.

Por otro lado, si ya has agotado otras opciones, como solicitar ayuda a los altos cargos o explorar posibles traslados dentro de tu empresa, pregúntate si merece la pena aguantar. Como me dijo un entrevistado: «Tuve que dejarlo por la tortura mental y su impacto en mi salud». Nadie debería sufrir así en el trabajo.

Le pregunté a Bob Sutton su opinión sobre el hecho de renunciar a un trabajo cuando te sientes asfixiado bajo el peso de una relación difícil, y dijo que era una opción «infravalorada». «Soy un firme creyente del abandono», dijo. «El coraje está sobrevalorado cuando se trata de

229. Christine Porath y Christine Pearson, «The Price of Incivility», *Harvard Business Review*, enero-febrero de 2013, https://hbr.org/2013/01/the -price-of-incivility.

trabajar con personas tóxicas y, por lo general, la gente decide renunciar demasiado tarde, cuando ya ha sufrido las consecuencias».

Señala que una de las ventajas de renunciar es que puedes probar cosas diferentes. «La hierba siempre parece más verde en otro lugar», dice, sobre todo cuando uno se siente desgraciado. Hace varios años, Sutton dejó Stanford y aceptó un trabajo en la Haas School of Business de la Universidad de California en Berkeley, con la esperanza de que le ofreciera más oportunidades y de que pudiera librarse de algunas dinámicas poco saludables. Pero, después de solo un año, volvió a Stanford, aceptando un puesto en la Escuela de Ingeniería y un recorte salarial del 30%. Dice: «Ahora me considero parte del club de "la hierba es más marrón". Soy una de las muchas personas que dejaron su trabajo y volvieron porque la nueva experiencia me demostró que lo que tenía no era tan malo después de todo». A veces es bueno tantear el terreno y ver si, efectivamente, serás más feliz en un entorno diferente. (Sigue el ejemplo de Sutton y mantén la puerta abierta en tu actual empresa, si es posible; siempre es bueno tener opciones).

Si renunciar a tu trabajo es una posibilidad realista para ti, considera qué te gustaría hacer en lugar de eso antes de abandonar el barco. Siempre que sea posible, es mejor irse por otra cosa —como una cultura más positiva— que huir de una mala situación. Como demuestran las investigaciones de Boris Groysberg y Robin Abrahams, de la Harvard Business School, apresurarse a marcharse es uno de los errores más comunes que comete la gente al cambiar de trabajo. Escriben: «A menudo, los solicitantes de empleo están tan descontentos con sus puestos actuales que están desesperados por salir. En lugar de planificar sus movimientos profesionales, van dando tumbos de un sitio a otro, aplicando una urgencia artificial a la búsqueda de empleo en lugar de esperar a la oferta adecuada».[230]

Antes de dar el salto, plantéate varias preguntas: ¿de qué manera exacta mejorarás si te vas? (Sé concreto). ¿Qué vas a hacer con tu tiempo y tu energía después de marcharte? (Esta pregunta es especialmente importante si no tienes otro trabajo). ¿Qué desearás de tus relaciones en un nuevo entorno?

---

230. Boris Groysberg y Robin Abrahams, «Managing Yourself: Five Ways to Bungle a Job Change», *Harvard Business Review*, enero-febrero de 2010, https://hbr.org/2010/01/managing-yourself-five-ways-to-bungle-a-job-change.

Ten en cuenta que renunciar no suele ser una solución inmediata y, desde luego, no debe hacerse de forma impulsiva. Date tiempo para mejorar tu currículum, ampliar tu red de contactos y hablar con personas que puedan apoyarte en el cambio. Sin embargo, hay situaciones en las que el conflicto es tan grave que lo mejor es cortar la relación rápidamente. No vale la pena poner en peligro tu salud mental o física, por ejemplo, o perder tu buena reputación. Solo tú puedes decidir cuándo ya es suficiente.

Ten en cuenta que todas las tácticas de este capítulo son opciones de último recurso, empleadas solo si los intentos bienintencionados de mejorar tu relación de trabajo con tu colega no han cambiado las cosas. También hay varias estrategias que te recomiendo que evites a toda costa —porque solo empeorarán las cosas— y que trataré en el siguiente capítulo.

# 13
# Enfoques que rara vez funcionan
## Solo empeorarán las cosas

Una de mis preguntas favoritas que hacer a las personas que están tratando con un colega difícil es: «¿Qué harías en esta situación si pudieras hacer lo que quisieras?».

Les sugiero que dejen de lado las consideraciones financieras, las normas sociales y las posibles repercusiones. Las respuestas van de lo práctico a lo entretenido y a lo que da un poco de miedo (¡hay mucha gente que quiere dar un puñetazo en la cara a un colega molesto!). Muchos fantasean con renunciar al puesto de forma radical. Otros simplemente quieren decirle a su compañero de trabajo exactamente cómo se sienten, sin pelos en la lengua. Dios sabe que a mí a veces se me han venido a la cabeza ciertas réplicas crueles mientras paseaba a mi perro.

Hay dos razones por las que hago esta pregunta. En primer lugar, quiero que la gente piense en un sentido amplio acerca de cómo podría responder, y a menudo, sin limitaciones, se encuentran con una estrategia que podría funcionar realmente (no golpear a alguien en la cara).

En segundo lugar, puede ser un ejercicio útil para desahogar la frustración. Recuerdo que hace varios años, mientras conducía con mi madre, me di cuenta de que se miraba y movía la mano de forma extraña, como si le doliera. Le pregunté qué ocurría. Por aquel entonces, ella era miembro de un grupo de presión en la Asamblea General de Connecticut y representaba a más de treinta organizaciones sin ánimo de lucro. Sus días estaban llenos de conversaciones desafiantes y tenía un sinfín de anécdotas sobre compañeros de los grupos de presión, clientes y legisladores que encajaban con muchos de los arquetipos de este libro. En respuesta a mi pregunta, levantó la mano, se rio y me dijo: «Este es un legislador». Me explicó que ella y su mano-legislador estaban enfrascados en una pelea a gritos que sabía que nunca podrían tener en persona. Era su manera de desahogarse.

Hablaré un poco más sobre mecanismos positivos de afrontamiento como este en el capítulo 14, pero primero quiero ver los enfoques menos productivos hacia los que a veces gravitamos, incluso cuando sabemos que no funcionarán o pueden ser contraproducentes. Evitar esta breve lista de tácticas impedirá que las cosas empeoren. Pueden aliviar tu dolor a corto plazo, pero a la larga son malas para ti, para la otra persona y para tu organización.

## SUPRIMIR LAS EMOCIONES

Cuando no sabes qué hacer con un colega difícil y parece que lo has intentado todo, amigos y compañeros de trabajo bienintencionados pueden decirte que «lo ignores» o que «hagas de tripas corazón» y sigas adelante con tu vida. Este puede ser un buen consejo si realmente eres capaz de dejarlo pasar. Sin embargo, a menudo decidimos que no vamos a hacer nada cuando en realidad acabamos haciendo un montón de cosas, ya sea reflexionando sobre la situación, hablando con nuestra pareja al respecto o volviéndonos pasivo-agresivos. Suprimir nuestras emociones rara vez ayuda.

Susan David, autora de *Emotional Agility*, escribe que «reprimir tus emociones —decidir no decir nada cuando estás disgustado— puede conducir a malos resultados».[231] Explica que, si no expresas tus sentimientos, es probable que aparezcan en lugares inesperados.

Los psicólogos llaman a esto «fuga emocional». «¿Alguna vez le has gritado a tu cónyuge o a tu hijo después de un día frustrante en el trabajo, una frustración que no tenía nada que ver con él o ella? Cuando reprimes tus sentimientos, es probable que expreses tus emociones de forma involuntaria, ya sea con sarcasmo o en un contexto completamente diferente. Reprimir tus emociones está asociado a una mala memoria, dificultades

---

231. Susan David, «Manage a Difficult Conversation with Emotional Intelligence», *Harvard Business Review*, 19 de junio de 2014, https://hbr.org/2014/06/manage -a-difficult-conversation-with-emotional-intelligence.

en las relaciones y costes fisiológicos (como problemas de salud cardiovascular)», explica David.[232] En otras palabras, aguantarse no suele reducir el nivel de estrés. Lo eleva.

El riesgo de que descargues tus sentimientos negativos en transeúntes inocentes no es la única razón para evitar esta táctica. Caroline Webb, autora de *How to Have a Good Day*, señala que, aunque la intención de fingir que no estás enfadado con un colega difícil puede ser buena —quizás quieras preservar la relación—, es probable que perciba tu irritación de todos modos. «Debido al contagio emocional, puede que no sea consciente de que albergas negatividad hacia él, pero aun así tendrá un efecto sobre él. Tu agresividad pasiva se va a notar, incluso en entornos de trabajo remotos», me dijo.[233] Las investigaciones han demostrado que no solo tú sufres el impacto físico de la supresión. Si ocultas la ira o la frustración, es probable que la presión arterial de quienes te rodean también aumente.[234] Puede que no sepan exactamente lo que sientes y piensas, pero de igual modo registran la tensión subyacente.

# REPRESALIAS

Otra respuesta tentadora al maltrato es combatir el fuego con fuego. Si tu compañero de equipo, pasivo-agresivo, dice una cosa en una reunión y luego hace algo completamente distinto, ¿por qué no hacer lo mismo con él? O si tu colega pesimista va a hacer un millón de agujeros en tus ideas, ¿por qué no vas a quitarle la razón cuando sugiera algo nuevo? Por desgracia, rebajarse a su nivel no suele funcionar. Intensificas la sensación de estar en lados opuestos en lugar de darle a la dinámica una oportunidad para cambiar. Y las represalias a menudo te hacen quedar mal. O, peor aún, violan tus valores.

Para no ceder al (comprensible) deseo de venganza, comprométete a comportarte de acuerdo con tus valores. A veces es útil escribirlos.

232. David, «Manage a Difficult Conversation».
233. Entrevista de la autora con Caroline Webb, 21 de febrero de 2021.
234. Brett J. Peters, Nickola C. Overall y Jeremy P. Jamieson, «Physiological and Cognitive Consequences of Suppressing and Expressing Emotion in Dyadic Interactions», *International Journal of Psychophysiology*, 94 (1) (octubre de 2014), pp. 100-107, http://www.psych.rochester.edu/research/jamiesonlab/wp-content/uploads/2014/01/peters.pdf.

¿Qué es lo que te preocupa? ¿Qué es lo que más te importa? Si no estás seguro, considera la posibilidad de consultar un conjunto de valores universales, como los creados por el psicólogo social Shalom Schwartz y sus colegas, y ver cuáles hallan eco en ti, enumerándolos por orden de importancia (véase la tabla 13-1). A continuación, cuando elabores un plan para responder a tu jefe inseguro o a tu compañero de trabajo tendencioso, consulta la lista y asegúrate de que las tácticas que elijas estén en consonancia con tus valores.

Tabla 13-1

## Valores universales

| Valor | Descripción |
|---|---|
| Autonomía | Pensamiento y acción independientes: elegir, crear, explorar. |
| Estímulo | Emoción, novedad y desafío en la vida. |
| Hedonismo | Placer o gratificación sensual para uno mismo. |
| Logro | Éxito personal a través de la demostración de la competencia de acuerdo con las normas sociales. |
| Poder | Estado social y prestigio, control o dominio sobre las personas y los recursos. |
| Seguridad | Protección, armonía y estabilidad de la sociedad, de las relaciones y de uno mismo. |
| Tradición | Respeto, compromiso y aceptación de las costumbres e ideas que proporcionan la cultura o la religión tradicional. |
| Benevolencia | Preservación y mejora del bienestar de las personas con las que se tiene un contacto personal frecuente. |
| Universalismo | Comprensión, aprecio, tolerancia y protección del bienestar de todas las personas y de la naturaleza. |

*Fuente*: Adaptado de Shalom H. Schwartz, «An Overview of the Schwartz Theory of Basic Values», *Online Readings in Psychology and Culture*, 2 (1) (diciembre de 2012), https://doi.org/10.9707/2307-0919.1116.

# VERGÜENZA

Cuando trato con alguien que encaja en uno de los ocho arquetipos, a menudo fantaseo con la idea de enviar un correo electrónico a todos los que lo conocen, para ponerlo en evidencia como un imbécil. Mi lógica (defectuosa) es que si la persona que me ha hecho daño se siente lo suficientemente humillada, se verá obligada a cambiar de actitud.

Bob Sutton, autor de *The No Asshole Rule*, resume por qué esto no funciona: «Llamar a la gente gilipollas es una de las formas más fiables de convertir a alguien en un gilipollas, o de hacer que te odie».[235] Esto se debe a que los sentimientos de vergüenza rara vez nos inspiran a comportarnos mejor; lo más frecuente es que nos hagan arremeter con más fuerza.

Me gusta la forma en que Brené Brown distingue entre vergüenza y culpa y explica su utilidad relativa:

> Creo que el sentimiento de culpa es adaptativo y útil, es decir, es oponer a nuestros valores algo que hemos hecho o dejado de hacer y sentir un malestar psicológico.
>
> Defino la vergüenza como el sentimiento o la experiencia intensamente dolorosa de creer que somos defectuosos y, por lo tanto, indignos de amor y pertenencia: algo que hemos experimentado, hecho o dejado de hacer nos hace indignos de la conexión.
>
> No creo que la vergüenza sea útil o productiva. De hecho, creo que es mucho más probable que la vergüenza sea la fuente de un comportamiento destructivo y dañino que la solución o la cura. Creo que el miedo a la desconexión puede hacernos peligrosos.[236]

Hacer sentir a tu colega que es una mala persona, etiquetarlo como racista, imbécil o alguien que se hace la víctima, es poco probable que mejore vuestra relación.

Del mismo modo, deshumanizar a un compañero de trabajo difícil no ayuda. Es fácil demonizar a la persona que nos hace daño, pero odiarla solo te pone en contra de ella. En lugar de eso, asegúrate de recordar en

---

235. Entrevista de la autora con Robert Sutton, 29 de enero de 2021.
236. Brené Brown, «Shame vs. Guilt», *Brené Brown*, blog, 15 de enero de 2013, https://brenebrown.com/articles/2013/01/15/shame-v-guilt/.

todo momento que estás tratando con un compañero humano, no con un robot o un archivillano. Como me dijo Webb, «verlos como seres humanos con debilidades —como tú— puede ser un primer y poderoso paso para rebajar la tensión».[237]

# ESPERAR QUE TU COLEGA SE VAYA

Muchos de nosotros confiamos en sobrevivir a nuestros colegas difíciles y nos centramos en hacer que la situación sea viable hasta que los despidan o se vayan a otro trabajo. Pero hay que tener cuidado con poner todos los huevos en la cesta de «al final se irán». Sutton advierte que a veces «eliminar las manzanas podridas» no sirve para cambiar el problema de fondo, especialmente si el comportamiento odioso de tu colega está validado por la cultura de la organización. A menudo hay que cambiar otras cosas para evitar la incivilidad, dice, cosas como el «sistema de incentivos, quién es promovido y recompensado, cómo se desarrollan las reuniones y la presión a la que se somete a la gente para que rinda».

Hace unos años, la directora de RR. HH. de una compañía de seguros médicos me pidió que formara a su personal sobre cómo mantener conversaciones difíciles. Me explicó que la empresa tenía una cultura muy jerárquica y que se encontraba con problemas para conseguir que la gente hablara, en especial con ideas que desafiaban el *statu quo*. Nueve años antes, una encuesta había revelado que los empleados se sentían en un entorno de «control y mando». Decididos a evolucionar, los directivos dirigieron varias iniciativas de cambio de cultura y contrataron a nuevos líderes, conocidos por tener un estilo más colaborativo y menos autocrático. Esos líderes también sustituyeron a personas de sus equipos, de modo que durante ese periodo de nueve años casi el 80% de la población de empleados había cambiado, incluida la mayor parte del equipo directivo. No obstante, cuando volvieron a realizar la encuesta de cultura, obtuvieron casi exactamente los mismos resultados. El exasperado ejecutivo de RR. HH. me dijo: «Es como si estuviera en el agua».

A veces el problema no son las personas individuales, sino los sistemas que permiten, y en algunos casos fomentan, la hostilidad en lugar de la cooperación. Y los sistemas son difíciles de cambiar. Tu sueño de

---

237. Entrevista de la autora con Caroline Webb, 21 de febrero de 2021.

que tu compañero de trabajo difícil salga por la puerta puede hacerse realidad, pero no hay garantía de que la cultura cambie o de que te lleves bien con su sustituto. En última instancia, es mejor que intentes crear una situación viable con tu compañero ahora que esperar que las cosas mejoren si se va.

• • •

¿Siempre podrás evitar estas respuestas defectuosas? No. Nadie es perfecto. Pero si te sorprendes a ti mismo intentando poner una cara valiente, acabar con tu compañero de trabajo desafiante o esperar a que otro se deshaga de él por ti, respira hondo y vuelve a las estrategias descritas para el arquetipo específico con el que estás tratando, o vuelve a los nueve principios descritos en el capítulo 11 e intenta poner las cosas en su sitio.

Los enfoques improductivos son seductores. Pero si se pincha una rueda, no se arregla el problema pinchando las otras tres ruedas. Cuando te quedes sin la primera táctica (o varias) que elijas, prueba otra cosa, o pide ayuda. Tal vez tu jefe, un amigo o un colega común puedan ofrecerte una solución novedosa. La cuestión es que perseveres en ello; recuerda que incluso las pequeñas mejoras pueden suponer una gran diferencia.

# 14
# Cuidar
## Tu bienestar es la prioridad número uno

Soy una fan de los mantras. Los tengo escritos en notas adhesivas en mi escritorio. Me los digo en voz alta cuando estoy a punto de abordar un proyecto difícil o de escribir un correo electrónico complicado. Y no es raro que envíe un mensaje de texto a un amigo preguntándole: «¿Me prestas un mantra para hoy?» cuando me cuesta encontrar el adecuado.

Técnicamente, un mantra es una palabra, una frase o una oración que se repite durante la meditación para ayudar a la concentración y la conciencia. Yo los utilizo de forma un poco diferente. Repetirme a mí misma que «esto pasará» o que «todo lo que tiene un principio, tiene un final» o que «solo puedes controlar lo que puedes controlar» me recuerda que debo mantener la calma y la perspectiva cuando estoy en medio de una interacción tensa. A todos nos vendrían bien más empujoncitos como este para recordarnos lo que importa y mantenernos fuera del secuestro de la amígdala, sobre todo cuando tratamos con un compañero de trabajo pasivo-agresivo o con un jefe que parece decidido a socavarte.

El camino no suele ser fácil cuando se trata de conflictos en el trabajo. Habrá ocasiones en las que los compañeros no corresponderán a tus esfuerzos de buena fe por la reconciliación. O te preguntarás por qué siempre tienes que ser el «adulto en la habitación». O verás destellos de progreso y tú y un compañero de trabajo os llevaréis bien, solo para que algún cambio organizativo o un proyecto intenso le haga volver a las andadas.

Por eso es fundamental que te cuides durante el camino. Tanto si acabas de empezar a abordar la negatividad como si llevas años intentando cambiar las cosas, tu salud y bienestar deben ser siempre una prioridad.

En este capítulo compartiré tácticas —incluyendo algunos mantras—
para preservar tu salud mental. Espero que estos consejos te protejan del
daño que pueden causar las relaciones insanas.

## CONTROLA LOS «CONTROLABLES»

A nadie le gusta sentirse atrapado en una mala situación. De modo que
toma medidas para aumentar la sensación de control, incluso cuando no
puedas cambiarlo todo. Céntrate en las cosas en las que sí tienes poder
para influir, por muy insignificantes que parezcan.

Lo controlable puede ser bastante básico. Tal vez no puedas impo-
ner la manera en que deseas que te trate tu compañero de trabajo, pero
puedes aumentar tus defensas durmiendo bien, comiendo bien, haciendo
ejercicio y pasando tiempo al aire libre. Sé que abarcar esta lista de aspectos fundamentales puede resultar a veces abrumador; nunca hay suficientes horas en el día. Empieza poco a poco, centrándote en el progreso
en un área, ya sea aumentando la calidad del sueño o comprometiéndote
con una rutina de ejercicios más constante.

Cuanto más libertad tengas sobre la manera de gastar tu tiempo y
tu energía, menos atascado te sentirás. Una amiga mía trabajaba en
una organización sanitaria sin ánimo de lucro para un jefe inseguro que
microgestionaba todo lo que hacía. Podía tolerar el comportamiento de
su jefe porque trabajaban a distancia y ella podía controlar más o menos
cuándo y cómo interactuaban. Su jefe nunca podría pasar por su mesa
sin avisar.

Además, ella creía que merecía la pena soportar las rarezas de su
jefe porque le gustaba el trabajo y le había proporcionado la flexibilidad
que ansiaba cuando sus dos hijos eran pequeños. Pero a medida que los
niños crecían, le resultaba cada vez más difícil aguantar a su jefe. Como
sostén de su familia, no podía renunciar a ese empleo, y sus intentos
de encontrar un puesto que le brindara todos los beneficios y la flexibilidad que quería no dieron resultado al principio.

En lugar de tirar la toalla, empezó con lo que denominó la «ofensiva
de las citas de café». Empezó a invitar a amigos y conocidos a tomar un
café, ya fuera virtualmente o en persona. No sabía exactamente a dónde
le llevarían estas conversaciones y no tenía en mente un nuevo trabajo
o empresa en concreto, pero dar este paso le proporcionó una sensación

de control. Terminaba cada conversación con la misma pregunta: «¿Hay alguien más con quien crees que debería reunirme?». Llevaba un registro de estos intercambios en una hoja de cálculo, junto con notas sobre cada reunión y a quién le habían remitido. Un año después de este experimento, y tras treinta y siete citas para tomar café, una de las personas con las que se reunió al principio le habló de una vacante en su empresa. Consiguió el trabajo. Se sintió increíblemente aliviada por haberse alejado de su inseguro jefe, pero me dijo que estaba contenta de no haberse apresurado a aceptar un nuevo trabajo de inmediato.

Cuando se trata de restablecer mi propio sentido de control, tengo una nota adhesiva que guardo junto a mi escritorio con un mantra tomado del colegio de la hija de mi amiga Katherine. Al principio de cada día, lo recitan todos juntos:

> *Mi cuerpo está tranquilo.*
> *Mi corazón es amable.*
> *Soy el jefe de mi cerebro y de mi mente.*

En esos días en los que me veo luchando con un correo electrónico desagradable o preparándome para una conversación difícil, me lo leo en voz alta. Es un buen recordatorio de que, incluso cuando parece que estoy perdida en un tornado de caos, todavía puedo controlar algunas cosas.

# DESAHÓGATE DE FORMA PRODUCTIVA

En el capítulo 11 hablé de por qué es mejor evitar los chismes sobre un compañero de trabajo difícil. Sin embargo, no estoy sugiriendo que te abstengas de hablar del conflicto por completo. Desahogarse puede ser una forma saludable de aliviar el estrés. Compartir tus sentimientos en confianza (con alguien en quien puedas apoyarte) te ayudará a evitar que las emociones negativas se filtren en las interacciones con tu colega o en otras partes de tu vida.

O considera la posibilidad de desahogarte por escrito. A lo largo de los años, mi amiga y experta en liderazgo Amy Jen Su ha compartido cómo el hecho de llevar un diario la ha ayudado a ordenar sus pensamientos. Es un hábito que yo he adquirido. Abre un cuaderno o un documento en blanco en tu ordenador o teléfono y dedica un tiempo determinado, por ejemplo cuatro o cinco minutos, a describir tus sentimientos sobre una situación difícil. No pienses demasiado en lo que escribes; simplemente registra lo que te venga a la mente: lo bueno, lo malo y lo feo. Puede ser útil consultar más tarde lo que has escrito. Tomar nota de cómo han evolucionado tus emociones respecto a la relación puede proporcionarte una sensación de progreso. Y, a la inversa, puede sentirse como algo positivo borrar o deshacerse de las notas en un gesto simbólico de dejar atrás la situación y seguir adelante.

## CONSTRUYE UNA MICROCULTURA

Incluso una sola relación negativa puede ensombrecer tu vida laboral. Pero si buscas, a menudo puedes encontrar personas afines que se interesan por las interacciones positivas. La experta en inteligencia emocional Annie McKee llama a esto crear una «microcultura». En lugar de permitir que las relaciones tóxicas dominen tu experiencia laboral, determina lo que necesitas para ser eficaz y feliz en tu trabajo y, a continuación, construye una coalición de personas comprometidas con objetivos y valores similares. Como escribe McKee, «probablemente no podrás cambiar por ti solo la cultura de toda tu organización. Sin embargo, lo que sí puedes hacer es tomar el asunto en tus propias manos y crear una microcultura resonante donde tendrás más posibilidades de triunfar: tu equipo. Y aunque puede ser más fácil hacerlo cuando eres el líder del equipo, no es fundamental que estés en una posición de poder».[238] Contar con un grupo de personas que te apoyen —y no te menosprecien— puede contrarrestar la influencia de un compañero de trabajo difícil.

Cuando una persona a la que entrevisté se dio cuenta de que era improbable que su dinámica con un jefe inseguro cambiara, se comprometió consigo misma a fomentar un entorno de trabajo más funcional y solidario para las personas con las que se relacionaba. «Juré que iba a proteger a las personas que dependían de mí y me pregunté: ¿cómo puedo crear un espacio seguro para que hagan un trabajo productivo?».

---

238. Annie McKee, «Keep Your Company's Toxic Culture from Infecting Your Team», *Harvard Business Review*, 29 de abril de 2019, https://hbr.org/2019/04/keep-your-companys-toxic-culture-from-infecting-your-team.

Esto marcó la diferencia para ella: «Quería crear un lugar en el que otras personas estuvieran contentas de venir a trabajar, y tuvo el mismo efecto en mí. En lugar de temer mis interacciones con mi jefe, estaba deseando ir a trabajar y ver a mi equipo».

# TEN UNA VIDA FUERA DEL TRABAJO

Cuando el trabajo te arrastra, por la razón que sea, siempre es bueno tener otro lugar en el que centrar tu atención y encontrar satisfacción. Las investigaciones de la profesora de Georgetown Christine Porath muestran que prosperar fuera del trabajo está fuertemente correlacionado con prosperar en el trabajo. «Toma el control de tu vida personal. Si encuentras aficiones, construyes comunidades, inviertes en las relaciones con tus amigos y tu familia, llevarás al trabajo un ser más fuerte y resiliente. Las personas e interacciones negativas no te desviarán tanto del camino», explica. En un estudio realizado por ella sobre personas que habían sufrido incivilidad en el lugar de trabajo, quienes declararon sentirse mejor en actividades no laborales también declararon tener un 80% más de salud, un 89% más de bienestar en el trabajo y un 38% más de satisfacción con el manejo del maltrato por parte de sus compañeros.[239]

Amy Jen Su está de acuerdo: «Rodéate de buena gente. Las relaciones sanas y de apoyo son una parte fundamental del autocuidado... No dejes que el trabajo te haga descuidar a las personas más importantes de tu vida. Aprovecha los descansos durante el día, o quizás el tiempo de desplazamiento, para llamar a tus amigos y seres queridos, y saca mucho tiempo fuera del trabajo para cultivar tus relaciones».[240] Estas conexiones te reforzarán cuando te sientas arrastrado por un compañero de trabajo difícil.

---

239. Christine Porath, «Antidote to Incivility», *Harvard Business Review*, abril de 2016, https://hbr.org/2016/04/an-antidote-to-incivility.
240. Amy Jen Su, «6 Ways to Weave Self-Care into Your Workday», *Harvard Business Review*, 19 de junio de 2017, https://hbr.org/2017/06/6-ways-to-weave-self-care-into-your-workday.

# CULTIVA LA RESILIENCIA INTERPERSONAL

Dado que el camino para salir adelante suele estar lleno de baches, necesitarás fuerza para recuperarte cuando encuentres obstáculos. Aprovechar tus reservas emocionales cuando un compañero pesimista convierta tu reunión en una sesión de quejas o un sabelotodo te haga sentir pequeño ante tu jefe te ayudará a perseverar.

Una forma de hacerlo es pensar en tu pasado. Seguro que ha habido momentos en tu vida en los que has fracasado, te has enfrentado a contratiempos o te ha preocupado no tener lo que hacía falta para triunfar. ¿Qué hiciste para salir adelante? ¿Qué pasos seguiste? ¿Quién te apoyó? Recuérdate que has superado retos, incluso cuando parecía que las probabilidades estaban en tu contra.

Si tu compañero te hace sentir que no eres bueno en tu trabajo, recuerda un momento en el que te hayas sentido valorado. Busca las evaluaciones de rendimiento positivas o revisa tu carpeta de felicitaciones (véase el capítulo 3). Con un poco de esfuerzo, puedes incluso ser capaz de encontrar el lado bueno de la propia dinámica insana. Tal vez hayas aprendido algo útil de ella, o hayas perfeccionado tus habilidades para navegar en futuras relaciones complicadas. Este proceso se denomina «búsqueda de beneficios», y las investigaciones han demostrado que descubrir el significado positivo de los acontecimientos negativos fomenta la resiliencia, mejorando el bienestar y la salud, así como la capacidad de hacer frente a los contratiempos.[241]

Para mí, mantener el panorama general en mente —con la ayuda de algunos mantras (por supuesto)— colma mis reservas. Estos son algunos de mis favoritos:

- No veo el mundo exactamente igual que la gente que me rodea y eso está bien.
- Todo el mundo está pasando por algo, y todos tenemos diferentes formas de afrontar la incertidumbre, el dolor y el estrés.

---

241. Tony Cassidy, Marian McLaughlin y Melanie Giles, «Benefit Finding in Response to General Life Stress: Measurement and Correlates», *Health Psychology and Behavioral Medicine*, 2 (1) (marzo de 2014), pp. 268-82, https://doi.org /10.1080/21642850.2014.889570.

- La gente está sometida a presiones que no siempre veo y no puedo entender del todo (y probablemente no sean del todo de mi incumbencia).
- No es útil para mí ni para nadie comparar nuestros retos y sufrimientos.
- Todos hacemos lo mejor que podemos en este momento. Y todos podemos hacerlo mejor.

He aprendido varios de ellos a través de la terapia a lo largo de los años. Kelly Greenwood, experta en salud mental en el entorno de trabajo, dice que cuando la gente se enfrenta a relaciones complicadas en el trabajo suele considerar que hablar con un terapeuta es el último recurso, pero ella cree que es «algo que debería ocurrir más adelante». Es especialmente importante darte cuenta de si te sientes distraído, lento, enfadado o irritable; si no duermes bien o duermes en exceso; si recurres al alcohol o a la comida para consolarte, o si te alejas de tus amigos y de las actividades que disfrutas como resultado de tus interacciones con un compañero de trabajo difícil. Estos podrían ser signos de una condición de salud mental como la depresión o la ansiedad, que pueden verse desencadenadas por factores provenientes del lugar de trabajo. No obstante, dice Greenwood, «no necesitas tener un trastorno diagnosticable para beneficiarte de la terapia; el listón debería ser simplemente si estás satisfecho con tu salud mental».[242] Un psicólogo formado puede ayudarte a desarrollar estrategias para resolver conflictos y mecanismos de afrontamiento para mantener tu bienestar.

## TEN AUTOCOMPASIÓN

En este libro he hablado mucho de mostrar empatía por colegas difíciles. Pero centrarse en otra persona a veces puede distraer la atención de tus propias necesidades. Asegúrate de que también diriges la empatía hacia dentro. Puedes decirte a ti mismo: «No pasa nada por sentirte herido» o «Quien yo soy no está formado por las creencias de esta persona». La autocompasión en esos momentos te ayudará a mantenerte centrado.

---

242. Entrevista de la autora con Kelly Greenwood, 2 de marzo de 2021.

En lugar de reflexionar sobre tu fracaso a la hora de mejorar una relación o de reprenderte por no tener una piel más gruesa, sé amable contigo mismo. Las investigaciones han demostrado que la autocompasión aporta numerosos beneficios, como un mayor deseo de crecer y mejorar, una mayor inteligencia emocional y una mayor capacidad de recuperación. También te hace más compasivo con los demás.[243]

Kristen Neff, profesora de la Universidad de Texas y una de las principales investigadoras de la autocompasión, la define como algo que tiene tres elementos.[244] El primero es «ser consciente de las emociones negativas». Para reconocerlas, puedes decirte a ti mismo: «Esto es difícil ahora mismo o me siento tenso». El segundo es «un sentido de humanidad común», es decir, que otros se enfrentan a obstáculos similares. Recuérdate a ti mismo que «no soy el único que tiene que lidiar con relaciones difíciles. No estoy solo». El tercero es «ser amable con uno mismo», y hay muchas maneras de conseguirlo. Pregúntate: «¿Qué necesito en este momento?» o «¿Qué es lo más agradable que se puede hacer aquí... para mí?».

Si esto es nuevo para ti, puede requerir práctica. Utiliza una breve meditación, incluso de solo cinco minutos, al principio del día o durante un descanso, en la que respires profundamente tres veces y reflexiones por turnos sobre cada uno de los tres elementos de la autocompasión. O escríbete una carta a ti mismo. Tendemos a ser más amables con los demás que con nosotros mismos, así que imagina que escribes para consolar a un amigo o familiar que se enfrenta a un reto similar. Relee la carta cuando hayas terminado y vuelve a ella unos días después o cuando necesites otra dosis de autocompasión.

243. Rich Fernandez y Steph Stern, «Self-Compassion Will Make You a Better Leader», *Harvard Business Review*, 9 de noviembre de 2020, https://hbr.org /2020/11/self-compassion-will-make-you-a-better-leader; Serena Chen, «Give Yourself a Break: The Power of Self-Compassion», *Harvard Business Review*, septiembre-octubre de 2018, https://hbr.org/2018/09/give-yourself-a-break -the-power-of-self-compassion.
244. Kristin Neff, «The Three Elements of Self-Compassion», *Self-Compassion*, blog, consultado el 18 de diciembre de 2021, https://self-compassion.org /the-three-elements-of-self-compassion-2/#3elements.

# DESCONECTA EMOCIONALMENTE

En el capítulo 13 hablé de que reprimir tus emociones no es un mecanismo de afrontamiento inteligente, porque es probable que tus sentimientos se filtren de todos modos. Sin embargo, hay una forma de desvinculación emocional que es productiva: «preocuparse menos». Si el patrón de disfunción está muy arraigado, hacer esto requerirá cierto esfuerzo. Pero los mantras pueden ayudar. Encuentra una frase que te recuerde que no debes darle vueltas a tu difícil relación en el trabajo. Tal vez te digas a ti mismo: «Esto no tiene que ver conmigo», «Esto pasará» o «Concéntrate en lo que importa; esto no importa».

También puedes intentar poner la situación en perspectiva. En el calor del momento, una dinámica desafiante con un colega puede parecer que lo consume todo, pero pregúntate cómo te sentirás con respecto a la situación dentro de una semana, dentro de un año o dentro de cinco años. ¿Seguirá siendo tan crítica como ahora? ¿O se sentirá como un recuerdo lejano?

Si te resulta difícil distanciarte emocionalmente del conflicto y tiendes a repetir una y otra vez en tu cabeza los encuentros problemáticos, ponte un límite de tiempo. Fija un temporizador para diez o quince minutos y permítete repasar la situación en tu mente hasta que suene la alarma; entonces cambia tu enfoque a otra cosa. No des permiso a tu compañero de trabajo para que ocupe espacio en tu mente. Es un espacio valioso.

Cuando tengas que interactuar, ten en cuenta lo que haces antes y después. Por ejemplo, si sabes que vas a pasar mucho tiempo con un atormentador, puedes empezar la mañana haciendo algo que sepas que te va a levantar el ánimo. Michelle Gielan, autora de *Broadcasting Happiness*, lleva una carpeta de felicitaciones similar a la que describí en el capítulo 3 y revisa notas bonitas o incluso fotos de sus hijos para ponerse en el «espacio mental adecuado» antes de tratar con un quejica crónico, por ejemplo.

Del mismo modo, haz algo que te ayude a descomprimirte después de las interacciones difíciles. Envía un mensaje de texto a un amigo, da un paseo rápido o escucha música. Elige algo que sepas que mejorará tu estado de ánimo y que pueda contribuir a contrarrestar el impacto negativo de la relación con tu compañero de trabajo. Esta práctica te ayudará a recuperarte y a estar «preparado para la batalla», como lo denomina Gielan, cuando tengas que enfrentarte la próxima vez.

Hay otra táctica que utilizo para desconectar emocionalmente, y aunque admito que no es el enfoque más agradable, me resulta útil en los casos más angustiosos. Me recuerdo a mí misma que cada mañana mi compañero de trabajo desafiante tiene que despertarse como él mismo, como la persona desagradable y probablemente infeliz que ha hecho que nuestras interacciones sean tan tensas. Y yo me despierto como yo.

## ACEPTA LA SITUACIÓN

Parte de la resiliencia interpersonal consiste en aceptar que no siempre podemos tener las relaciones que queremos. Y no podemos llevarnos bien con todo el mundo. Incluso cuando intentas decir lo que piensas con empatía y amabilidad, la gente no está necesariamente contenta con ello. Y aunque supongas lo mejor de alguien, puede que no te corresponda. Tengo un último mantra que compartiré y que me ayuda cuando sigo estando en desacuerdo con un colega, a pesar de mis mejores esfuerzos.

Este mantra me llegó de un viejo amigo llamado Geeno. Hace unos veranos, mi familia organizó un concurso de talentos, una tradición anual en la que los niños (y algunos adultos) muestran sus habilidades, ya sea tocando el ukelele, haciendo malabares, leyendo un poema o imitando muy bien a un guepardo. Geeno y su compañero interpretaron una canción. Explicaron que la habían aprendido de un viejo amigo suyo, miembro de los Radical Faeries, un grupo de activistas *queer* libremente afiliados y comprometidos con el desafío al *statu quo* y la celebración de lo excéntrico.

La canción resultó ser más bien un mantra. Era sencilla, solo unos pocos versos. Geeno y su compañero la cantaron una vez y luego nos hicieron cantar a todos con ellos. Cantamos la última línea una y otra vez.

*A veces la gente se va a enfadar contigo... y no pasa nada.*
*A veces la gente se va a enfadar contigo... y no pasa nada.*
*A veces la gente se va a enfadar contigo... y no pasa nada.*

Tanto si pides a un colega sabelotodo que deje de interrumpirte como si le explicas a alguien por qué su comentario ha sido ofensivo y no una simple observación inocente, puedes molestar, e incluso enfadar, a la gente. Y *no pasa nada*. Los desacuerdos son una parte inevitable, normal y saludable de las relaciones con otras personas. El objetivo no es sentirse cómodo en todo momento, sino fortalecer tu relación y cuidarte a ti mismo en el proceso.

Repito la letra de la canción que me enseñó Geeno casi todos los días. Porque ese es el objetivo de un mantra: aunque sepamos algo profundamente, a todos nos viene bien un pequeño recordatorio.

## RECUERDA: TODO GIRA EN TORNO A NUESTRAS RELACIONES

He tenido suerte. La lista de personas con las que he disfrutado trabajando —y con las que he tenido relaciones significativas— es larga. Y la lista de personas con las que he tenido relaciones difíciles es, afortunadamente, corta. Por supuesto, las personas de esta última categoría ocupan un lugar importante en mi mente, en especial cuando estoy en el centro del escenario. Pero me siento mejor, tengo más confianza, hago mejor mi trabajo y prospero dentro y fuera de este cuando me recuerdo a mí misma que un determinado desastre interpersonal representa solo una fracción de mis interacciones en el lugar de trabajo.

En el mejor de los casos, con los consejos de este libro, podrás convertir a un compañero que has sentido como una espina en el costado en un colaborador o incluso en un amigo. Pero el objetivo más realista es simplemente cambiar la dinámica —mejorarla— para que te cause menos conflictos y tengas la energía necesaria para hacer tu trabajo lo mejor que puedas. Puedes conseguirlo reconociendo primero la importancia de las relaciones en el trabajo, entendiendo por qué las difíciles pesan tanto en tu mente, y luego examinándote a ti mismo, limpiando tu lado de la calle. Explorando las motivaciones de tus colegas y experimentando con tácticas para obrar el cambio, puedes llegar a un enfoque que te parezca auténtico. Por supuesto, también necesitarás determinación, creatividad y aceptación, en particular si las cosas no funcionan como esperas.

A pesar de todo, no debes perder de vista la necesidad de priorizarte a ti mismo, tu salud y tu carrera. Es fácil dejarse arrastrar por el conflicto con un compañero de trabajo y dedicarle todo tu tiempo. Pero tu bienestar es siempre de vital importancia.

La capacidad de afrontar con confianza y tranquilidad las fricciones con otras personas no es solo una habilidad laboral: es una habilidad vital. A menudo no estamos de acuerdo, y no pasa nada. Siempre que lo hagamos con respeto, compasión y amabilidad, puede dar lugar a nuevas ideas, a vínculos más fuertes y a un refrescante nivel de franqueza. ¿No es eso lo que todos queremos?

No siempre es fácil, pero podemos tener mejores relaciones en el trabajo y fuera de él... y nos las merecemos.

# ¿Con quién estoy tratando?
## Averiguar en qué arquetipo(s) encaja tu compañero de trabajo

A veces resulta obvio en cuál de los ocho arquetipos se encuadra tu colega. Sabes enseguida que estás tratando con un pesimista que no puede salir de su propia nube oscura. O tu jefe reclama para sí el mérito de tu trabajo porque se siente inseguro y no sabe si tiene lo necesario para triunfar en su puesto.

Sin embargo, otras veces el comportamiento de la gente es ambiguo. Puede que tu compañero de trabajo te lance pullas pasivo-agresivas un día y al siguiente se haga la víctima. Es posible —y bastante común— que la gente encaje en varias de estas categorías. Tu compañero de trabajo puede ser una mezcla (o, me atrevo a decir, un desastre) de múltiples arquetipos.

Busca el consejo que mejor se adapte a tu situación, revisa los comportamientos comunes en la tabla y destaca los que describen a tu colega. A continuación, consulta el capítulo o capítulos correspondientes para conocer las tácticas que te ayudarán en tus circunstancias específicas.

| Arquetipo | Capítulo | Comportamientos comunes |
|---|---|---|
| El jefe inseguro | 3 | • Preocuparse demasiado por lo que los demás piensen de él.<br>• Sufrir de una incapacidad crónica para tomar una decisión (o mantenerla), incluso cuando la elección tiene escasas consecuencias.<br>• Cambiar con frecuencia la dirección de un proyecto o de una reunión, especialmente por sugerencia de alguien con poder.<br>• Aprovechar las oportunidades para destacar su experiencia o sus credenciales, en particular cuando no es necesario hacerlo; en su forma más tóxica, esto puede incluir menospreciar a los demás para parecer más importante.<br>• Intentar controlar todo lo relacionado con un equipo o proyecto, incluyendo cuándo y dónde e incluso cómo se realiza el trabajo.<br>• Exigir que cada decisión y detalle cuente con su aprobación.<br>• No permitir que el equipo se relacione con los colegas de otros departamentos o con los altos dirigentes en un intento de controlar el flujo de información y recursos. |
| El pesimista | 4 | • Quejarse de las reuniones, de los directivos, de otros compañeros..., de todo.<br>• Proclamar que las nuevas iniciativas o proyectos están condenados al fracaso.<br>• Adaptar una mentalidad de «ya lo hemos intentado y ha fracasado», especialmente en las conversaciones sobre innovación o nuevas formas de trabajo.<br>• Señalar de inmediato los riesgos de una táctica o estrategia.<br>• Encontrar algo negativo que decir, incluso cuando las noticias o la reunión son mayoritariamente positivas. |
| La víctima | 5 | • Sentir lástima por sí mismo y esperar que los demás hagan lo mismo (¿alguien se compadece?).<br>• Evadir la responsabilidad de las cosas que van mal y echar la culpa a otras personas o a factores externos.<br>• Rechazar los comentarios constructivos con excusas que justifican por qué él no puede ser culpable.<br>• Arrastrar a los demás con quejas y una actitud de «pobre de mí».<br>• Revolcarse en los sentimientos negativos.<br>• Previsión de fracaso, sobre todo para él mismo. |

| Arquetipo | Capítulo | Comportamientos comunes |
|---|---|---|
| **El pasivo-agresivo** | 6 | • Ignorar deliberadamente los plazos después de haber acordado cumplirlos.<br>• Prometer el envío de un correo electrónico que nunca llega.<br>• Actuar de forma grosera contigo (por ejemplo, ignorarte en una reunión o interrumpirte) y luego negar que haya nada malo cuando te enfrentas a él, alegando que «todo está en tu cabeza» o «no tengo ni idea de lo que estás hablando».<br>• Mostrar un lenguaje corporal que proyecta enfado u hosquedad pero insistiendo en que están bien.<br>• Insinuar que no está contento con tu trabajo pero negarse a decirlo o a darte una opinión directa.<br>• Disfrazar los insultos como cumplidos. Por ejemplo: «¡Tienes un estilo tan relajado!» puede significar en realidad: «Creo que eres un vago».<br>• Retorcer tus palabras en una discusión para que parezca que eres tú el que está equivocado. |
| **El sabelotodo** | 7 | • Mostrar una actitud de «a mi manera y punto».<br>• Monopolizar las conversaciones, negándose a ser interrumpido y hablando por encima de los demás.<br>• Posicionar sus ideas como superiores.<br>• No escuchar las críticas ni los comentarios.<br>• Hablar en un tono condescendiente.<br>• Explicar cosas que otros ya entienden.<br>• No hacer apenas preguntas ni mostrar curiosidad.<br>• Robar o no compartir el mérito de los éxitos del grupo.<br>• Meterse en las conversaciones sin ser invitado. |
| **El atormentador** | 8 | • Acusarte –directa o indirectamente– de no estar lo suficientemente comprometido con el trabajo.<br>• Establecer normas casi imposibles.<br>• Asignarte trabajo innecesario o inapropiado, o lo que los académicos llaman «tareas ilegítimas».<br>• Compartir con orgullo los sacrificios que ha hecho en su carrera y creer que tú deberías hacer sacrificios similares.<br>• Menospreciar tus logros, en particular en comparación con los suyos.<br>• Negar tiempo libre o flexibilidad para compromisos no laborales.<br>• Atribuir características negativas a una generación en particular («Los *millennials* son perezosos y se creen con derechos exclusivos» o «Los de la generación Z son tan frágiles; no pueden soportar ni una pizca de incomodidad»).<br>• Negar la existencia de barreras sistémicas, como los prejuicios de género o el racismo institucional («Yo pude hacerlo, no sé por qué tú no puedes»).<br>• Afirmar que su maltrato es una especie de ejercicio de formación de carácter. |

| Arquetipo | Capítulo | Comportamientos comunes |
|---|---|---|
| **El tendencioso** | 9 | • Comentar un atributo positivo como si se sorprendiera de que lo tuvieras («¡Eres tan elocuente!»). |
| | | • Etiquetar un comportamiento considerado aceptable por la mayoría de los miembros del grupo como negativo o poco profesional («Tal vez quieras bajar el tono de tu ira»). |
| | | • Asumir que no eres capaz o no te interesa algo por tu identidad («Dudo que quiera trabajar en ese proyecto. Tiene una familia de la que ocuparse»). |
| | | • Utilizar frases o palabras denigrantes o que denoten una falsa sensación de familiaridad o cercanía («cariño», «hermano», «hermana»). |
| | | • Hacer suposiciones basadas en estereotipos o negar a alguien su identidad individual («No pareces lo suficientemente mayor para ser gerente»). |
| | | • Actuar como si los prejuicios o la discriminación no existieran («Para mí el color no es un problema»). |
| **El estratega político** | 10 | • Presumir de sus éxitos. |
| | | • Atribuirse el mérito ajeno. |
| | | • Conseguir el favor de las personas con poder o de las que están en posición de ayudarle en su carrera. |
| | | • Actuar como si estuviera al mando, incluso cuando no lo está. |
| | | • Cotillear y difundir rumores, especialmente sobre los compañeros de trabajo que creen que se interponen en su camino. |
| | | • Impulsar su propia agenda, a menudo a expensas de los objetivos del equipo o de la empresa. |
| | | • Acumular información para parecer poderoso. |
| | | • Socavarte a propósito al no invitarte a una reunión ni compartir detalles cruciales para tu trabajo. |

# AGRADECIMIENTOS

Tengo que confesar algo. Me encanta leer los agradecimientos de un libro. A veces, incluso me dirijo a ellos primero cuando tomo un libro nuevo. Esta pequeña obsesión mía se debe en parte a que sé que la idea de un autor sentado en una habitación solo, escribiendo un libro, rara vez es una realidad. Sí, hay un montón de horas mirando a una pantalla, pero también hay un sinfín de conversaciones y revisiones y borradores sopesados y textos de ida y vuelta, todo lo cual hace que el libro sea lo que es. Hay muchas personas que influyen en el producto final, a menudo demasiadas para nombrarlas todas y varias de las cuales el autor probablemente haya olvidado que han participado.

Así que, ¡bienvenidos a mi parte favorita del libro!

En primer lugar, gracias a todos los que me escribieron, respondieron a mis llamadas o rellenaron encuestas compartiendo sus experiencias, a menudo dolorosas, con sus colegas difíciles. Estas historias, y la vulnerabilidad con la que fueron compartidas, impulsaron mi pensamiento por unos derroteros que no podría haber concebido cuando comencé a trabajar en este libro.

¡Incluso los editores necesitan editores! Y varios de mis compañeros editores han sido fundamentales en este proceso. Kate Adams dio vida a estas páginas con su aguda mirada de editora y su increíble manera de manejar las palabras. Escribir un libro es una serie de decisiones difíciles sobre qué incluir, qué cortar, cómo enmarcar algo, y Kate estuvo ahí en cada paso del camino. Nicole Torres me apoyó en la investigación de los arquetipos y me animó oportunamente al principio del proceso, cuando tenía problemas de confianza. Amanda Kersey hizo preguntas inteligentes y perspicaces (su superpoder) sobre un primer esbozo de los arquetipos. Holly Forsyth se encargó de poner en orden el desorden de las notas a pie de página.

Jeff Kehoe, desde el primer momento en que le describí el concepto del libro, creyó en él y en mí. Su actitud tranquila y su guía segura me ayudaron a atravesar los diversos «valles de la desesperación» que muchos escritores experimentan durante el proceso de escritura de un libro.

Gracias a mi agente, Giles Anderson, por apoyarme durante todo el (largo) proceso del libro. Cuando le llamé para decirle que necesitaba una prórroga del manuscrito, me dijo que no estaba sola: ¡varios de sus autores habían hecho peticiones similares esa misma semana! Fue paciente y amable, y su consejo fue justo lo que necesitaba en los momentos críticos. Me siento afortunada de tenerlo de mi lado.

Un enorme agradecimiento a Erica Truxler, Alison Beard, Holly Forsyth, Maureen Hoch, Sarah Moughty y Dagny Dukach por ofrecerse en momentos cruciales para darme el espacio que necesitaba para trabajar en este libro. Amy Bernstein me hizo unos breves e incisivos cumplidos (su superpoder) cuando más los necesitaba. Y todo el equipo de la web de HBR fue comprensivo y flexible con mi horario mientras trabajaba en este libro durante los dos últimos años. Son los mejores colegas que podría pedir, y ninguno de los arquetipos está basado en vosotros, lo prometo.

Tuve la suerte de conocer ya al equipo de Harvard Business Review Press antes de empezar a trabajar en este libro en particular, y sigo impresionado por su profesionalidad, entusiasmo y dedicación: Adi, Alex, Alicyn, Allison, Anne, Brian, Courtney, Dave, Emma, Erika, Felicia, Jen, Jon, Jordan, Julie, Kevin, Lindsey, Melinda, Rick, Sal, Scott, Stephani, Susan y Victoria.

Doy las gracias a todos mis amigos que respondieron a las llamadas de pánico, revisaron los capítulos, me dieron consejos inestimables y me animaron en el camino: Amy Genser, Amy Jen Su, Ellie Feinglass, Gretchen Anderson, Katherine Bell (que me sacó de la cornisa en múltiples ocasiones), Lisa Freitag (que escribió los eslóganes de cada uno de los arquetipos), Mark Moskovitz, Megan Poe, Muriel Wilkins y Ruchika Tulshyan (que iba unos meses por delante de mí en el proceso del libro y siempre fue generosa con su sabiduría duramente ganada).

Kelley Boyd (también conocida como «Pants») no solo es una amiga de toda la vida y una fantástica compañera de viaje, sino una increíble compañera de trabajo, y el único miembro (¡además de mí!) del equipo de Amy E. Gallo. Gracias por todo, lo grande y lo pequeño, que haces por mí, por nuestro negocio y por este libro.

Por último, pero no por ello menos importante, estoy en deuda con las personas que considero mi familia, ya sea porque compartimos genes o porque estamos lo suficientemente cerca como para sentirlo. Todos vosotros me habéis demostrado una y otra vez que podemos elegir cómo queremos que sean nuestras relaciones. Mi madre, Betty Gallo, creó esta increíble familia para mí y para mi hermano, Chris. Nos enseñó que preocuparse por el trabajo es fundamental, pero preocuparse por las personas es aún más importante.

Damion, nunca dudaste de que podía hacer esto, incluso cuando yo sí dudé. Harper, me enseñas cada día lo que significa ser un ser humano considerado y amable.

Te echo de menos, Dante.